会计专业岗位实操
系列规划教材
校企合作开发教材

合作企业：山东帕拉蒙德会计师事务所

Tax Planning Practice

# 纳税筹划实务

## （第二版）

梁文涛 苏杉 主编

东北财经大学出版社
Dongbei University of Finance & Economics Press

大连

**图书在版编目（CIP）数据**

纳税筹划实务 / 梁文涛，苏杉主编． —2版．—大连：东北财经大学出版社，2017.8（2018.2重印）

（会计专业岗位实操系列规划教材）

ISBN 978-7-5654-2865-4

Ⅰ．纳…　Ⅱ．①梁…②苏…　Ⅲ．税收筹划–高等学校–教材　Ⅳ．F810.423

中国版本图书馆CIP数据核字（2017）第186500号

东北财经大学出版社出版

（大连市黑石礁尖山街217号　邮政编码　116025）

网　　　址：http：//www.dufep.cn

读者信箱：dufep@dufe.edu.cn

大连图腾彩色印刷有限公司印刷　　　东北财经大学出版社发行

幅面尺寸：185mm×260mm　　字数：287千字　　印张：12　　插页：1

2017年8月第2版　　　　　　　　　2018年2月第4次印刷

责任编辑：包利华　　　　　　　　　责任校对：亿　心

封面设计：冀贵收　　　　　　　　　版式设计：钟福建

定价：32.00元

# 第二版前言

"纳税筹划实务"课程是高校会计、税收等专业的一门专业核心课。"纳税筹划实务"课程服务于会计、税收等专业人才培养目标，旨在培养具有一定的企业纳税筹划能力的技术技能型人才。本教材力求"工学结合、理实一体、学做合一"，以纳税筹划能力的培养为主线，直接为培养学生从事纳税筹划工作应具备的基本知识、基本技能和实战操作能力服务。本教材分别从纳税筹划认知、增值税的纳税筹划实务、消费税的纳税筹划实务、企业所得税的纳税筹划实务、个人所得税的纳税筹划实务、其他税种的纳税筹划实务等方面对纳税筹划进行讲解。《纳税筹划实务》（第一版）出版以来，得到了读者的普遍认可。由于近期税收政策有了较大变动，因此有必要再版。

《纳税筹划实务》（第二版）有以下特色：

**一、本教材作者专业造诣深，编写教材态度严谨**

本教材是专业作者基于打造纳税筹划精品书籍，本着对师生负责的态度，精心挑选合乎实际的纳税筹划实务案例，用心编写而成，并根据最新税收法律法规及时更新。

**二、本教材力求工学结合、理实一体、学做合一**

本教材采用"项目教学、案例教学、工作过程导向教学"等教学模式，通过案例进行教学和实训，绝大多数案例采用【任务案例】【任务要求】【税法依据】【筹划思路】【筹划过程】【筹划结论】【任务点评】的体例，力求实现"工学结合、理实一体、学做合一"。

**三、配套资源丰富**

本教材配有教学资源包。资源包的内容包括PPT教学课件、项目练习和项目实训的参考答案及解析、教学大纲、各项目教学目标、知识点及实现手段、内容提要、重难点、教学过程、教学参考内容、教学案例集、教学日历、考评方式与标准、学习指南等。

**四、按照新税法编写，体现最新的全面营改增政策**

自2016年5月1日起我国全面推开营业税改征增值税试点，本教材是根据重印之日（2018年1月18日）的最新税法编写。在本套教材以后重印、修订或再版时，将根据最新税法及时修正和完善并在配套PPT教学课件中同步体现，任课教师可登录东北财经大学出版社网站（www.dufep.cn）下载或通过作者电子邮箱索取修改或更新的内容。可通过扫描右下方的二维码了解与本教材内容相关的最新政策变化信息。

最新政策发布及变化

**五、创建教材QQ群和邮箱，提供互动、交流的平台**

本教材的交流QQ群号为570328484（限任课教师加入，加入时请注明单位、姓名），作者电子邮箱是caishuijiaocai@126.com。任课教师可通过教材交流

QQ群或邮箱，与作者进一步沟通和交流。

　　本教材由梁文涛、苏杉担任主编，孙丕顺、闫秀、张萍担任副主编，梁文豪、董晓键、徐子莲、张韩参与编写。本书在编写过程中，参考、借鉴了大量本学科相关著作、教材与论文，在此向其作者表示由衷的感谢！由于水平所限，本教材定会存在不当之处，竭诚欢迎广大读者批评指正。

　　本教材适合高职高专和应用型本科院校使用，也可以作为培训机构的教材，还适合广大会计工作者用于自学。

作　者

2018年1月

# 目 录

## 项目三　消费税的纳税筹划实务/83

# 项目一
# 纳税筹划认知

（1）能明确纳税筹划的含义和特点。

（2）能划分纳税筹划的主要形式。

（3）能界定纳税筹划、偷（逃）税、抗税与骗税。

（4）能划分纳税筹划的层次。

（5）能运用不同的纳税筹划方法。

（6）能进行纳税筹划的目标分析。

（7）能梳理纳税筹划的步骤。

## 项目引例——实现税负最小化和实现税后利润最大化的纳税筹划目标分析

甲商贸公司为增值税一般纳税人，位于市区，适用的增值税税率为17%，2016年12月，有以下几种进货方案可供选择：一是从一般纳税人甲公司购买，每吨含税价格为12 000元，且取得由甲公司开具的增值税税率为17%的增值税专用发票；二是从小规模纳税人乙公司购买，且可取得由税务机关代开的征收率为3%的增值税专用发票，每吨含税价格为11 000元；三是从小规模纳税人丙公司购买，只能取得增值税普通发票，每吨含税价格为10 000元。甲公司销售其所购货物的每吨含税销售额为20 000元，其他相关成本费用为2 000元，企业所得税税率为25%，城建税税率为7%，教育费附加征收率为3%①。

### ★任务要求

1.在实现税负最小化的纳税筹划目标下，对上述业务进行方案选择。

2.在实现税后利润最大化的纳税筹划目标下，对上述业务进行方案选择。

3.比较分析实现税负最小化和实现税后利润最大化这两种纳税筹划目标的优劣。

▶项目引例解析　见本项目的任务六。

## 任务一　纳税筹划内涵的认知

### 一、纳税筹划的含义

纳税筹划、税收筹划、税务筹划都是根据英文"Tax Planning"翻译出来的，在此不作具体的区分。为统一起见，本书采用"纳税筹划"一词。

---

① 为方便研究，本书涉及附加费用的，只考虑城建税和教育费附加，不考虑地方教育附加，实际工作中，企业还要按照2%的征收率缴纳地方教育附加，按照1%的征收率缴纳地方水利建设基金。

荷兰国际财政文献局（IBFD）编著的《国际税收辞汇》对纳税筹划是这样定义的：纳税筹划是指纳税人通过经营活动或个人事务活动的安排，实现缴纳最低的税收。

印度税务专家 N.J.雅萨斯威在《个人投资和税收筹划》一书中指出：税收筹划是纳税人通过税务活动的安排，以充分利用税收法规所提供的包括减免税在内的一切优惠，从而获得最大的税收收益。

美国南加州大学 W.B.梅格斯博士在与别人合著、已发行多版的《会计学》中说道：人们合理而又合法地安排自己的经营活动，使之缴纳可能最低的税收，他们使用的方法可称之为税收筹划。

我国税务专家唐腾翔在《税收筹划》中说道：税收筹划是指在法律规定许可的范围内，通过经营、投资、理财活动的事先筹划和安排，尽可能取得节税的税收利益。

张中秀在《公司避税节税转嫁筹划》中说道：纳税筹划是指纳税人通过非违法的避税方法和合法的节税方法以及税负转嫁方法来达到尽可能减少税负的行为。后来其在《纳税筹划宝典》中又提到了第四种形式即"实现涉税零风险"。

盖地在《税务筹划学》（3版）中说道：税务筹划是纳税人依据所涉及的税境，在遵守税法、尊重税法的前提下，以规避涉税风险，控制或减轻税负，有利于实现企业财务目标的谋划、对策与安排。

综上所述，纳税筹划有广义和狭义之分。广义的纳税筹划既包括节税筹划，又包括避税筹划、税负转嫁筹划和涉税零风险筹划，持这种观点的有张中秀等人。狭义的纳税筹划只包括节税筹划，持这种观点的有唐腾翔等人。笔者借鉴传统广义纳税筹划的观点，将纳税筹划的含义分为两个层面来理解：一个层面是降低企业税负，具体包括节税筹划、避税筹划和税负转嫁筹划；另一个层面是涉税零风险筹划，主要是指通过规范企业纳税行为来避免、降低、分散、转移、保留或利用纳税风险的筹划。

纳税筹划是企业财务管理的一部分，研究纳税筹划不能脱离财务管理。财务管理的目标是企业价值最大化。因此，纳税筹划的最终目标也是要实现企业价值最大化。据此，笔者认为：纳税筹划是指企业为实现企业价值最大化的目标，在合法合理的前提下（或在不违法的前提下）[①]，自行或委托代理人，通过对企业设立、筹资、投资、物资采购、产品生产、产品销售、利润分配、产权重组等活动中涉税事项事先进行策划和安排，以尽量获取降低企业税负和防范企业纳税风险等多重结果的行为。

### 二、纳税筹划的特点

#### 1.不违法性或合法性

不违法性是指纳税筹划不能违反法律规定。不违反法律规定是纳税筹划的前提条件，是纳税筹划最基本的要求，也是纳税筹划与偷（逃）税、抗税、骗税的根本区别。而合法性是指纳税筹划不仅不违反法律法规，而且符合立法精神，这是对纳税筹划的更高要求，事实上合法性的纳税筹划要求企业不应采用避税筹划。

#### 2.事先性

事先性是指企业在从事经营活动或投资活动之前，就应把税收作为影响最终成果的一个重要因素来设计和安排。一方面，纳税义务通常具有滞后性，企业在交易行为发生之后

---

[①] 从积极的方面来说，应当是合法合理的前提下，从消极的方面来说，至少是不违法，此时便是在不违法的前提下。

才有纳税义务，这决定了企业可以对自身应税经营行为进行事前的安排。另一方面，纳税筹划要在应税行为发生之前进行，一旦业务已经发生，事实已经存在，纳税义务已经形成，此时便无法进行纳税筹划了。

3.目的性

目的性是指纳税筹划有明确的目的，即追求企业价值最大化。也就是说，纳税筹划以减轻税负、实现利润最大化等为初级目的，而以实现企业价值最大化为终极目的，当两者矛盾时，一般情况下，应当选择能实现企业价值最大化的纳税筹划方案。

4.协作性

协作性是指由于复杂的纳税筹划涉及的经营活动关系到企业的生产、经营、投资、理财、营销等所有活动，因此它不是由某个部门或某个人单独进行操作就能够完成的工作，它需要有规范的经营管理，并且在企业领导重视的前提下，财务部门和其他部门的密切配合、充分协作才能顺利进行。

5.全面性

全面性是指纳税筹划应该从战略的角度去考虑和把握。也就是说，企业进行纳税筹划时应当用全面、发展的眼光看问题。企业不能只盯着个别税种的纳税筹划，而应着眼于各税种的纳税方案的整体筹划。同时，企业不能仅仅局限于短期目标的实现，而应考虑企业的长远发展目标，最终能够增加企业长期、整体的收益。

6.专业性

一方面，纳税筹划是一门涉及税收学、管理学、财务学、会计学、法学等的综合性学科，这需要跨学科的专门人才来从事这项工作；另一方面，随着经济全球化的逐步深入，以及各国税制的日益复杂化和税收法律法规的不断更新和变化，单凭某一个人的努力在短时间内设计一套相对复杂的纳税筹划方案，已经越来越难实现。这不仅促使企业开始建立从事纳税筹划的部门，而且也促进了作为第三产业的涉税服务行业的发展。

7.时效性

世界各国的税收法律、法规都不是固定不变的，而总是随着国际、国内的经济环境的变化而不断修订、变革和完善。这就要求纳税筹划人员一方面要抓住时机，及时充分地利用好法律法规的优惠政策；另一方面必须密切关注税收法律、法规的发展变化，对原先已经制订或实行的纳税筹划方案进行及时的修订、调整或更正。

8.风险性

由于税收法律、法规的不断调整和变化，企业外界环境因素、企业内部成员因素以及其他因素的影响，使得纳税筹划结果存在着不确定性，不可能有百分之百的成功率。而有的纳税筹划是立足于长期规划，长期性则蕴涵着更大的风险性。此外，纳税筹划的预期收益往往是一个估算值。因此，纳税筹划具有显著的风险性。

## 任务二　税收筹划主要形式的划分

广义的纳税筹划分为四种主要形式：节税筹划、避税筹划、税负转嫁筹划和涉税零风险筹划。

### 一、节税筹划

节税筹划是指企业在**不违背法律本身且不违背法律立法精神**（即合法且合理）的前提下，在国家法律及税收法律法规许可并鼓励的范围内，采用税法所赋予的税收优惠或选择机会，来对各种涉税事项进行策划和安排，通过减轻税负来实现企业价值最大化。由于纳税筹划的目的不仅仅是为了减轻企业的税负，而是要追求企业价值最大化，因此，节税筹划也应以此为目标。

由于节税筹划是在企业不违背法律本身且不违背法律立法精神的前提下进行的，因此节税筹划活动本身及其后果与税法的本意相一致，这有利于加强税法的地位，从而使政府更加有效地利用税法来进行宏观调控，是政府提倡的行为。

下面通过一个案例来对节税筹划加以说明：

**任务案例1-1**　甲公司因生产规模扩大，2017年年初需招聘20名新员工，对于新增加的20名员工企业每年需要支付30万元工资，2017年该企业预计获取应纳税所得额为200万元（未扣除工资）。

【任务要求】请对上述业务进行节税筹划。

【税法依据】《中华人民共和国企业所得税法实施条例》第九十六条规定：企业安置残疾人员及国家鼓励安置的其他就业人员所支付的工资，可以在计算应纳税所得额时**加计100%扣除**。

【筹划思路】企业在不影响正常的生产经营的前提下，应当充分利用支付残疾人员工资税前加计扣除的优惠政策，降低企业所得税税负。

【筹划过程】

方案一：甲公司招聘20名身体健全人员作为新员工。

应纳企业所得税=（200-30）×25%=42.5（万元）

方案二：甲公司在不影响正常生产经营的情况下，招聘20名残疾人员作为新员工。

应纳企业所得税=（200-30×2）×25%=35（万元）

【筹划结论】方案二比方案一少缴纳企业所得税7.5万元（42.5-35），因此，应当选择方案二。

【任务点评】企业可在不影响正常生产经营的前提下，招聘部分残疾人员，这样，一方面，可以关爱社会弱势群体；另一方面，可以加大企业所得税税前扣除金额，从而降低企业所得税税负。这是完全合法合理，且是国家鼓励和支持的，它属于典型的节税筹划。

### 二、避税筹划

避税筹划强调的是不违背法律本身但违背了法律立法精神（即合法但不合理），是指企业利用法律的空白、漏洞或缺陷，来对各种涉税事项进行策划和安排，通过规避税收来实现企业价值最大化。然而由于避税筹划违背了法律立法精神，所以风险性较大，是一种短期行为，最终难以实现企业价值最大化的目标。

**避税筹划不违背法律本身，但违背了法律立法精神**，遵循"法无明文不为罪"的原则，当然不符合政府的政策导向和意图，是政府所不提倡的。其成功意味着行为主体对法律漏洞与缺陷找得准确，客观上促使政府弥补漏洞与缺陷，从而促使税法逐步得到完善。

从这方面来说，避税筹划又有助于社会的进步和经济的发展。

下面通过一个2009年之前常用的避税案例对避税筹划加以说明：

**任务案例1-2** 甲造纸厂为增值税一般纳税人，预计2008年由其收购部门收购造纸原材料（废纸）共计金额1 000万元，销售收入2 000万元。由于废纸都是从个人手中收购，无法取得增值税专用发票，仅有电费、水费及少量修理用配件的进项税额共计50万元可抵扣。

【任务要求】请对上述业务进行避税筹划。

【税法依据】《关于废旧物资回收经营业务有关增值税政策的通知》（财税〔2001〕78号）规定：自2001年5月1日起，对废旧物资回收经营单位销售其收购的废旧物资免征增值税。废旧物资，是指在社会生产和消费过程中产生的各类废弃物品，包括经过挑选、整理等简单加工后的各类废弃物品。利用废旧物资加工生产的产品不享受废旧物资免征增值税的政策。生产企业增值税一般纳税人购入废旧物资回收经营单位销售的废旧物资，可按照废旧物资回收经营单位开具的由税务机关监制的普通发票上注明的金额，按10%计算抵扣进项税额。

【筹划思路】凡是以废旧物资为原材料的生产企业，可以投资设立一个废旧物资回收公司，这样，不仅回收公司可以享受免征增值税的优惠，而且企业还可根据回收公司开具的普通发票计算抵扣进项税额，从而达到降低税负的目的。

【筹划过程】

方案一：仍然由该造纸厂的收购部门收购废纸。

增值税销项税额=2 000×17%=340（万元）

增值税进项税额=50万元

应纳增值税=340-50=290（万元）

方案二：该造纸厂将废品收购部门分立出去，成立单独核算的废旧物资回收公司。

假设废旧物资回收公司先收购1 000万元废纸，然后将收购的废纸加价10%销售给造纸厂。

这样处理，将产生以下两方面效果：

（1）作为废旧物资回收公司，免征增值税。

（2）作为造纸厂：

增值税销项税额=2 000×17%=340（万元）

增值税进项税额=1 100×10%+50=160（万元）

应纳增值税额=340-160=180（万元）

废旧物资回收公司和造纸厂合计应纳增值税=0+180=180（万元）

【筹划结论】方案二比方案一少缴纳增值税110万元（290-180），因此，应当选择方案二。

【任务点评】上述案例是2009年以前我国企业运用较多的避税筹划案例。本来国家出台《关于废旧物资回收经营业务有关增值税政策的通知》（财税〔2001〕78号）的目的是为了鼓励企业加强对废旧物资的循环利用。结果很多企业为了增加可抵扣的进项税，纷纷设立所谓的废旧物资回收企业，有的废旧物资回收企业收购的物资并非真正意义上的废旧物资，这便违背了税法的立法精神，甚至有的企业虚开废旧物资发票（这属于偷逃税范畴了）。于是我国从2009年1月1日起，废止了该文件。由此可见，避税筹划具有一定的风险，其成功意味着行为主体对法律漏洞与缺陷找得准确，客观上促使政府有关部门弥补漏洞与缺陷，从而促使税法逐步得到完善。

### 三、税负转嫁筹划

税负转嫁筹划是指纳税人为了达到减轻税负的目的，通过价格的调整和变动，将税负转嫁给他人承担的经济行为。

典型的税负转嫁是在商品流通过程中，纳税人通过提高销售价格或压低购进价格，将税负转嫁给购买者或供应者。这便导致纳税人和负税人分离，纳税人是法律意义上的纳税主体，负税人（购买者或供应者）是经济上的承担主体，而国家的税收收入并不受到影响，因此政府对此一般持中立态度。但税负转嫁筹划的应用空间较小，运用不当将加大企业的经营风险。

下面通过一个案例来对税负转嫁筹划加以说明：

**任务案例1-3** 甲公司为增值税一般纳税人，2017年1月10日从乙公司购买一批产品，价税合计117万元，取得乙公司开具的增值税专用发票，注明价款100万元，税额17万元。由于甲公司是乙公司的老客户，且采购量较大，因此，甲公司可以要求两个月内（最晚当年3月10日）付款。

【任务要求】请对上述业务进行税负转嫁筹划。

【税法依据】《中华人民共和国增值税暂行条例》第十九条规定，销售货物或者应税劳务，其增值税纳税义务发生时间为收讫销售款项或者取得索取销售款项凭据的当天；先开具发票的，其增值税纳税义务发生时间为开具发票的当天。

《关于调整增值税扣税凭证抵扣期限有关问题的通知》（国税函〔2009〕617号）规定，增值税一般纳税人取得2010年1月1日以后开具的增值税专用发票、公路内河货物运输业统一发票（营改增后为货物运输业增值税专用发票①）和机动车销售统一发票，应在开具之日起180日内到税务机关办理认证，并在认证通过的次月申报期内，向主管税务机关申报抵扣进项税额。

《国家税务总局关于进一步明确营改增有关征管问题的公告》（国家税务总局公告2017年第11号）规定，自2017年7月1日起，增值税一般纳税人取得的2017年7月1日及以后开具的增值税专用发票和机动车销售统一发票，应自开具之日起360日内认证或登录增值税发票选择确认平台进行确认，并在规定的纳税申报期内，向主管国税机关申报抵扣进项税额。

【筹划思路】买卖双方相互之间的商品交易是企业最基本的业务之一，在供大于求的情况下，容易出现以下情形：购买方在没有付款给销售方的情况下，要求销售方先开具增值税专用发票，然后根据本企业未来资金的实际情况再付款给销售方，这其中就会出现税负转嫁。对于销售方，当销售方把增值税专用发票开具给购买方以后，销售方必须要做销项税额处理，同时，在企业所得税上也要确认收入，缴纳企业所得税；对于购买方，购买方在没付款的情况下，由于已经取得了增值税专用发票，在360天内认证或登录增值税发票选择确认平台进行确认便可以在规定的纳税申报期内，向主管国税机关申报抵扣进项税

---

① 自2016年1月1日起，增值税一般纳税人提供货物运输服务，使用增值税专用发票和增值税普通发票，开具发票时应将起运地、到达地、车种车号以及运输货物信息等内容填写在发票备注栏中，如内容较多可另附清单。为避免浪费，方便纳税人发票使用衔接，货物运输业增值税专用发票（货运专票）最迟可使用至2016年6月30日，7月1日起停止使用。

额，同时，如果该笔支出结转了成本，还可以抵减企业所得税。这样就相当于购买方将一部分税负转嫁给了销售方。

**【筹划过程】**

方案一：甲公司于 2017 年 1 月 10 日付款。

甲公司 2017 年 1 月可认证通过并抵扣进项税额 17 万元，即相当于减少当期增值税税负 17 万元。

乙公司 2017 年 1 月需将 17 万元计入销项税额，即相当于增加当期增值税税负 17 万元。

方案二：甲公司于 2017 年 3 月 10 日付款。

甲公司仍然于 2017 年 1 月便可认证通过并抵扣进项税额 17 万元，即相当于减少当期增值税税负 17 万元，但这 17 万元的税款 2017 年 1 月 10 日并未支付给销售方乙公司（直到 3 月 10 日才将其支付给销售方乙公司）。

乙公司 2017 年 1 月便需将 17 万元计入销项税额，即相当于增加当期增值税税负 17 万元，但是乙公司 2017 年 1 月 10 日并未从甲公司收到 17 万元的税款，相当于乙公司先自己"掏钱垫税"了（直到 3 月 10 日才将从甲公司收回）。

**【筹划结论】** 与方案一相比，方案二使甲公司在没有付款的情况下得到进项税额抵扣的好处，充分运用了资金的时间价值，因此，应当选择方案二。

**【任务点评】** 销售方可以采用反转嫁的方法来保证自己的税收利益在正常交易当中不受损害。对于购买方与销售方之间开具发票的问题，销售方可以采取以下相应的方法来解决：销售方可以向购买方声明"在购买但没有付款的情况下，销售方不能开具发票给购买方"；也可以通过双方在合同中订立诸如"销售方依据收到的货款额开具相应金额的发票"的条款来加以限制。这样，就避免了销售方货物已经销售却没收到货款，然后自己"掏钱垫税"的情况出现。

### 四、涉税零风险筹划

涉税零风险筹划是指企业通过努力来做到会计账目清楚，会计核算健全，纳税申报正确，业务流程规范合理，税款缴纳及时足额，使其纳税风险得以规避、降低、分散、转移、保留或利用的纳税筹划。

涉税零风险筹划虽然不能为企业带来直接经济利益的增加额，但却能够为企业创造出一定的间接经济利益。这主要表现在：一是涉税零风险筹划可以尽量避免涉税风险和损失的出现，从而最大限度地避免了税务机关的经济处罚；二是涉税零风险筹划还可以尽量避免发生纳税信誉损失，而好的纳税信誉有利于企业的经营；三是涉税零风险筹划要求企业努力做到会计账目清楚，会计核算健全，纳税申报正确，业务流程规范合理，税款缴纳及时足额，从而有利于提高纳税信用等级。以上这些都会有利于企业价值最大化目标的实现和企业的长远发展。

涉税零风险筹划有利于形成良好的税收征纳环境，促进经济和社会和谐发展，因此政府对此非常提倡。

而若企业不注重涉税零风险筹划，不仅不会为企业带来收益，且有可能带来不必要的损失。下面通过一个反面案例对涉税零风险筹划加以说明：

**任务案例1-4** 甲仪器仪表厂2017年1月为增值税小规模纳税人，2017年2月业绩较好，使得年销售额（2016年3月至2017年2月的累计销售额）达到100万元。由于年销售额超过50万元，因此甲仪器仪表厂根据规定在申报期结束后20个工作日内按照上述规定办理一般纳税人资格登记手续，并选择的一般纳税人资格生效之日为2017年4月1日。

但由于该厂生产的产品为分析仪器，制造过程中人工成本比重较高，购进材料较少而导致抵扣的进项税额很少，同时其客户对增值税专用发票的需求量也不多。为此，企业老总张某认为一般纳税人身份加重了其增值税税负，经过所谓的"纳税筹划"，他于2017年4月上旬向当地工商部门注册成立了一个生产同类产品的小规模纳税人企业，原企业仍为一般纳税人。

从2017年4月开始，张某分别以这两家企业的名义向主管税务机关进行纳税申报。2017年4～6月，一般纳税人企业申报销售收入30万元，销项税额5.1万元（30×17%），进项税额4.8万元，缴纳增值税0.3万元（5.1-4.8）；小规模纳税人企业申报销售收入10万元，缴纳增值税0.3万元（10×3%），两个企业合计缴纳增值税0.6万元（0.3＋0.3）。而如果全部按一般纳税人企业计算，应纳增值税＝（30＋10）×17%－4.8＝2（万元），这样"纳税筹划"后会比全部作为一般纳税人少缴增值税1.4万元（2－0.6）；如果全部按小规模纳税人企业计算，应纳增值税＝（30＋10）×3%＝1.2（万元），这样"纳税筹划"后会比全部作为小规模纳税人少缴增值税0.6万元（1.2-0.6）。张某自认为纳税筹划得非常成功，并且还常将所谓的"成功经验"传授给其他企业老总。

2017年7月上旬，主管税务机关税源管理人员对张某的仪器仪表厂实施税源调查后发现，纳税筹划后的两个企业未能分别单独核算（而按规定，两个企业从材料购进，到产品入库，再到销售均应独立核算，不仅一般纳税人企业要做到账证齐全、核算完整，就是小规模纳税人企业也应做到会计核算清晰）。这主要表现在：（1）在采购环节，张某指使财务人员将所有取得增值税专用发票的购进材料全部记入一般纳税人账上，使其进项税额全部从一般纳税人销项税额中抵扣，而所有取得增值税普通发票的购进材料全部记入小规模纳税人账上。但在领用环节，实际领用材料时并未按所属购入方去领用，造成核算混乱。（2）同样，在生产环节，两个企业的生产车间仍然合二为一，无法分清完工产品究竟是属于一般纳税人企业生产的还是属于小规模纳税人企业生产的。（3）在销售环节，两个企业对外都是用一般纳税人的名义洽谈业务，导致小规模纳税人销售产品时开具发票的发票联上有的也盖着一般纳税人公章，而发票记账联仍在小规模纳税人账上反映。

最终，税务部门据此认定张某企业的行为已经构成了偷（逃）税，并决定追缴增值税1.4万元，并处所偷（逃）税款1倍罚款且加收滞纳金，同时对其在发票使用方面的违规问题也做出了处罚。

由此可见，上述案例弄巧成拙，存在着很大的纳税筹划风险，这是企业不懂得涉税零风险筹划导致的。事实上，在对工业企业进行纳税筹划时，一般企业将不含税应税销售额与不含税可抵扣进项税的购进金额进行比较，当后者与前者的比例为82.35%[①]时，企业作

---

① 参见本书表2-2。

为一般纳税人与小规模纳税人的增值税税负相等；低于82.35％，企业作为一般纳税人的增值税税负就高于作为小规模纳税人的增值税税负。在这种情况下，通常的纳税筹划方法是通过将原企业分立出一个小规模纳税人，达到降低增值税税负的目的。但企业分立在形式上和实质上都必须是真实的，否则单纯为少缴税而弄虚作假，必然会给企业带来麻烦。如果确定要选择通过分立方式进行纳税筹划，那么有关管理措施必须到位，会计账目要清楚，会计核算要健全，业务流程要规范合理，纳税申报及税款缴纳要及时正确，而若只在形式上进行纳税筹划，但实质上未进行纳税筹划，同时配套管理措施不到位，则最终会产生税收风险。

## 任务三　纳税筹划与偷（逃）税、抗税、骗税的界定

### 一、偷（逃）税、抗税、骗税含义的认知

偷（逃）税是指纳税人采取伪造、变造、隐藏、擅自销毁账簿、记账凭证，在账簿上多列支出，不列、少列收入，或者进行虚假纳税申报的手段，不缴或者少缴应纳税款的行为。

抗税是指纳税人以暴力、威胁方法拒不缴纳税款的行为。

骗税是指纳税人以假报出口，骗取国家出口退税款的行为。

### 二、偷（逃）税、抗税、骗税与纳税筹划的区别

1.性质不同

税收筹划是在正确履行纳税义务的前提下进行的，它的特点是合法或不违法，而偷（逃）税、抗税、骗税通过非法手段将应税行为变为非应税行为，从而直接逃避纳税人自身的应税责任，是一种违法甚至犯罪行为，应该受到法律的制裁。

2.使用的手段不同

税收筹划采取公开或相对公开的手段，不需要进行修饰和掩盖，以理财为手段来实现企业的财务目标。偷（逃）税、骗税采用隐蔽的手段达到少缴税款的目的，具有欺诈性。抗税采用暴力、威胁的手段，恶意触犯法律，必将受到法律的严惩。

3.承担责任不同

税收筹划既然是一种合法或不违法行为，原则上不会承担法律责任，并理应受到国家法律的保护和认可。偷（逃）税、抗税、骗税是违法行为，一经查实，除要给予一定比例的经济处罚外，还要视情节轻重，决定是否追究刑事责任。

4.政府的态度不同

偷（逃）税、抗税、骗税行为具有故意性、欺诈性、违法性等特征，使国家税收遭受严重损失。政府对其持坚决的反对和抵制态度，并对此类行为有专门的处罚规定。而对税收筹划，政府一般持鼓励和支持态度。对于避税筹划，政府虽然持不提倡态度，但是相对于偷（逃）税、抗税、骗税行为来说，政府对其态度要宽松很多。

### 三、相关概念之间的比较

节税筹划、避税筹划、税负转嫁筹划、涉税零风险筹划与偷（逃）税、抗税、骗税的比较见表1-1。

表1-1　节税筹划、避税筹划、税负转嫁筹划、涉税零风险筹划与偷（逃）税、抗税、骗税的比较一览表

| 类别比较点 | 节税筹划 | 避税筹划 | 税负转嫁筹划 | 涉税零风险筹划 | 偷（逃）税、抗税、骗税 |
|---|---|---|---|---|---|
| 法律性质 | 合法 | 非违法 | 纯经济活动 | 合法 | 违法 |
| 政府态度 | 倡导 | 反对 | 不加干预 | 鼓励 | 制裁处罚 |
| 风险性 | 低风险 | 风险较高 | 多因素风险性 | 几乎零风险 | 高风险 |
| 实施手段 | 主要利用税收优惠政策或选择机会 | 主要利用税法漏洞 | 调整产品价格 | 正确进行纳税申报，及时、足额纳税 | 利用非法手段 |
| 立法意图 | 体现 | 违背 | 不相关 | 顺应 | 违反 |
| 经济影响 | 促进经济良性发展 | 影响以至破坏市场规则 | 有利于企业间的竞争 | 有利于形成良好的税收征纳环境 | 违背公平竞争原则，破坏经济秩序 |

# 任务四　纳税筹划的层次划分

## 一、企业具体业务纳税筹划的层次

对于企业具体的某项业务而言，按对其进行纳税筹划的时机，可将纳税筹划分为事前筹划、事中筹划和事后筹划三大层次。事前筹划的层次最高，事中筹划次之，事后筹划的层次最低。下面通过两个典故进行分析：

典故一：扁鹊来到了蔡国，蔡桓公听说他名声很大，便宴请扁鹊，他见到桓公以后说："君王有病，就在肌肤之间，不治会加重的。"桓公不相信，并且不高兴。五天后，扁鹊又去见他，说道："大王的病已到了血脉，不治会加深的。"桓公仍不信，而且更加不高兴了。又过了五天，扁鹊又见到桓公时说："病已到肠胃，不治更重。"桓公十分生气，他不喜欢别人说他有病。五天又过去了，这次，扁鹊一见到桓公，就赶快避开了，桓公十分纳闷，就派人去问，扁鹊说："病在肌肤之间时，可用熨药治愈；在血脉，可用针刺、砭石的方法达到治疗效果；在肠胃里时，借助酒的力量也能达到；可病到了骨髓，就无法治疗了。现在大王的病已在骨髓，我无能为力了。"果然，五天后，桓公身患重病，忙派人去找扁鹊，而扁鹊已经走了。不久，桓公就这样死了。

典故二：魏文王曾求教于名医扁鹊："你们家兄弟三人，都精于医术，谁是医术最好的呢？"扁鹊："大哥最好，二哥差些，我是三人中最差的一个。"魏文王不解地说："请你介绍得详细些。"扁鹊解释说："大哥治病，是在病情发作之前，那时候病人自己还不觉得有病，但大哥就下药铲除了病根，这使他的医术难以被人认可，所以没有名气，只是在我们家中被推崇备至。二哥治病，是在病初起之时，症状尚不十分明显，病人也没有觉得痛苦，二哥就能药到病除，使乡里人都认为二哥只是治小病很灵。我治病，都是在病情十分严重之时，病人痛苦万分，病人家属心急如焚。此时，他们看到我在经脉上穿刺，用针放血，或在患处敷以毒药以毒攻毒，或动大手术直指病灶，使重病人病情得到缓解或很快治愈，所以我名闻天下。"魏文王大悟。这良医治未病的故事，说的就是扁鹊的大哥。

上述典故说明了"防患于未然"的道理，这对于纳税筹划而言也是一样，事后筹划不如事中筹划，事中筹划不如事前筹划。可惜大多数企业的决策者均未能认识到这一点，等到企业相关业务已经发生了，与之相关的税负及纳税风险也已经产生了，才寻求弥补，弥补得好则声名鹊起，但更多的时候是亡羊补牢，"为时已晚"。下面通过一个案例来说明。

> **任务案例1-5**　甲高档化妆品生产企业由于不重视事前筹划，存在着很大的纳税风险，该公司生产高档化妆品的成本（含原材料、员工工资、制造费用等）为65元/件。2016年12月新上任老总召集销售部开营销动员大会，却未召集财务人员参加，会议上老总制订了营销方案，并给出奖励措施：从2017年1月起，若以100元/件的不含增值税出厂价销售，则销售人员可得2元/件的提成，若以105元/件的不含增值税出厂价销售，则销售人员可得5元/件的提成。结果，2017年1月销售人员以100元/件的不含增值税价格销售了100万件，以105元/件的不含增值税价格销售了50万件。共耗费其他相关费用为3 000万元。

下面对此案例进行分析，由于老总不事先测算税负，结果导致产生了很大的纳税风险。假设不考虑增值税，该公司收入总额=100×100 + 105×50=15 250（万元），成本总额=（100 + 50）×65=9 750（万元），相关费用=3 000万元，营销人员提成工资额=2×100 + 5×50=450（万元），消费税=15 250×15%=2 287.5（万元），城建税及教育费附加=2 287.5×（7% + 3%）=228.75（万元），利润总额=15 250－9 750－3 000－450－2 287.5－228.75=－466.25（万元）。这样就出现了销售越多亏损越大的情况，这就是未进行事前纳税筹划（事先测算税负）产生的后果，它属于典型的事后筹划。而若公司在上述营销方案实施的初期阶段发现出现了亏损，企业老总便马上停止继续执行该方案，立即让财务人员测算税负及利润并重新制订定价方案，则会避免更大的损失，这就是事中纳税筹划。而若该公司老总懂得事先纳税筹划，便会在召开营销动员大会时，就让财务人员参加，财务人员在测算后发现该方案会产生损失，便会马上反馈给老总，然后老总重新制订合理的营销定价方案，就不会出现上述损失，这就是事前纳税筹划。由此可见，事前筹划是最高层次的纳税筹划，事中筹划次之，事后筹划的层次最低。

### 二、企业整体纳税筹划的层次

对企业整体而言，按对其进行纳税筹划的时间段，仍然可将其分为事先筹划、事中筹划和事后筹划三大层次。但与具体业务纳税筹划的三大层次不同，企业整体纳税筹划的三大层次无所谓层次高低，都是非常重要的。这主要体现在以下几点：

第一，从企业生命周期来看，它是由企业的设立、筹资、投资、采购、生产、销售、利润分配、产权重组等多个环节组成。各个环节层层递进，相互依存，相互影响，周而复始，都不是孤立存在的。对各个环节而言，纳税筹划的事前、事中和事后是相对而言的。从整体上看纳税筹划融于各个环节之中，一个环节的事后筹划有可能是另一个环节的事前筹划，因此无论事前筹划、事中筹划，还是事后筹划都是十分重要的。

第二，从企业税种的纳税次序来看，企业各税种的缴纳有一定的先后顺序。对前一个税种的纳税筹划，相对于后一个税种来说是事前筹划；反过来看，对后一个税种的纳税筹划，同时又是对前一个税种的事后筹划。以房地产企业为例，其纳税顺序主要分为三个层面：首先，在拿地时，要缴纳契税；其次，在销售时，要缴纳增值税、城建税、教育费附加、印花税及预缴土地增值税，在清算时，要补缴土地增值税；最后，还要计算应纳税所得额，来缴纳企业所得税。以其中的土地增值税和企业所得税为例，对土地增值税的筹划是对企业所得税的事前筹划，而对企业所得税的筹划又是对土地增值税的事后筹划，而这两种纳税筹划都是十分重要的。

第三，从纳税筹划自身环节来看，纳税筹划本身是一个系统全面的工作。从纳税筹划的涉税情况调查分析到纳税筹划方案的提出（事前筹划），从纳税筹划方案的实行到纳税筹划方案实行过程中对其不断监督、调整及修正（事中筹划），从纳税筹划结果的评价，到纳税筹划经验和教训的总结和反馈（事后筹划），无不反映纳税筹划的系统性。而无论是事前筹划、事中筹划，还是事后筹划，都是纳税筹划密不可分的组成环节，忽视任何一个环节都可能导致纳税筹划的最终失败。因此事前筹划、事中筹划、事后筹划都是非常重要的。

第四，从纳税筹划的对象来看，纳税筹划的对象具有复杂性，且是经常发展变化的。根据上文可知，产品材料采购的纳税筹划相对于产品生产来说是事前筹划；而产品生产的纳税筹划相对于产品材料的采购来说又是事后筹划，但同时，相对于产品销售来说又是事前筹划；同样，产品销售的纳税筹划相对于产品生产来说又是事后筹划。但是，与此同时，某批产品在生产的同时，下一批产品有可能正在销售或者是正开始购进材料，这样，纳税筹划的对象存在着并行交叉的情况。事前筹划、事中筹划、事后筹划又有可能同时存在，相互并行。

以上这些都说明：事前筹划、事中筹划、事后筹划是一个整体，环环相扣，缺一不可。总之，对企业整体而言，纳税筹划的三大层次（即事前筹划、事中筹划和事后筹划）是一个系统工程，需要在全面考虑的同时，抓住重点进行筹划。

**任务案例1-6** 甲白酒生产企业税负较重，该公司老板不懂税收，2017年他把财务部纳税筹划人员分为两组：一组负责对增值税、消费税进行纳税筹划；另一组负责对企业所得税以及其他税种进行纳税筹划，并以其节税额作为年终考核的标准，即按节税额的10%作为奖金。结果第一组成员2017年主要对白酒消费税进行纳税筹划，使消费税税负由原来的1 000万元降低至800万元，节税效果明显，第一组获得奖金额=（1 000-800）×10%=20（万元）；而第二组在对企业所得税进行纳税筹划时仅节税100万元，第二组获得奖金额=100×10%=10（万元）。后来第二组对分配方案不满，于是找老总说理：第一组节省消费税200万元，必然会使利润增加200万元，这样企业所得税会增加50万元（200×25%），也就是说第一组消费税节税越多，则会使第二组企业所得税税负增加也越多（企业所得税税负增加额为消费税节税额的25%）。最后老板明白了这个关系，从此以后便改变了激励分配方案。事实上，消费税纳税筹划作为企业所得税的事前纳税筹划，不能与企业所得税纳税筹划割裂开来。进一步说，消费税的纳税筹划甚至可以作为企业所得税纳税筹划的一个组成部分。同时，企业所得税的纳税筹划作为消费税的事后纳税筹划，在筹划过程中又会发现消费税纳税筹划过程中存在的问题。这两种税的纳税筹划相互融合，相互补充，无层次高低之分，不能将其割裂开来，都是非常重要的。

# 任务五    纳税筹划的方法认知

纳税筹划的方法总的来说可以分为七种：一是降低计税依据；二是降低适用税率；三是加大可抵扣税额；四是直接减免税款；五是延迟纳税时间；六是规避或转换纳税义务；七是防范纳税风险。

## 一、降低计税依据

计税依据，是指纳税人计算应纳税额的依据。在一般情况下，由于应纳税额=计税依据×税率，因此，在税率确定的情况下，降低计税依据，就会导致应纳税额的降低。降低计税依据是纳税筹划最基本的方法。由于各个税种的计税依据不尽相同，因此，纳税人需要研究各个税种计税依据的不同税法规定，来通过各种不同的方法降低计税依据，从而降低企业税负。下面通过一个案例来说明：

**任务案例1-7** 甲酒厂生产药酒，出厂销售给中间商的价格是2 500元/箱（不含增值税），直接零售给消费者的价格为3 000元/箱（不含增值税）。2017年预计零售户直接到甲酒厂购买药酒约1 000箱。药酒属于其他酒，其消费税比例税率为10%。

**【任务要求】** 请对上述业务进行纳税筹划。

**【税法依据】** 根据《中华人民共和国消费税暂行条例》、《财政部、国家税务总局关于调整金银首饰消费税纳税环节有关问题的通知》（财税字〔1994〕95号）、《关于调整烟产品消费税政策的通知》（财税〔2009〕84号）的规定，消费税纳税义务发生在生产环节（含生产、委托加工环节以及进口环节），而在以后流通环节及消费环节（包含批发、零售等环节），便不再缴纳消费税了（金银首饰、卷烟除外）。

**【筹划思路】** 企业应当设立销售公司作为独立的法人，先以较低但合理的价格将应税消费品出厂销售给该销售公司，则消费税以此较低的销售额作为计税依据，从而降低了应纳消费税税额；然后，该销售公司再以较高的价格对外零售，该环节只缴纳增值税，不再缴纳消费税。这样会使消费税税负下降，而增值税税负保持不变。

**【筹划过程】**

方案一：甲酒厂直接零售给消费者。

应纳消费税=3 000×1 000×10%=30（万元）

方案二：甲酒厂设立一个独立核算的销售公司，先将产品以2 500元/箱的价格出售给该销售公司，然后，该销售公司再以3 000元/箱的价格零售给消费者。

应纳消费税=2 500×1 000×10%=25（万元）

**【筹划结论】** 与方案一相比，方案二少缴纳消费税5万元（30-25），因此，应当选择方案二。

**【任务点评】** 当然设立独立核算的销售公司，必然增加部分支出，企业需要比较降低的税负与增加的支出，最终做出正确的决策。

## 二、降低适用税率

类似于第一种方法，降低适用税率是在存在不同税率的前提下，运用一定的方法选择适用相对较低的税率，从而降低应纳税额的方法。选择该方法的前提条件是存在税率差异以及存在选择的机会。下面通过一个案例来说明：

**任务案例1-8**　A运输公司共有两个相对独立的运输车队，预计2017年全年应纳税所得额为98万元，但这两个运输车队各自的应纳税所得额恰好都为49万元，从业人数各为50人，资产总额各为600万元。

【任务要求】请对上述业务进行纳税筹划。

【税法依据】对符合条件的小型微利企业，减按20%的税率征收企业所得税。自2017年1月1日至2019年12月31日，将小型微利企业的年应纳税所得额上限由30万元**提高至50万元**，对年应纳税所得额低于50万元（含50万元）的小型微利企业，其所得**减按50%**计入应纳税所得额，**按20%的税率**缴纳企业所得税。

上述小型微利企业，是指从事国家非限制和禁止行业，并符合下列条件的企业：

（1）工业企业，年度应纳税所得额不超过50万元，从业人数不超过100人，资产总额不超过3 000万元；

（2）其他企业，年度应纳税所得额不超过50万元，从业人数不超过80人，资产总额不超过1 000万元。

【筹划思路】将规模较大、盈利较多的大企业分立为两个或者多个小型微利企业，便可达到适用"小型微利企业适用企业所得税低税率"的目的。

【筹划过程】

方案一：保持一个公司形态。

应纳企业所得税=98×25%=24.5（万元）

方案二：将A运输公司按照运输车队分立为两个独立的小运输公司甲和乙。

甲公司应纳企业所得税=49×50%×20%=4.9（万元）

乙公司应纳企业所得税=49×50%×20%=4.9（万元）

整个集团共应纳企业所得税=4.9+4.9=9.8（万元）

【筹划结论】与方案一相比，方案二少缴纳企业所得税14.7万元（24.5-9.8），因此，应当选择方案二。

【任务点评】A运输公司按照运输车队分立为两个独立的企业，必然要耗费一定的费用，也有可能会影响正常的经营，也不利于今后规模的扩大，因此需要权衡利弊。

### 三、加大可抵扣税额

加大可抵扣税额就相当于抵减了纳税人应当缴纳的税款。可抵扣的税额包括：在计算应纳增值税时，准予抵扣进项税额；在计算特定应税消费品应纳消费税时，对于以前环节（外购环节或委托加工环节）缴纳的税款在税法规定的范围内准予扣除；在计算缴纳企业所得税时，准许纳税人弥补以前年度（5年内）发生的亏损、自己分公司发生的亏损等，从而相当于变相抵扣了税额；在计算缴纳企业所得税时，企业取得的来源于中国境外的应税所得已在境外缴纳的所得税税额，可以从其当期应纳税额中抵免，抵免限额为该项所得依照企业所得税法规定计算的应纳税额，超过抵免限额的部分，可以在以后5个年度内，用每年度抵免限额抵免当年应抵税额后的余额进行抵补。下面通过一个案例来说明：

**任务案例1-9**　甲公司欲在外地设立分支机构乙公司，预计2017年乙公司亏损100万元，甲公司盈利200万元。

【任务要求】请对上述业务进行纳税筹划。

【税法依据】《中华人民共和国企业所得税法》第五十条规定：除税收法律、行政法规另有规定外，居民企业以企业登记注册地为纳税地点；但登记注册地在境外的，以实际管理机构所在地为纳税地点。居民企业在中国境内设立不具有法人资格的营业机构的，应当汇总计算并缴纳企业所得税。第五十二条规定：除国务院另有规定外，企业之间不得合并缴纳企业所得税。

【筹划思路】根据上述规定可知，子公司具有法人资格，其企业登记注册地为企业所得税纳税地点；分公司不具有法人资格，企业所得税由其总公司汇总缴纳。

企业在打算新设立分支机构的时候，应当根据对盈利的预测来选择设立子公司或分公司，一般情况下，新设立的分支机构在设立之初不会盈利，处于亏损状态，因此，选择设立分公司为好。

【筹划过程】

方案一：将乙公司设立为子公司。

甲公司应纳企业所得税=200×25%=50（万元）

乙公司不纳税，其亏损额100万元在以后5个年度内税前弥补。

方案二：将乙公司设立为分公司。

此时，乙公司汇总到甲公司统一缴纳企业所得税。

整个公司集团应纳企业所得税=（200-100）×25%=25（万元）

【筹划结论】方案二比方案一少缴纳企业所得税25万元（50-25），因此，应当选择方案二。

【任务点评】方案二下，当年少缴的税金虽然以后一般情况下还是要上缴，但却延缓了纳税时间，充分利用了资金的时间价值。然而分公司与子公司相比有较小的独立经营和决策的权力，使得在一些重要合同的签订、决策的制定上有赖于总公司，将会对其资本流动及运营带来很多不利的影响。同时，分公司的经营风险要由总公司承担，这对总公司又会产生不利影响。

### 四、直接减免税款

直接减免税款主要是指企业通过利用相关减免税的税收优惠政策，直接对企业税负进行减免。下面通过一个案例来说明：

任务案例1-10  2016年，甲农场全部土地用来种植蔬菜。2017年，农场在种植蔬菜以外，计划增加种植项目，经过考察，最终决定在种植水果还是种植茶叶之中选择一个。假设种植水果或种植茶叶均能实现利润300万元，且无纳税调整项目。

【任务要求】请对上述业务进行纳税筹划。

【税法依据】《中华人民共和国企业所得税法实施条例》第八十六条规定：企业从事农、林、牧、渔业项目的所得，可以免征、减征企业所得税，是指：

（一）企业从事下列项目的所得，免征企业所得税：

1.蔬菜、谷物、薯类、油料、豆类、棉花、麻类、糖料、水果、坚果的种植；

2.农作物新品种的选育；

3.中药材的种植；

4．林木的培育和种植；

5．牲畜、家禽的饲养；

6．林产品的采集；

7．灌溉、农产品初加工、兽医、农技推广、农机作业和维修等农、林、牧、渔服务业项目；

8．远洋捕捞。

（二）企业从事下列项目的所得，减半征收企业所得税：

1．花卉、茶以及其他饮料作物和香料作物的种植；

2．海水养殖、内陆养殖。

【筹划思路】税法中的各种优惠政策反映了国家的政策导向，是国家鼓励和倡导的，企业可以充分利用各种优惠进行纳税筹划，不仅有利于企业，而且有利于国家。

【筹划过程】

方案一：选择种植茶叶。

种植茶叶的所得可以减半征收企业所得税。

当年应纳企业所得税=300×25%÷2=37.5（万元）

方案二：选择种植水果。

免征企业所得税。

【筹划结论】方案二比方案一少缴纳企业所得税37.5万元（37.5-0），因此，应当选择方案二。

【任务点评】当然，具体种植什么项目，要看自身的具体情况，不能单纯根据税负大小这一因素来做出选择。

五、延迟纳税时间

延迟纳税时间，属于相对节税的方法，延迟纳税时间的方法有很多，但基本思路可以归结为：一是尽量推迟确认收入；二是尽早确认成本和费用。下面通过一个案例来说明：

【任务案例1-11】甲公司属于增值税一般纳税人，2017年10月发生销售业务3笔，共计应收货款2 000万元（不含税价）。其中，第1笔收入为800万元，货款两清；第2笔收入为500万元，两年后一次性收款；第3笔收入为700万元，一年后收款300万元，余款400万元两年后结清。

【任务要求】请对上述业务进行纳税筹划。

【税法依据】《中华人民共和国增值税暂行条例实施细则》第三十八条规定：采取赊销或分期收款方式销售货物的，为书面合同约定的收款日期的当天，无书面合同的或者书面合同没有约定收款日期的，为货物发出的当天。

【筹划思路】企业在产品销售过程中，在货款一时无法收回或部分无法收回的情况下，可选择赊销或分期收款结算方式，避免垫付税款。这相当于获得了一笔无息银行贷款利息，充分利用了资金的时间价值。

【筹划过程】

方案一：未签订赊销或分期收款合同，则税务机关推定为直接收款方式。

本期增值税销项税额=2 000×17%=340（万元）

方案二：采取赊销和分期收款结算方式，通过签订赊销或分期收款合同，在合同中明确收款日期来实现。

本期增值税销项税额=800×17％=136（万元）

根据合同约定，一年后支付300万元，则：

增值税销项税额=300×17％=51（万元）

根据合同约定，两年后支付900万元（500+400），则：

增值税销项税额=（500+400）×17％=153（万元）

【筹划结论】方案二比方案一本期少缴纳增值税204万元（340-136），因此，应当选择方案二。

【任务点评】虽然这204万元的税款以后期间要缴清，但却延缓了纳税时间，充分利用了资金的时间价值。

### 六、规避或转换纳税义务

这主要是指企业通过改变生产流程或经营方向，一方面可以规避纳税义务，即经过纳税筹划，将某种税的纳税义务人变为该种税的非纳税义务人；另一方面，可以转换纳税义务，即由缴纳一种税转换为缴纳另一种税。下面通过一个案例来说明：

**任务案例1-12** 孙某等4人欲成立一家皮鞋商场，预计每年利润总额为1 000 000元，且无纳税调整项目。

【任务要求】请对上述业务进行纳税筹划。

【税法依据】根据《中华人民共和国企业所得税法》和《中华人民共和国个人所得税法》的规定，具有法人资格的企业（股份有限公司、有限责任公司）需要按照"利息、股票、红利所得"缴纳25%的企业所得税（小型微利企业按照20%的税率征收，且可享受减征的优惠政策），个人股东从股份有限公司和有限责任公司取得的税后利润需要缴纳个人所得税；不具有法人资格的企业（个人独资企业、合伙企业）不需缴纳企业所得税，投资者就其从个人独资企业和合伙企业中取得的利润按照"个体工商户生产经营所得"缴纳个人所得税。

2011年6月《中华人民共和国个人所得税法》对个体工商户的生产、经营所得部分进行了修改，并于2011年9月1日起予以实施。第三条第二项修改为：个体工商户的生产、经营所得和对企事业单位的承包经营、承租经营所得，适用5%至35%的超额累进税率。（税率表见表1-2）

表1-2　个体工商户的生产、经营所得和对企事业单位的承包经营、承租经营所得项目税率表

| 级数 | 全年应纳税所得额 | 税率（%） | 速算扣除数（元） |
|---|---|---|---|
| 1 | 不超过15 000元的 | 5 | 0 |
| 2 | 超过15 000元至30 000元的部分 | 10 | 750 |
| 3 | 超过30 000元至60 000元的部分 | 20 | 3 750 |
| 4 | 超过60 000元至100 000元的部分 | 30 | 9 750 |
| 5 | 超过100 000元的部分 | 35 | 14 750 |

【筹划思路】企业可以在不影响正常生产经营的情况下，选择成立个人独资企业或合伙企业而非成立股份有限公司、有限责任公司，以规避企业所得税，降低整体税负。

【筹划过程】

方案一：选择成立有限责任公司且税后利润提取法定盈余公积后全部分配给股东。

既需缴纳企业所得税，又需缴纳个人所得税。

该有限责任公司应纳企业所得税=1 000 000×25%=250 000（元）

该有限责任公司税后利润=1 000 000-250 000=750 000（元）

提取法定盈余公积=750 000×10%=75 000（元）

向投资者分配的利润合计=750 000-75 000=675 000（元）

4位股东应纳个人所得税总额=675 000÷4×20%×4=135 000（元）

应纳税额合计=250 000＋135 000=385 000（元）

4位股东的税后收益=1 000 000-250 000-135 000=615 000（元）

**方案二：** 选择成立合伙企业。

只需缴纳个人所得税，这样便规避了企业所得税的纳税义务

4位股东应纳个人所得税总额=（1 000 000÷4×35%-14 750）×4=291 000（元）

应纳税额合计=291 000元

4位股东的税后收益=1 000 000-291 000=709 000（元）

**【筹划结论】** 方案二比方案一总共少缴税94 000元（385 000-291 000），4位股东总共多获取税后收益94 000元（709 000-615 000），因此，应当选择方案二。

**【任务点评】** 应当注意的是，成立合伙企业不利于企业融资及扩大规模来做大做强，且合伙企业责任一般为无限责任，经营风险较大。投资者应当权衡利弊，选择合适的组织形式。

### 七、防范纳税风险

根据前文所述，企业纳税风险最小化是纳税筹划的目标之一，防范纳税风险优化设计又是纳税筹划含义的第二层面。通过纳税筹划，合理合法地纳税，尽最大努力遵守税收法律法规的规定，从而最大程度地降低纳税风险，使企业平稳健康地发展，有利于建立和谐的税收征纳关系，达到企业与国家的双赢。因此，把防范纳税风险作为纳税筹划的一大方法是非常重要和必要的。下面通过一个案例来说明：

**任务案例1-13** 2017年甲公司一办公大楼出租，年租金1 000万元，年应纳房产税108.108万元（1 000÷（1+11%）×12%）。若经纳税筹划，将该1 000万元租金分成两部分：房屋租金500万元，物业管理费500万元。结果年应纳房产税54.054万元（500÷（1+11%）×12%）。比原方案节税54.054万元（108.108-54.054）。这是当前纳税筹划咨询过程中中介机构给出的较为常用的房产税纳税筹划方案，很多企业也正在实践中应用。

但该纳税筹划方案属于本书前面所称的避税筹划，这其中有很大的税收风险，因此操作不当可能被以"偷（逃）税"处理。如果在主管税务机关进行税务检查时，按该地同期正常收费水平及房产面积测算，应当收取物业管理费100万元。这样最终被税务机关以"偷（逃）税"论处，并对其给予补税、加收滞纳金罚款等处理。而若企业在对此进行纳税筹划时，做到合法、合理，则可将原1 000万元的租金收入拆分为房屋租金900万元，物业管理费100万元，则年应纳房产税为97.297万元（900÷（1+11%）×12%），仍比未进行纳税筹划前的原方案节税10.811万元（108.108-97.297）。可见纳税筹划不要有贪心，因为贪多必败，而是要在合法、合理的前提下，在防范纳税风险的同时，取得稳妥的节税收益。因此，纳税筹划中的防范纳税风险的思想和方法是十分重要的。

# 任务六  纳税筹划的目标分析

## 一、纳税筹划目标种类的认知

纳税筹划的目标，是指企业通过纳税筹划所希望达到的结果。对纳税筹划进行准确的目标定位，直接关系到纳税筹划的成败。纳税筹划的目标从不同的角度可以分为以下几种：

1.实现税负最小化

纳税人对减轻自身税负的追求，是纳税筹划产生的最初原因。但随着现代财务理念的发展，人们发现纳税筹划单纯地以实现税负最小化为目标存在很多缺陷，主要表现在：第一，它没有考虑纳税筹划方案对相关收入和成本的影响，容易导致决策的片面性。若减少的税负是以减少更多的收入或增加更多成本为代价，则结果是得不偿失的。第二，它没有考虑货币时间价值。不同纳税筹划方案下相关收益的流入或成本的流出可能发生在不同的时点，在不同时点的现金流量的现值是不同的，而税负最小化没有考虑时间价值因素，这在纳税筹划方案涉及长期决策的时候很可能出现失误。第三，它没有考虑相关的风险。不同的纳税筹划方案所面临的风险往往是不同的，有的方案可能实现比较低的税负，但是要实现低税负可能要面对很多不确定的负面因素，在这种情况下，仅仅考虑税负的高低是无法做出正确决策的。

因此，纳税筹划以税负最小化为目标具有很大的缺陷，甚至会将企业的纳税筹划引入误区。当然，减少税负是纳税筹划最直接的动机，也是纳税筹划兴起与发展的直接原因，没有节税动机，也就不可能会有纳税筹划。

2.实现税后利润最大化

税后利润最大化目标，可以克服税负最小化目标的第一个缺陷，即克服没有考虑相关的收入和成本的缺陷。税后利润最大化目标在当今的理论和实务界比较流行。这种观点认为，由于"税后利润＝收入－成本－税金"，要实现税后利润最大化，就要追求在收入增加、成本减少的同时，尽可能地减少税金的缴纳，使收入减去成本再减去税金后的值即税后利润最大。但是这一目标的提出，仍然没有解决时间价值和风险计量等问题，在纳税筹划方案涉及不同期间的现金流量时有可能导致决策失误。它容易导致企业只注重对本年度的利润的追求，造成纳税筹划的短期行为，不能兼顾企业的长远发展。当然，在一年以内的短期税收筹划决策中，税后利润最大化目标一般是能够胜任对税收筹划方案的选择和评价的。

> **项目引例解析**
>
> 1.采用以实现税负最小化为目标下的税负最小化法。
>
> **方案一：从一般纳税人甲公司购买。**
>
> 应纳增值税＝20 000÷（1+17%）×17%－12 000÷（1+17%）×17%＝1 162.39（元）
>
> 应纳城建税和教育费附加＝1 162.39×（7%+3%）＝116.24（元）
>
> 应纳税合计＝1 162.39+116.24＝1 278.63（元）
>
> **方案二：从小规模纳税人乙公司购买。**
>
> 应纳增值税＝20 000÷（1+17%）×17%－11 000÷（1+3%）×3%＝2 585.59（元）

应纳城建税和教育费附加=2 585.59×（7%+3%）=258.56（元）

应纳税合计=2 585.59+258.56=2 844.15（元）

**方案三：从小规模纳税人丙公司购买。**

应纳增值税=20 000÷（1+17%）×17%=2 905.98（元）

应纳城建税和教育费附加=2 905.98×（7%+3%）=290.60（元）

应纳税合计=2 905.98+290.60=3 196.58（元）

可见，若采用税负最小化法，方案一税负最小，因此方案一为最优方案，其次是方案二，最后是方案三。

2.采用以实现税后利润（净利润）最大化为目标下的净利润法。

**方案一：从一般纳税人甲公司购买。**

净利润={20 000÷（1+17%）−12 000÷（1+17%）−2 000−[20 000÷（1+17%）×17%−12 000÷（1+17%）×17%]×（7%+3%）}×（1−25%）=3 541.03（元）

**方案二：从小规模纳税人乙公司购买。**

净利润={20 000÷（1+17%）−11 000÷（1+3%）−2 000−[20 000÷（1+17%）×17%−11 000÷（1+3%）×3%]×（7%+3%）}×（1−25%）=3 116.88（元）

**方案三：从小规模纳税人丙公司购买。**

净利润=[20 000÷（1+17%）−10 000−2 000−20 000÷（1+17%）×17%×（7%+3%）]×（1−25%）=3 602.56（元）

可见，若采用净利润法，方案三净利润最大，因此方案三为最优方案，其次是方案一，最后是方案二。

通过"项目引例解析"比较可以看出，两种纳税筹划目标下的筹划结论是不一致的。由于税负最小的情况未必使得税后利润最大，因此相对于实现税负最小化的纳税筹划目标来说，实现税后利润最大化的纳税筹划目标更加优越。

3.获取资金时间价值最大化

资金是有时间价值的，企业通过一定的手段将本期应该缴纳的税款延期缴纳，以获得资金的时间价值，也是税收筹划的目的之一。虽然这笔税款迟早是要缴纳的，但本期无偿占用这笔资金就相当于从财政部门获得了一笔无息贷款，并且这笔无息贷款不存在财务风险。然而，获取资金时间价值最大化是在应缴税金一定的情况下进行的，企业不能单纯地为了获取资金时间价值最大化而最大限度地晚缴税金，应在少缴和晚缴之间进行合理的选择。

4.实现纳税风险最小化

实现纳税风险最小化虽然不一定能够直接获取税收上的好处，但却能间接地获取一定的经济利益，主要表现在：第一，实现纳税风险最小化可以使纳税人不至于遭受税务机关的经济处罚，避免发生不必要的经济损失。第二，实现纳税风险最小化可以避免企业发生不必要的名誉损失，使企业的品牌和产品更容易为消费者所接受，从而有利于企业的生产经营。第三，实现纳税风险最小化主要是通过达到涉税零风险这一状态来实现的。涉税零风险状态可以使企业账目更加清楚，使得管理更加有条不紊，有利于企业控制成本费用，也有利于企业的长远发展与规模扩大。

5.实现企业价值最大化

这种观点认为，纳税筹划属于财务管理范畴，纳税筹划的目标应与财务管理的目标相一致。现代财务理论基本上确立了以企业价值最大化作为财务管理的目标，企业的内在价值，应当是未来企业能够创造的现金净流量的现值，是对未来现金流入和流出、现金流量的时间价值和风险综合评价的结果。将企业价值最大化作为纳税筹划的目标，可以弥补税负最小化和税后利润最大化目标的缺陷，能够综合考虑纳税筹划方案引起的相关的收益和成本以及时间价值和风险因素，因此不失为一种理想的目标定位。企业价值最大化目标在纳税筹划中的主要应用是在长期纳税筹划方案的决策中引入净现值法，即计算长期纳税筹划方案可能带来的相关现金流量的净现值，并以此作为评价纳税筹划方案优劣的依据。由于计算净现值时采用的折现率往往既考虑了时间价值因素也考虑了风险因素，因此可以帮助决策者更为准确地做出判断。当然这一目标同样也存在缺陷，主要是在实际运用中，一是在计算纳税筹划方案带来的净现值时，如何确定折现率，即如何准确计量纳税筹划方案的时间价值因素；二是如何确定风险因素的影响，是采用风险调整贴现率法还是调整现金流量法，这都是当今财务理论很难解决的课题，也将成为制约企业价值最大化目标和净现值法在纳税筹划实践中应用的因素。

### 二、不同纳税筹划目标之间的关系认知

企业纳税筹划的目标，在不同的纳税筹划项目中有不同的运用。企业在进行纳税筹划时应注意纳税筹划目标相互之间的联系。企业价值最大化目标是纳税筹划中的最高目标，是企业长期发展必须关注的目标，在很多时候应该包含其他几个目标。在具体的纳税筹划中，如果企业在实现其他几个目标的过程中违背了企业价值最大化的目标，那么也就违背了企业的长远发展规划，该项纳税筹划方案应该进行修正。事实上，纳税筹划决策的长期目标重点在于通过降低企业的纳税负担和纳税风险，来保证企业持续安全地盈利，最终实现企业价值最大化。

然而，值得注意的是，企业价值最大化目标在实际的计量中有一定的局限性。因此，可以把企业价值最大化作为最高目标，而在具体纳税筹划实务中，更多地应体现为其他几个目标。

## 任务七　纳税筹划的步骤梳理

### 一、收集纳税筹划必需的信息

#### 1.企业涉税情况与需求分析

不同企业的基本情况及纳税要求有所不同，在实施纳税筹划活动时，首先要了解企业的以下基本情况：企业组织形式、筹划主体的意图、经营状况、财务状况、投资意向、管理层对风险的态度、企业的需求和目标等等。其中，筹划主体的意图是纳税筹划中最根本的部分，是纳税筹划活动的出发点。

#### 2.企业相关税收政策与环境分析

企业在着手进行纳税筹划方案设计之前，都应该对企业相关的财税政策和法规进行梳理、整理和归类。全面了解与企业相关的行业、部门税收政策，理解和掌握国家税收政策及精神，争取税务机关的帮助与合作，这对于成功实施纳税筹划尤为重要。如果有条件，最好建立企业税收信息资源库，以备使用。同时，企业必须了解政府的相关涉税行为，就

政府对纳税筹划方案可能的行为反应做出合理的预期，以增强筹划成功的可能性。这方面的信息包括：政府对纳税筹划中可能涉及的避税活动的态度、政府反避税的主要法规和措施以及政府反避税的运作规程等。

## 二、确定纳税筹划的具体目标

根据前文所述，纳税筹划其最终目标是企业价值最大化。而对上面已经收集的信息进行分析后，便可以确定纳税筹划的各个具体目标，并以此为基准来设计纳税筹划方案。纳税筹划具体目标主要有：实现税负最小化；实现税后利润最大化；获取资金时间价值最大化；实现纳税风险最小化。

## 三、设计备选的纳税筹划方案

在掌握相关信息和确立目标之后，纳税筹划的决策者可以着手设计纳税筹划的具体方案，关注角度不同，具体方案就可能存在差异，因此决策者需要将方案逐一列示，并准备在后续过程中进行选择。

纳税筹划方案的设计一般按以下几个步骤进行：首先，对涉税问题进行认定，即涉税项目的性质，涉及哪些税种等；其次，对涉税问题进行分析，即涉税项目的发展态势，引发后果，纳税筹划空间大小，需解决的关键问题等；最后，设计多种备选方案，即针对涉税问题，设计若干可选方案，包括涉及的经营活动、财务运作和会计处理，确定配套方案。

## 四、分析、评价各个备选方案，并选择一个最佳方案

纳税筹划方案是多种筹划技术的组合运用，同时需要考虑风险因素。方案列示以后，必须进行一系列的分析，主要包括：

1.合法性分析

纳税筹划的首要原则是合法性原则，任何纳税筹划方案都必须在不违法的前提下进行，因此，对设计的方案首先要进行合法性分析，规避法律风险。

2.可行性分析

纳税筹划的实施，需要多方面的条件，企业必须对方案的可行性做出评估，这种评估包括实施时间的选择，人员素质以及未来的趋势预测。

3.目标分析

每种纳税筹划方案都会产生不同的纳税结果，这种纳税结果是否符合企业既定的目标，是筹划方案选择的基本依据。因此，必须对方案进行目标分析，同时优选最佳方案。目标分析还包括评价纳税筹划的合理性，防止纳税筹划的片面性，影响企业整体策略。对列示方案逐项分析之后，设计者可能获取新的信息，并以此对原有的纳税筹划方案进行调整，同时继续规范分析过程。

对多种方案进行分析、比较和评估后，选择一个最佳方案。

## 五、实施该纳税筹划方案

纳税筹划方案选定之后，经管理部门批准，即进入实施阶段。企业应当按照选定的纳税筹划方案，对自己的纳税人身份、组织形式、注册地点、所从事的产业、经济活动以及会计处理等做出相应的处理或改变，同时记录筹划方案的收益。

## 六、对该纳税筹划方案进行监控、评估和改进

一方面，在纳税筹划方案的实施过程中，应及时监控出现的问题，例如，国家税收政

策有所调整、相关人员操作不当、纳税筹划方案出现漏洞等。这需要及时反馈给纳税筹划的决策者，以便及时对纳税筹划方案进行调整修正和改进。另一方面，要对实施完毕的纳税筹划方案的效果进行评价，考核其经济效益与最终结果是否实现纳税筹划目标，这其中可能因为执行偏差、环境改变或者由于原有方案的设计存在缺陷，从而与预期结果产生差异，对于这些差异要认真总结，通过总结经验与教训，使得以后的纳税筹划不断得以完善和改进。

## 拓展阅读

### "税务筹划失败"的10大原因①

通过合理税务筹划实现企业经营税负的降低是所有企业都非常重视的问题，然而，在实际的税务筹划案例中，很多方案最终搁置或放弃，非但没有实现降低税负的目的，有些甚至遗留下很大的税务风险，税务筹划归于失败。华税律师根据多年的税务筹划实践经验及对相关案例的研究，总结了10个最容易导致税务筹划失败的原因，介绍给所有从事税务筹划工作的人士，以帮助企业更好地运营。

**原因1：对税法、税收政策理解不准**

公司的一项经营活动是否纳税以及应纳税额大小是由税收法律、法规、规章和一系列的规范性文件决定的。实务中，企业纳税申报出现税会差异，也是基于税法规定进行纳税调整。因此，法律才是税收的根本属性，会计只是计量的工具。现实中，很多基于会计方法的税收筹划，改变的只是计量的方法和标准，并未"治本"。

**原因2：没有充分考虑到非税成本**

税务筹划中，常常需要根据筹划方案调整交易的模式、架构，进行一系列的商业安排，商业安排会引发一系列的非税成本，比如：成立新的公司、筹措一笔过桥资金等都需要一定的时间周期和人财物的投入，如果没有统筹好这些因素，也很容易导致税务筹划的失败。

**原因3：纳税义务发生并确定后才进行税务筹划**

古语虽有云："亡羊补牢，未为晚也。"但是这句话并不适用于税务筹划领域。我国现行的18个税种，每一个税种对每一项纳税义务的发生都规定了特定的条件，一旦满足就需要按照相关程序履行纳税义务，华税律师经常接到个人股东在股权交易即将结束时打来电话，可惜已经无力回天。

**原因4：税务筹划缺少"合理商业目的"**

根据《特别纳税调整实施办法（试行）》（国税发〔2009〕2号）的规定，对于"不具有合理商业目的的安排"，税务机关可以发起一般反避税调查，最常见的形式包括：（1）滥用税收优惠；（2）滥用税收协定；（3）滥用公司组织形式；（4）利用避税港避税。2015年2月1日实施的《一般反避税管理办法（试行）》对跨境反避税予以全面的规范，因此，企业在进行税务筹划中，需要有"合理商业目的"的证据材料。

**原因5：名为"筹划"，实为偷逃税**

根据《税收征管法（征求意见稿）》，逃税是指"纳税人采取欺骗、隐瞒手段进行虚假纳税申报或者不申报"，其中，"欺骗、隐瞒手段"是指下列情形：

---

① 佚名."税务筹划失败"的10大原因［EB/OL］.［2015-03-06］. http://www.chinaacc.com/shuishou/ssch/zh1503064892.shtml.

（1）伪造、变造、转移、藏匿、毁灭账簿凭证或者其他相关资料；

（2）编造虚假计税依据，虚列支出或者转移、隐匿收入；

（3）骗取税收优惠资格；

（4）法律、行政法规规定的其他情形。

同时规定："逃避缴纳税款的，由税务机关追缴其不缴或者少缴的税款，并处不缴或者少缴的税款百分之五十以上三倍以下的罚款；涉嫌犯罪的，移送司法机关依法处理。扣缴义务人采取前款所列手段，不缴或者少缴已扣、已收税款，由税务机关追缴其不缴或者少缴的税款，并处不缴或者少缴的税款百分之五十以上三倍以下的罚款；涉嫌犯罪的，移送司法机关依法处理。"税务筹划触犯刑事责任，得不偿失。

### 原因6：对潜在税务风险缺乏专业认知

在现实中，没有任何法律风险的税务筹划方案几乎是不存在的，可以说，税务法律风险控制伴随税务筹划的全过程。因此，需要对税务风险有充分的认知，比如，通过"转让定价"进行的"筹划"通常面临纳税调整和税收利息的风险，而通过伪造材料等手段实现少缴税的目的，则有可能触犯行政责任甚至刑事责任，所以，税务筹划有"雷区"，公司需谨慎。

### 原因7：缺少公司各部门支持

税务筹划是一项综合性的工作，需要公司多部门的参与配合。以申请高新技术企业资格为例，需要企业在销售收入、研发费用、核心知识产权、科研人员比例等方面达标，各项指标的合格有赖于各部门的积极参与，需要财务、科研、人力资源等部门在申请高新资格前1至3年，有计划、有步骤地推进。

### 原因8：与有关政府部门缺少沟通

鉴于中国税收立法的现状，很多事项适用的税收政策并不是十分清晰，这就需要企业在筹划中与政府部门确认相关税收政策的具体适用。但是，需要提醒的是，企业在咨询相关事项前，应该对筹划的目标有明确认识，获取对筹划方案至关重要的信息，而非全盘告知自己的商业计划与安排，尤其《税收征管法（征求意见稿）》增加了"预约裁定制度"，企业征求税务机关"预约裁定"前，更应该做好准备。

### 原因9：筹划后企业税负率过低

可以说零瑕疵的筹划方案是不存在的，很多筹划方案有赖于征纳双方的信息不对称。如果企业的税务筹划方案前期进行得都很顺利，但是最终导致企业的税负率过低，并且无法提供合理的理由，在这种情形下，就极容易被税务机关的纳税评估"盯上"，进而诱发税务检查和稽查，通过"放大镜"式税务稽查，企业税务筹划的瑕疵很难保证不被税务机关发觉，"秋后算账"也是有可能的。

### 原因10：缺乏有实操经验的专业人士及团队

其实上述所有的原因都可以归结到"人"的原因，没有具有税务筹划实操经验的专业人士或团队，很难确保税务筹划不会出问题。在美国，很多大公司通常聘请具有风险税务筹划经验的税务律师进行税务筹划，尽管收费高昂，但是依然受到企业的欢迎。

### 小结

上述10大原因并未穷尽税务筹划失败的所有原因，但的确是在实战中最常见的诱发税务筹划失败的原因。华税律师认为，成功的税务筹划应该具有两个核心特征：一是有系统可行的税务筹划方案；二是具有强有力的统筹落实方案的能力。而这二者则有赖于专业的税务筹划人才与团队。目前，国内的一些大中型公司已经开始有意识地强化自身的税务团队的建设，也是未来一种必然的发展趋势。

◀▶ 项目练习 ◀▶

一、单项选择题

1.纳税筹划的最终目标是要实现（　　）。

A.利润最大化                    B.企业价值最大化

C.税负最小化                    D.资金时间价值最大化

2.（　　）是指企业在不违背法律本身且不违背法律立法精神（即合法且合理）的前提下，在国家法律及税收法规许可并鼓励的范围内，采用税法所赋予的税收优惠或选择机会，来对各种涉税事项进行策划和安排，通过减轻税负来实现企业价值最大化。

A.节税筹划                      B.避税筹划

C.税负转嫁筹划                  D.涉税零风险筹划

3.属于政府倡导的纳税筹划形式是（　　）。

A.税负转嫁筹划                  B.涉税零风险筹划

C.避税筹划                      D.节税筹划

4.纳税人以暴力、威胁方法拒不缴纳税款的行为指的是（　　）。

A.偷（逃）税    B.抗税    C.骗税    D.漏税

5.下列关于纳税筹划的相关概念表述中，错误的是（　　）。

A.避税是纳税人使用一种在表面上遵守税收法律法规，但实质上与立法意图相悖的非违法形式来达到自己目的的手段

B.节税筹划是以追求企业价值最大化为目标

C.偷（逃）税、抗税、骗税具有违法性

D.节税和避税都是税法允许甚至鼓励的行为

6.纳税筹划是（　　）的一部分。

A.企业财务管理    B.企业经营管理    C.企业成本管理    D.企业利润管理

7.下列不属于偷（逃）税、抗税、骗税行为的特征的是（　　）。

A.故意性    B.欺诈性    C.违法性    D.违规性

8.税负转嫁筹划通常需要借助（　　）来实现。

A.价格    B.税率    C.纳税人    D.纳税期限

9.企业在从事经营活动或投资活动之前，就应把税收作为影响最终成果的一个重要因素来设计和安排，属于纳税筹划的（　　）特征。

A.风险性    B.事先性    C.目的性    D.协作性

10.纳税人采取伪造、变造、隐藏、擅自销毁账簿、记账凭证，在账簿上多列支出，不列、少列收入，或者进行虚假纳税申报的手段，不缴或者少缴应纳税款的行为属于（　　）。

A.偷（逃）税    B.漏税    C.抗税    D.骗税

11.纳税人在充分了解现行税法的基础上，通过掌握相关会计知识，在不触犯税法的

前提下，对经济活动的筹资、投资、经营等活动做出巧妙的安排，这种安排手段处在合法与非法之间的灰色地带，达到规避或减轻税负目的的行为指的是（　　　）。

A.纳税筹划　　　　　　B.避税筹划　　　　　C.节税筹划　　　　　D.税负转嫁筹划

## 二、多项选择题

1.下列各项中，属于纳税筹划特点的有（　　　）。

A.全面性　　　　　　B.事先性　　　　　C.目的性　　　　　D.风险性

2.偷（逃）税、抗税、骗税与税收筹划的区别包括（　　　）。

A.性质不同　　　　　B.使用的手段不同　　C.承担的责任不同　　D.政府的态度不同

3.选择降低适用税率的方法进行纳税筹划的前提条件有（　　　）。

A.存在税负差异　　　B.存在税率差异　　　C.存在税目差异　　　D.存在选择的机会

4.纳税筹划的具体目标主要有（　　　）。

A.实现税前利润最大化　　　　　　　B.实现税负最小化

C.获取资金时间价值最大化　　　　　D.实现纳税风险最小化

5.对纳税筹划方案的分析，主要包括（　　　）。

A.合法性分析　　　　　　　　　　B.可行性分析

C.目标分析　　　　　　　　　　　D.合理性分析

6.下列各种纳税筹划形式的说法中，正确的有（　　　）。

A.节税筹划主要利用税收优惠政策或选择机会

B.避税筹划主要利用税法漏洞

C.税负转嫁筹划主要利用调整产品税负

D.涉税零风险筹划主要通过正确进行纳税申报，及时、足额纳税

7.纳税筹划的方法包括（　　　）。

A.降低计税依据　　　　　　　　　B.降低适用税率

C.增加可抵扣税额　　　　　　　　D.推迟纳税时间

8.实现税后利润最大化这一目标的提出，仍然没有解决的问题包括（　　　）。

A.没有考虑相关的收入　　　　　　B.没有考虑相关成本

C.时间价值　　　　　　　　　　　D.风险计量

9.实现纳税风险最小化的好处主要表现在（　　　）。

A.可以使纳税人不至于遭受税务机关的经济处罚，避免发生不必要的经济损失

B.可以避免企业发生不必要的名誉损失，使企业的品牌和产品更容易为消费者所接受，从而有利于企业的生产经营

C.使税务机关对企业留下良好印象，以能够获取税务检查及税收优惠政策运用上的宽松待遇等

D.使企业的税负最低

## 三、判断题

1.纳税筹划的不违法性就是合法性。　　　　　　　　　　　　　　　　　（　　　）

2.推迟纳税时间通过推迟收入和费用的确认来实现。　　　　　　　　　　（　　　）

3.涉税零风险筹划有利于形成良好的税收征纳环境，促进经济和社会和谐发展，政府对此非常提倡。　　　　　　　　　　　　　　　　　　　　　　　　　　　（　　　）

4.偷（逃）税、抗税、骗税是违法行为，一经查实，除要给予一定比例的经济处罚外，还要视情节轻重，决定是否追究刑事责任。　　　　　　　　　　　　　　（　　）

5.对企业整体而言，按对其进行纳税筹划的时间段，可将其分为事先筹划、事中筹划和事后筹划三大层次，三者有层次高低之分。　　　　　　　　　　　　　　（　　）

6.实现纳税风险最小化不一定能够直接获取税收上的好处，但能间接地获取一定的经济利益。　　　　　　　　　　　　　　　　　　　　　　　　　　　　　　　　（　　）

7.涉税零风险筹划是指企业通过努力来做到会计账目清楚，会计核算健全，纳税申报正确，业务流程规范合理，税款缴纳及时足额，使其纳税风险得以规避、降低、分散、转移、保留或利用的纳税筹划。　　　　　　　　　　　　　　　　　　　　　　　（　　）

8.避税筹划的成功意味着行为主体对法律漏洞与缺陷找得准确，不利于税法逐步得到完善。　　　　　　　　　　　　　　　　　　　　　　　　　　　　　　　　　　（　　）

9.对纳税筹划而言，事后筹划不如事中筹划，事中筹划不如事前筹划。　　（　　）

10.纳税筹划包括事前筹划和事后筹划两大层次。　　　　　　　　　　　（　　）

11.商品交易行为是税负转嫁的必要条件。　　　　　　　　　　　　　　（　　）

12.涉税零风险筹划虽然不能为企业带来直接经济利益的增加额，但却能够为企业创造出一定的间接经济利益。　　　　　　　　　　　　　　　　　　　　　　　　　（　　）

13.避税筹划不违背法律本身但违背了法律立法精神。　　　　　　　　　（　　）

14.实现税负最小化的纳税筹划目标没有考虑相关的风险。　　　　　　　（　　）

▶ 项目实训 ◀

### 一、实训名称

防范纳税风险案例分析

### 二、实训案例设计

甲公司为一工业企业，拥有一库房拟对外出租，原值1 000万元，净值800万元，现该库房闲置。乙公司拟承租该库房，双方初步商定年租金为80万元。甲公司的会计人员发现，每年的租金收入应纳房产税=80×12%＝9.6（万元），应纳增值税=80÷（1+11%）×11%＝7.93（万元）。于是甲公司会计人员提供以下纳税方案：甲公司与乙公司协商，将房屋的租赁业务转变为仓储业务，即由甲公司代为保管乙公司原先准备承租房屋后拟存放的物品，从而将原来的租金收入转变为仓储收入。上述"租赁改仓储"的纳税筹划方案实际上是将房屋的使用权出租给别人使用改为仍旧自用。而《房产税暂行条例》规定，如果企业将房屋出租，则应按租金收入缴纳12%的房产税，这叫做"从租计征"；如果房屋自己使用，则按房产原值一次减除10%～30%后的余值缴纳房产税，这叫做"从价计征"。在本例中，假设甲公司所在省份规定的减除比例为30%，则改为仓储业务后应纳房产税=1 000×（1-30%）×1.2%＝8.4（万元），应纳增值税=80÷（1+6%）×6%＝4.53（万元）。两者相比降低了房产税税负1.2万元（9.6-8.4），降低了增值税税负3.4万元（7.93-4.53）。这样，"租赁改仓储"表面上看是一项值得采纳的"纳税筹划"方案。

### 三、实训任务要求

请从防范纳税风险的角度分析上述纳税筹划案例。

# 项目二
# 增值税的纳税筹划实务

职业能力目标

（1）能对增值税纳税人身份的选择进行纳税筹划。

（2）能通过合并转换增值税纳税人身份来进行纳税筹划。

（3）能通过分立转换增值税纳税人身份来进行纳税筹划。

（4）能通过分别核算进行纳税筹划。

（5）能对折扣方式的选择进行纳税筹划。

（6）能对直销行为进行纳税筹划。

（7）能对供应商纳税人身份的选择进行纳税筹划。

（8）能对购进时间的选择进行纳税筹划。

（9）能通过变"收购非初级农产品"为"收购初级农产品"进行纳税筹划。

（10）能通过分立农业生产部门进行纳税筹划。

（11）能对存货非正常损失进行纳税筹划。

（12）能通过避免零申报、负申报进行纳税筹划。

（13）能通过延期纳税进行纳税筹划。

（14）能对分别纳税与汇总纳税的选择进行纳税筹划。

（15）能利用增值税起征点政策进行纳税筹划。

（16）能通过对增值税计税方法选择进行纳税筹划。

（17）能对全面"营改增"后小规模纳税人转化为一般纳税人进行纳税筹划。

（18）能对全面"营改增"后变一般纳税人为小规模纳税人进行纳税筹划。

（19）能对全面"营改增"后兼营行为进行纳税筹划。

（20）能对全面"营改增"后混合销售行为进行纳税筹划。

（21）能对全面"营改增"后折扣销售进行纳税筹划。

（22）能对全面"营改增"后餐饮服务和住宿服务相互转化进行纳税筹划。

（23）能对全面"营改增"后选择运输服务提供方进行纳税筹划。

（24）能对全面"营改增"后进项税额先全部抵扣后扣减再转入待抵扣进项税额进行纳税筹划。

（25）能对全面"营改增"后一般计税方法与简易计税方法的选择进行纳税筹划。

（26）能对全面"营改增"后程租、期租与光租的选择进行纳税筹划。

（27）能对全面"营改增"后技术转让、技术开发进行纳税筹划。

（28）能对全面"营改增"后起征点进行纳税筹划。

（29）能对全面"营改增"后房地产开发企业销售自行开发的房地产老项目进行纳税筹划。

➤项目引例2-1——增值税计税方法选择的纳税筹划◀

甲公司是2016年1月新成立的自来水公司，成立之初申请认定为增值税一般纳税人，2016年购进一台大型设备，取得增值税专用发票，价值400万元（不含增值税），其他可抵扣的进项税额为40万元。2016年生产销售自来水，取得收入1 000万元（不含增值税）。2017年及以后各年收入不变，可抵扣进项税额每年均为40万元。

⭐ **任务要求**

请对上述业务进行纳税筹划。

▶ **项目引例解析**    见本项目的任务三。

➤ **项目引例2-2——全面"营改增"后房地产开发企业销售自行开发的房地产老项目的纳税筹划** ◀

甲房地产开发企业为增值税一般纳税人，有一合同开工日期在2016年4月1日的自行开发房地产项目，准备于2017年10月对外销售。该项目的售价为10 000万元（含增值税），当期允许扣除的土地价款为3 000万元，可抵扣的进项税额为100万元。该项目采用现房销售方式（非预售方式）。

⭐ **任务要求**

请对上述业务进行纳税筹划。

▶ **项目引例解析**    见本项目的任务二十四。

# 任务一　增值税纳税人身份选择的纳税筹划 [①]

**任务案例2-1**　甲公司为一家工业企业，年不含税应征增值税销售额为45万元，销售适用17%的增值税税率，现为小规模纳税人。由于其能够按照国家统一的会计制度规定设置账簿，根据合法、有效凭证核算，能够提供准确税务资料，经申请可成为一般纳税人，其不含税可抵扣购进金额为30万元，购进适用17%的增值税税率。

【任务要求】请对上述业务进行纳税筹划。

【税法依据】

**一、增值税纳税人身份的种类和标准**

（一）增值税纳税人身份的种类

增值税纳税人分为**小规模纳税人**和**一般纳税人**两类，并实行不同的征收和管理方式。

（二）增值税纳税人身份的标准

1.小规模纳税人的标准

小规模纳税人是指年销售额在规定标准以下，并且会计核算不健全，不能按规定报送有关税务资料的增值税纳税人。

---

① 根据学习的需要，本教材将增值税纳税人分为原增值税纳税人和营改增试点纳税人两大类。原增值税纳税人是指按照《中华人民共和国增值税暂行条例》（国务院令第538号）等文件缴纳增值税的纳税人，其主要涉税行为为包括销售货物、提供加工修理修配劳务以及进口货物。"营改增"试点纳税人是指按照《财政部　国家税务总局关于全面推开营业税改征增值税试点的通知》（财税〔2016〕36号）等文件缴纳增值税的纳税人，其主要涉税行为为包括销售服务、无形资产或者不动产。本项目与原增值税纳税人相关的内容为任务一至十五，与"营改增"试点纳税人相关的内容为任务十六至二十七。

（1）原增值税小规模纳税人的标准。

①从事货物生产或者提供加工修理修配劳务的纳税人，以及以从事货物生产或者提供加工修理修配劳务为主，并兼营货物批发或者零售的纳税人，年应征增值税销售额（以下简称应税销售额）在50万元以下（含本数，下同）的。这里以从事货物生产或者提供加工修理修配劳务为主，是指纳税人的年货物生产或者提供加工修理修配劳务的销售额占年应税销售额的比重在50％以上。

②除①项规定以外的增值税纳税人（这主要是针对商业批发或者零售企业来说的），年应税销售额在80万元以下的。

③年应税销售额超过小规模纳税人标准的其他个人（指自然人）按小规模纳税人纳税。

④超过小规模纳税人标准的非企业性单位、不经常发生应税行为的企业可选择按小规模纳税人纳税。

（2）"营改增"试点小规模纳税人的标准。

①"营改增"应税行为的年应税销售额在500万元（含本数，下同）以下的。

②年应税销售额超过小规模纳税人标准的其他个人（指自然人）不属于一般纳税人。

③年应税销售额超过小规模纳税人标准但不经常发生应税行为的单位和个体工商户可选择按照小规模纳税人纳税。

2．一般纳税人的标准

（1）原增值税一般纳税人的标准。

增值税纳税人（以下简称纳税人），年应税销售额超过财政部、国家税务总局规定的小规模纳税人标准（50万元或者80万元）的，除税法另有规定外，应当向其机构所在地主管税务机关办理一般纳税人登记。其中，"年应税销售额"是指纳税人在连续不超过12个月（或四个季度）的经营期内累计应征增值税销售额，包括纳税申报销售额、稽查查补销售额、纳税评估调整销售额。其中，稽查查补销售额和纳税评估调整销售额计入查补税款申报当月的销售额，不计入税款所属期销售额。经营期，是指在纳税人存续期内的连续经营期间，含未取得销售收入的月份。

年应税销售额未超过规定标准的纳税人，会计核算健全，能够提供准确税务资料的，可以向主管税务机关办理一般纳税人登记。会计核算健全，是指能够按照国家统一的会计制度规定设置账簿，根据合法、有效凭证进行核算。

（2）"营改增"试点一般纳税人的认定标准。

①"营改增"试点实施前（以下简称试点实施前）销售服务、无形资产或者不动产（以下简称应税行为）的年应税销售额超过500万元的试点纳税人，应向主管国税机关办理增值税一般纳税人资格登记手续。

试点纳税人试点实施前的应税行为年应税销售额按以下公式换算：

应税行为年应税销售额＝连续不超过12个月（或四个季度）应税行为营业额合计÷（1+3％）

按照原营业税规定差额征收营业税的试点纳税人，其应税行为营业额按未扣除之前的营业额计算。试点实施前，试点纳税人偶然发生的转让不动产的营业额，不计入应税行为年应税销售额。

②试点实施前已取得增值税一般纳税人资格并兼有应税行为的试点纳税人，不需要重

新办理增值税一般纳税人资格登记手续，由主管国税机关制作、送达"税务事项通知书"，告知纳税人。

③试点实施前应税行为年应税销售额未超过500万元的试点纳税人，会计核算健全，能够提供准确税务资料的，也可以向主管国税机关办理增值税一般纳税人资格登记。

④试点实施后，销售服务、无形资产或者不动产（以下简称"应税行为"）有扣除项目的纳税人，其应税行为年应税销售额按未扣除之前的销售额计算。纳税人偶然发生的销售无形资产、转让不动产的销售额，不计入应税行为年应税销售额。试点实施后，年应税销售额未超过规定标准的纳税人，会计核算健全，能够提供准确税务资料的，可以向主管税务机关办理一般纳税人登记，成为一般纳税人。会计核算健全，是指能够按照国家统一的会计制度规定设置账簿，根据合法、有效凭证核算。

⑤试点纳税人兼有销售货物、提供加工修理修配劳务和应税行为的，应税货物及劳务销售额与应税行为销售额分别计算，分别适用增值税一般纳税人资格登记标准。

兼有销售货物、提供加工修理修配劳务和应税行为，年应税销售额超过财政部、国家税务总局规定标准且不经常发生销售货物、提供加工修理修配劳务和应税行为的单位和个体工商户可选择按照小规模纳税人纳税。

### 二、小规模纳税人和一般纳税人的征税管理

小规模纳税人实行简易计税方法，不能自行领购和使用增值税专用发票，也不得抵扣进项税额。但对那些能认真履行纳税义务的小规模企业，经县（市）税务局批准，其销售货物、加工修理修配劳务、服务、无形资产或不动产可以由税务机关代开增值税专用发票（代开的增值税专用发票的税率一般情况下为3%，特殊情况下为5%、1.5%或者减按2%）。

符合增值税一般纳税人条件的纳税人应当向主管税务机关办理资格登记，以取得法定资格，未办理一般纳税人登记手续的，应按销售额依照增值税税率计算应纳税额，不得抵扣进项税额，也不得使用增值税专用发票。经税务机关审核登记的一般纳税人，可按规定领购和使用增值税专用发票，按增值税条例规定计算缴纳增值税。**需要注意的是，纳税人登记为一般纳税人后，不得转为小规模纳税人，国家税务总局另有规定的除外。**

自2016年11月4日起，全国范围内月销售额超过3万元（或季销售额超过9万元）的住宿业小规模纳税人提供住宿服务、销售货物或发生其他应税行为，需要开具增值税专用发票的，可以通过增值税发票管理新系统自行开具，主管国税机关不再为其代开。

自2017年3月1日起，全国范围内月销售额超过3万元（或季销售额超过9万元）的鉴证咨询业增值税小规模纳税人提供认证服务、鉴证服务、咨询服务、销售货物或发生其他增值税应税行为，需要开具增值税专用发票的，可以通过增值税发票管理新系统自行开具，主管国税机关不再为其代开。

自2017年6月1日起，将建筑业纳入增值税小规模纳税人自行开具增值税专用发票试点范围。月销售额超过3万元（或季销售额超过9万元）的建筑业增值税小规模纳税人提供建筑服务、销售货物或发生其他增值税应税行为，需要开具增值税专用发票的，通过增值税发票管理新系统自行开具。

自2018年2月1日起，月销售额超过3万元（或季销售额超过9万元）的工业以及信

息传输、软件和信息技术服务业增值税小规模纳税人发生增值税应税行为，需要开具增值税专用发票的，可以通过增值税发票管理新系统自行开具。

上述试点纳税人销售其取得的不动产，需要开具增值税专用发票的，应当按照有关规定向地税机关申请代开。

### 三、增值税的税率

一般纳税人缴纳增值税采用一般计税方法适用三种情况的比例税率。第一种是基本税率；第二种是低税率；第三种是出口货物、服务或者无形资产适用的零税率。自2017年7月1日起，简并增值税税率结构，取消原来的13%的增值税税率。一般纳税人特殊情况下采用简易计税方法适用征收率。小规模纳税人缴纳增值税采用简易计税方法适用征收率。具体适用范围如下：

1. 基本税率

增值税的基本税率为17%，适用于纳税人销售或者进口货物（适用11%的低税率的除外）、提供加工修理修配劳务、销售有形动产租赁服务。

2. 低税率

增值税的低税率分以下两档：

（1）低税率11%。

①一般纳税人销售或者进口下列货物，税率为11%：

粮食等农产品、食用植物油、食用盐；自来水、暖气、冷气、热水、煤气、石油液化气、天然气、二甲醚、沼气、居民用煤炭制品；图书、报纸、杂志、音像制品、电子出版物；饲料、化肥、农药、农机、农膜；国务院规定的其他货物。

②纳税人销售交通运输、邮政、基础电信、建筑、不动产租赁服务，销售不动产，转让土地使用权。

（2）低税率6%。

纳税人销售增值电信服务、金融服务、现代服务和生活服务，销售土地使用权以外的无形资产，税率为6%。

3. 零税率

（1）纳税人出口货物，一般适用零税率，国务院另有规定的除外；

（2）境内单位和个人跨境销售国务院规定范围内的服务、无形资产，税率为零。

4. 征收率

一般纳税人特殊情况下采用简易计税方法适用征收率。小规模纳税人缴纳增值税采用简易计税方法适用征收率。我国增值税的法定征收率是3%；一些特殊项目适用减按2%的征收率。全面营改增后的与不动产有关的特殊项目适用5%的征收率；一些特殊项目适用1.5%的征收率。

### 四、增值税的计算

增值税的计税方法，主要包括一般计税方法和简易计税方法。我国目前对一般纳税人增值税的计算一般情况下采用一般计税方法，某些特殊情况下采用或者选择采用简易计税方法；我国目前对小规模纳税人增值税的计算采用简易计税方法。

一般计税方法下的应纳增值税税额等于本期销项税额减本期进项税额。其计算公式为：

应纳增值税税额=本期销项税额-本期准予抵扣进项税额

简易计税方法的应纳增值税税额等于本期销售额乘以增值税征收率，不得抵扣进项税额。其计算公式为：

应纳增值税税额=不含税销售额×征收率

### 五、准予从销项税额中抵扣的进项税额

增值税一般纳税人下列进项税额准予从销项税额中抵扣：

（1）从销售方取得的增值税专用发票（含税控机动车销售统一发票，下同）上注明的增值税额。

具体来说，购进货物或接受加工修理修配劳务，从销售方或提供劳务方取得的增值税专用发票上注明的增值税额为进项税额，准予从销项税额中抵扣；购进服务、无形资产或者不动产，取得的增值税专用发票上注明的增值税额为进项税额，准予从销项税额中抵扣。

2016年5月1日后取得并在会计制度上按固定资产核算的不动产或者2016年5月1日后取得的不动产在建工程，其进项税额应自取得之日起分2年从销项税额中抵扣，第一年抵扣比例为60%，第二年抵扣比例为40%。

（2）从海关取得的海关进口增值税专用缴款书上注明的增值税额。

（3）纳税人购进农产品，按下列规定抵扣进项税额：

①除第②项规定外，纳税人购进农产品，取得一般纳税人开具的增值税专用发票或海关进口增值税专用缴款书的，以增值税专用发票或海关进口增值税专用缴款书上注明的增值税额为进项税额；从按照简易计税方法依照3%征收率计算缴纳增值税的小规模纳税人取得增值税专用发票的，以增值税专用发票上注明的金额和11%的扣除率计算进项税额；取得（开具）农产品销售发票或收购发票的，以农产品销售发票或收购发票上注明的农产品买价和11%的扣除率计算进项税额（买价，是指纳税人购进农产品在农产品收购发票或者销售发票上注明的价款和按照规定缴纳的烟叶税）。

②营业税改征增值税试点期间，纳税人购进用于生产销售或委托受托加工17%税率货物的农产品维持原扣除力度不变（原扣除力度指的是13%的扣除率）。

③继续推进农产品增值税进项税额核定扣除试点，纳税人购进农产品进项税额已实行核定扣除的，仍按照《财政部 国家税务总局关于在部分行业试行农产品增值税进项税额核定扣除办法的通知》（财税〔2012〕38号）、《财政部 国家税务总局关于扩大农产品增值税进项税额核定扣除试点行业范围的通知》（财税〔2013〕57号）执行。其中，《农产品增值税进项税额核定扣除试点实施办法》（财税〔2012〕38号印发）第四条第（二）项规定的扣除率调整为11%；第（三）项规定的扣除率调整为按本条第①项、第②项规定执行。

④纳税人从批发、零售环节购进适用免征增值税政策的蔬菜、部分鲜活肉蛋而取得的普通发票，不得作为计算抵扣进项税额的凭证。

⑤纳税人购进农产品既用于生产销售或委托受托加工17%税率货物又用于生产销售其他货物服务的，应当分别核算用于生产销售或委托受托加工17%税率货物和其他货物服务的农产品进项税额。未分别核算的，统一以增值税专用发票或海关进口增值税专用缴款书上注明的增值税额为进项税额，或以农产品收购发票或销售发票上注明的农产品买价和

11%的扣除率计算进项税额。

⑥销售发票，是指农业生产者销售自产农产品适用免征增值税政策而开具的普通发票。

（4）自用的应征消费税的摩托车、汽车、游艇，2013年8月1日（含）以后购入的，其进项税额准予从销项税额中抵扣。

（5）自境外单位或者个人购进劳务、服务、无形资产或者境内的不动产，从税务机关或者扣缴义务人取得的代扣代缴税款的完税凭证上注明的增值税额。

纳税人凭完税凭证抵扣进项税额的，应当具备书面合同、付款证明和境外单位的对账单或者发票。资料不全的，其进项税额不得从销项税额中抵扣。

**【筹划思路】** 增值税一般纳税人在一般计税方法下购进货物、劳务、服务、无形资产或者不动产，若取得增值税专用发票等合法的扣税凭证，则可抵扣进项税额；而增值税小规模纳税人以及增值税一般纳税人在简易计税方法下购进货物、劳务、服务、无形资产或者不动产，不能抵扣进项税额，只能将进项税额计入成本。一般纳税人销售货物、劳务、服务、无形资产或者不动产时，可以自行开具增值税专用发票或者增值税普通发票；小规模纳税人销售货物、劳务、服务、无形资产或者不动产时，可以通过税务机关代开增值税专用发票（部分行业的小规模纳税人可以自行开具增值税专用发票）或者自行开具增值税普通发票。小规模纳税人销售货物、劳务、服务、无形资产或者不动产，因开具的增值税专用发票或者增值税普通发票的税率较低，一般为3%，因此不必由购买方负担不含税销售价格的17%、11%或6%的增值税销项税额，只需由购买方负担不含税销售价格的3%的增值税额，因此销售价格相对较低。尤其对一些不需增值税专用发票或不能抵扣进项税额的购买方来说，就更愿意从小规模纳税人那里购进货物、劳务、服务、无形资产或者不动产。实际操作中可以通过比较不同纳税人身份下税负的大小来做出纳税人身份的选择。

**【判别方法】**

### （一）毛利率判别法[①]

假定纳税人不含税销售额为$S$，适用的销售增值税税率为$T_1$，不含税可抵扣购进金额为$P$，适用的购进增值税税率为$T_2$，假设增值税征收率为$T_3$。假定一般纳税人采用一般计税方法。具体操作如下：

（1）计算毛利率。

毛利率=（不含税销售额−不含税可抵扣购进金额）÷不含税销售额=$(S-P)÷S$

（2）计算应纳增值税税额。

一般纳税人采用一般计税方法的应纳增值税税额=不含税销售额×销售增值税税率−不含税可抵扣购进金额×购进增值税税率=$S×T_1-P×T_2$

小规模纳税人应纳增值税税额=不含税销售额×$T_3$=$S×T_3$

（3）计算增值税纳税均衡点下的毛利率。

令两种纳税人增值税税负相等，则：$S×T_1-P×T_2=S×T_3$

---

① 传统说法一般叫做"增值率判别法"，但由于增值率=（不含税销售额−不含税可抵扣购进金额）÷不含税可抵扣购进金额=$(S-P)÷P$，而非$(S-P)÷S$，因此在此叫作"毛利率判别法"更确切。此处叫作"毛利率判别法"的前提是：毛利率=（不含税销售额−不含税可抵扣购进金额）÷不含税销售额=$(S-P)÷S$。

得：毛利率＝（S-P）/S＝1-（$T_1$-$T_3$）/$T_2$①

令$T_1$=17%，$T_2$=17%，$T_3$=3%，得：

毛利率＝（S-P）/S＝1-（17%-3%）/17%＝17.65%

由此得出结论：若$T_1$=17%，$T_2$=17%，$T_3$=3%，当毛利率=17.65%时，两者增值税税负相同，这时既可以选择一般纳税人身份，也可以选择小规模纳税人身份；当毛利率＜17.65%时，小规模纳税人的增值税税负重于一般纳税人的增值税税负，这时选择一般纳税人身份是有利的；当毛利率＞17.65%时，一般纳税人的增值税税负重于小规模纳税人的增值税税负，这时选择小规模纳税人身份是有利的。

将增值税税率17%、11%、6%及增值税征收率3%分别代入上式②，计算出两类纳税人增值税纳税均衡点下的毛利率，见表2-1。

表2-1　　　　　　　　　两类纳税人增值税纳税均衡点下的毛利率

| 一般纳税人销售增值税税率（$T_1$） | 一般纳税人购进增值税税率（$T_2$） | 小规模纳税人增值税征收率（$T_3$） | 增值税纳税均衡点下的毛利率 |
|---|---|---|---|
| 17% | 17% | 3% | 17.65% |
| 17% | 11% | 3% | -27.27% |
| 17% | 6% | 3% | -133.33% |
| 11% | 17% | 3% | 52.94% |
| 11% | 11% | 3% | 27.27% |
| 11% | 6% | 3% | -33.33% |
| 6% | 17% | 3% | 82.35% |
| 6% | 11% | 3% | 72.73% |
| 6% | 6% | 3% | 50% |

**（二）可抵扣购进金额占不含税销售额比重判别法（简称为"不含税购销金额比判别法"）**

上述方法中毛利率的测算较为复杂，在纳税筹划中难以操作，因而，可以将毛利率的计算公式进行转化。假定纳税人不含税销售额为S，适用的销售增值税税率为$T_1$，不含税可抵扣购进金额为P，适用的购进增值税税率为$T_2$。假定一般纳税人采用一般计税方法。具体操作如下：

（1）计算不含税购销金额比。

不含税购销金额比=不含税可抵扣购进金额÷不含税销售额=P÷S

（2）计算应纳增值税税额。

---

① 具体推倒过程为：S×$T_1$-P×$T_2$=S×$T_3$ ⇒S（$T_1$-$T_3$）=P×$T_2$⇒P/S=（$T_1$-$T_3$）/$T_2$ ⇒（S-P）/S=［$T_2$-（$T_1$-$T_3$）］/$T_2$⇒（S-P）/S=1-（$T_1$-$T_3$）/$T_2$

② 为了研究方便，在此不考虑减按2%的征收率、与不动产有关的特殊项目适用5%的征收率、一些特殊项目适用1.5%的征收率，同时不考虑营业税改征增值税试点期间，纳税人购进用于生产销售或委托受托加工17%税率货物的农产品维持原扣除力度不变（原扣除力度指的是13%的扣除率）。下同。

$$一般纳税人采用一般计税方法的应纳增值税税额 = 不含税销售额 \times 销售增值税税率 - 不含税可抵扣购进金额 \times 购进增值税税率 = S \times T_1 - P \times T_2$$

小规模纳税人应纳增值税税额 = 不含税销售额 × $T_3$ = $S \times T_3$

（3）计算增值税纳税均衡点下的不含税购销金额比。

令两种纳税人增值税税负相等，则：$S \times T_1 - P \times T_2 = S \times T_3$

得：不含税购销金额比 $P/S = (T_1 - T_3) / T_2$

令 $T_1 = 17\%$，$T_2 = 17\%$，$T_3 = 3\%$，得：

不含税购销金额比 $P/S = (17\% - 3\%) / 17\% = 82.35\%$

由此得出结论：若 $T_1 = 17\%$，$T_2 = 17\%$，$T_3 = 3\%$，当不含税购销金额比 = 82.35% 时，两者增值税税负相同，这时既可以选择一般纳税人身份，又可以选择小规模纳税人身份；当不含税购销金额比 > 82.35% 时，小规模纳税人的增值税税负重于一般纳税人的增值税税负，这时选择一般纳税人身份是有利的；当不含税购销金额比 < 82.35% 时，一般纳税人的增值税税负重于小规模纳税人的增值税税负，这时选择小规模纳税人身份是有利的。

将增值税税率 17%、11%、6% 及增值税征收率 3% 分别代入上式，计算出两类纳税人增值税纳税均衡点下的不含税购销金额比，见表 2-2。

表 2-2　　　　两类纳税人增值税纳税均衡点下的不含税购销金额比

| 一般纳税人销售增值税税率（$T_1$） | 一般纳税人购进增值税税率（$T_2$） | 小规模纳税人增值税征收率（$T_3$） | 增值税纳税均衡点下的不含税购销金额比 |
|---|---|---|---|
| 17% | 17% | 3% | 82.35% |
| 17% | 11% | 3% | 127.27% |
| 17% | 6% | 3% | 233.33% |
| 11% | 17% | 3% | 47.06% |
| 11% | 11% | 3% | 72.73% |
| 11% | 6% | 3% | 133.33% |
| 6% | 17% | 3% | 17.65% |
| 6% | 11% | 3% | 27.27% |
| 6% | 6% | 3% | 50% |

【筹划过程】

（一）若采用毛利率判别法

毛利率 = (S-P)/S = (45-30)÷45 = 33.33% > 17.65%

根据表 2-1 的结论，此时选择作为小规模纳税人可节税。具体验证如下：

方案一：选择作为一般纳税人。

应纳增值税 = 45×17% - 30×17% = 2.55（万元）

方案二：选择作为小规模纳税人。

应纳增值税=45×3%=1.35（万元）

#### （二）若采用可抵扣购进金额占不含税销售额比重判别法

不含税购销金额比 P/S=30÷45=66.67%＜82.35%

根据表2-2的结论，此时选择作为小规模纳税人可节税。具体验证同上。

【筹划结论】方案二比方案一少缴纳增值税1.2万元（2.55-1.35），因此，应当选择方案二。

【任务点评】除了单纯考虑增值税税负因素外，在进行增值税纳税人身份选择的纳税筹划时还需注意以下因素：除增值税以外的其他税负，纳税人身份转化成本，企业货物、劳务、服务、无形资产或者不动产的性质及客户的特殊要求对企业选择纳税人身份的制约，转换后导致的收入和成本的增加或减少等等。

## 任务二   通过合并转换增值税纳税人身份的纳税筹划

**任务案例2-2** 甲公司为一家商业企业，属于增值税小规模纳税人，年应税销售额60万元，该公司购货金额为55万元。另有乙公司也为一家商业企业，属于增值税小规模纳税人，年应税销售额为50万元，该公司购货金额为45万元（以上金额均不含税）。此时，假设甲公司有机会合并乙公司，且是否合并乙公司对自身经营基本没有影响。

【任务要求】请对上述业务进行纳税筹划。

【税法依据】一般纳税人采用一般计税方法的应纳增值税税额=销项税额－进项税额，其中，销项税额=不含税销售额×税率；进项税额=不含税可抵扣购进金额×税率。小规模纳税人应纳增值税税额=不含税销售额×征收率。

【筹划思路】由于一般纳税人在一般计税方法下进项税额可以抵扣，因而小规模纳税人的税负可能会重于一般纳税人。若小规模纳税人自身不具备转化为一般纳税人的条件（年应税销售额未达标准或者其他原因），则可以考虑以合并其他小规模纳税人的方式来转化为一般纳税人，从而享有一般纳税人可以抵扣进项税额的税收待遇。

【筹划过程】

方案一：甲公司不合并乙公司。

甲公司应纳增值税=60×3%=1.8（万元）

乙公司应纳增值税=50×3%=1.5（万元）

甲公司与乙公司应纳增值税合计=1.8+1.5=3.3（万元）

方案二：甲公司合并乙公司，并申请为一般纳税人。

合并后的集团公司应纳增值税=（60+50）×17%-（55+45）×17%=1.7（万元）

【筹划结论】方案二比方案一少缴纳增值税1.6万元（3.3-1.7），因此，应当选择方案二。

【任务点评】小规模纳税人通过合并**一旦转化为一般纳税人，就不能再恢复为小规模纳税人**了。如果企业的销售客户大多是小规模纳税人，则企业本身是不适合作为一般纳税人的。因此，通过合并变"小规模纳税人"为"一般纳税人"，不能单纯考虑税负因素。

# 任务三　通过分立转换增值税纳税人身份的纳税筹划

**任务案例2-3** 甲公司为一家工业企业，属于增值税一般纳税人，年不含税销售收入为500万元，销售适用增值税税率17%，不含税可抵扣购进金额为30万元，销售过程中既有开具增值税专用发票的业务，也有开具增值税普通发票的业务，其中，开具增值税普通发票的业务不含税收入为50万元。

【任务要求】请对上述业务进行纳税筹划。

【税法依据】增值税的一般纳税人可以领购、开具增值税专用发票，在一般计税方法下可以抵扣进项税额；小规模纳税人不能领购、自行开具增值税专用发票（部分行业的小规模纳税人可以自行开具增值税专用发票），能够自行开具增值税普通发票，或申请主管税务机关代开增值税专用发票，但不能抵扣进项税额。

【筹划思路】企业如果具有较高的销项税额和较低的进项税额，会使得增值税税负较重。这种情况下，若作为小规模纳税人，则征收率一般为3%，虽不能抵扣进项税额，但整体增值税税负较低。因此对于未达到一般纳税人标准的此类企业可以继续选择作为小规模纳税人；而对于达到一般纳税人标准的此类企业，由于其具备一般纳税人资格，可以考虑分立出一个小规模纳税人，对于与其他小规模纳税人发生的业务由此分立出的小规模纳税人进行交易，这样便可以在一定程度上降低增值税税负。

【筹划过程】

方案一：继续维持增值税一般纳税人身份。

甲公司应纳增值税=500×17%-30×17%=79.9（万元）

方案二：将开具增值税普通发票的业务分立出去，重新注册一个A公司，并将销售收入控制在50万元或50万元以下。

此时，甲公司仍为一般纳税人，A公司为小规模纳税人。

甲公司应纳增值税=（500-50）×17%-30×（500-50）÷500×17%=71.91（万元）

A公司应纳增值税=50×3%=1.5（万元）

应纳增值税合计=71.91+1.5=73.41（万元）

【筹划结论】方案二比方案一少缴纳增值税6.49万元（79.9-73.41），因此，应当选择方案二。

【任务点评】如果企业的销售客户大多是一般纳税人，则企业本身是不适合作为小规模纳税人的。因此，通过分立进行增值税纳税人身份的转化的纳税筹划要具体情况具体分析。

**项目引例解析**

【税法依据】自2017年7月1日起，简并增值税税率结构，取消原来的13%的增值税税率。自2017年7月1日起，自来水适用税率为11%（采用一般计税方法时）。

一般纳税人销售其自产的自来水可以选择按照简易方法依照3%的征收率计算缴纳增值税。一般纳税人一旦选择按照简易方法计算缴纳增值税后，在36个月之内不得变更。

【筹划思路】由于自来水公司在增值税纳税方式上具有一定的选择权及转变权，因此，自来水公司应当测算不同计税方式的税负大小，以便选择最优的计税方式，或适时转变为最优的计税方式。

**【筹划过程】**

**方案一：选择按简易方法依照3%征收率计算缴纳增值税。**

因为，在36个月的简易征收期间进项税额不得抵扣，所以，大型设备的进项税额不得抵扣，则：

2016年应纳增值税=1 000×3%=30（万元）

2017年应纳增值税=1 000×3%=30（万元）

2018年应纳增值税=1 000×3%=30（万元）

2019年应纳增值税=1 000×3%=30（万元）

4年应纳增值税合计=30+30+30+30=120（万元）

**方案二：选择按一般计税方法（即应纳税额=销项税额－进项税额）计算缴纳增值税。**

2016年应纳增值税=1 000×11%－400×17%－40=2（万元）

2017年应纳增值税=1 000×11%－40=70（万元）

2018年应纳增值税=1 000×11%－40=70（万元）

2019年应纳增值税=1 000×11%－40=70（万元）

4年应纳增值税合计=2+70+70+70=212（万元）

**方案三：2016年选择按一般计税方法计算缴纳增值税，2017年转变为简易计税方法。**

2016年应纳增值税=1 000×11%－400×17%－40=2（万元）

2017年应纳增值税=1 000×3%=30（万元）

2018年应纳增值税=1 000×3%=30（万元）

2019年应纳增值税=1 000×3%=30（万元）

4年应纳增值税合计=2+30+30+30=92（万元）

**【筹划结论】** 方案三比方案一少缴纳增值税28万元（120-92），比方案二少缴纳增值税120万元（212-92），因此，应当选择方案三。

**【引例点评】** 需要注意的是，由于一般纳税人选择简易方法计税后，36个月内不得变更，因此，企业应当从长远且综合的角度来进行测算，最终选择或转变为对自己有整体利益的纳税方式。

## 任务四　分别核算的纳税筹划

**任务案例2-4** 甲公司增值税一般纳税人，主要生产机电设备。2017年8月销售机电设备共取得收入1 200万元（不含增值税），其中农机的销售额为800万元（不含增值税），适用的增值税税率为11%，其他机电设备的销售额为400万元（不含增值税），适用的增值税税率为17%。当月可抵扣的进项税额共为120万元。

**【任务要求】** 请对上述业务进行纳税筹划。

**【税法依据】** 纳税人销售货物、劳务、服务、无形资产或者不动产适用不同税率或者征收率的，应当分别核算适用不同税率或者征收率的销售额，未分别核算销售额的，从高适用税率或者征收率。

**【筹划思路】** 纳税人应当尽量将不同税率或者征收率的货物、加工修理修配劳务、服务、无形资产或者不动产分别核算，以适用不同的税率或者征收率，从而规避从高适用税率或者征收率，进而减轻企业负担。

一般纳税人销售或者进口下列货物，税率为11%：

农产品（含粮食，不含淀粉；含干姜、姜黄，不含麦芽、复合胶、人发制品）、自来水、暖气、石油液化气、天然气、食用植物油（含橄榄油，不含肉桂油、桉油、香茅油）、冷气、热水、煤气、居民用煤炭制品、食用盐、农机、饲料、农药、农膜、化肥、沼气、二甲醚、图书、报纸、杂志、音像制品、电子出版物。

**【筹划过程】**

　　方案一：未分别核算销售额。

　　应纳增值税=1 200×17%-120=84（万元）

　　方案二：分别核算销售额。

　　应纳增值税=400×17%+800×11%-120=36（万元）

**【筹划结论】** 方案二比方案一少缴纳增值税48万元（84-36），因此，应当选择方案二。

**【任务点评】** 分别核算在一定程度上会加大核算成本，但与节税额相比较，当然是非常值得的。

# 任务五　折扣方式选择的纳税筹划

**任务案例2-5** 甲商场为扩大销售，准备在2017年春节期间开展一次促销活动，欲采用三种方式：

（1）让利（折扣）20%销售商品，即企业将1 000元的商品以800元的价格销售，或者企业的销售价格仍为1 000元，但在同一张发票上的金额栏反映折扣额为200元。

（2）赠送商品，即企业在销售800元商品的同时，另外再赠送200元的商品。

（3）返还20%的现金，即企业销售1 000元商品的同时，向顾客赠送200元现金。

以销售1 000元的商品为基数，参与该次活动的商品购进成本为含税价600元（即购进成本占售价的60%）。经测算，公司每销售1 000元商品可以在企业所得税前扣除的工资和其他费用为60元，请对其进行纳税筹划。（促销活动期间顾客产生的个人所得税由甲商场代付）

**【任务要求】** 请对上述业务进行纳税筹划。

**【税法依据】**

（1）**折扣销售**：纳税人采取折扣方式销售货物，如果销售额和折扣额在同一张发票上分别注明的，可按折扣后的销售额征收增值税。纳税人采取折扣方式销售货物，销售额和折扣额在同一张发票上分别注明，是指销售额和折扣额在同一张发票上的"金额"栏分别注明的，可按折扣后的销售额征收增值税。未在同一张发票"金额"栏注明折扣额，而仅在发票的"备注"栏注明折扣额的，折扣额不得从销售额中减除。

（2）**实物折扣（如买一赠一）**：增值税方面，折扣销售的税收优惠仅适用于对货物价格的折扣，而不适用于实物折扣（如买一赠一）。如果销售者将自产、委托加工和购买的货物用于实物折扣的，则该实物款额不能从销售货物额中减除，且该实物应按增值税条例"视同销售货物"中的"无偿赠送他人"计算征收增值税。企业所得税方面，企业以买一赠一等方式组合销售本企业商品的，不属于捐赠，应将总的销售金额按各项商品的公允价值的比例来分摊确认各项的销售收入。个人所得税方面，根据《财政部　国家税务总局关于企业促销展业赠送礼品有关个人所得税问题的通知》（财税〔2011〕50号）文件的规定："根据《中华人民共和国个人所得税法》及其实施条例有关规定，现对企业和单位（包括企业、事业单位、社会团体、个人独资企业、合伙企业和个体工商户等，以下简称企业）在营销活动中以折扣折让、赠品、抽奖等方式，向个人赠送现金、消费券、物品、服务等（以下简称礼品）有关个人所得税问题通知如下：一、企业在销售商品（产品）和提供服务过程中向个人赠送礼品，属于下列情形之一的，不征收个人所得税：①企业通过价格折扣、折让方式向个人销售商品（产品）和提供服务；②企业在向个人销售商品（产品）和提供服务的同时给予赠品，如通信企业对个人购买手机赠话费、入网费，或者购话费赠手机等；③企业对累积消费达到一定额度的个人按消费积分反馈礼品……"

（3）**返还现金**：返还现金是指企业在销售货物的同时，返还部分现金给购买方，返还部分现金相当于赠送现金给购买方。企业发生的公益性捐赠支出，在年度利润总额12%以内的部分，准予在计算应纳税所得额时扣除，超过年度利润总额12%的部分，准予结转以后3年内在计算应纳税所得额时扣除。除此以外的捐赠支出都不允许税前扣除。返还现金不属于公益性捐赠，不得在企业所得税前扣除。

【**筹划思路**】对于折扣销售，应尽量使得销售额和折扣额在同一张发票的金额栏中分别注明，按折扣后的销售额计征增值税，这样便可达到节税的目的。企业在选择折扣方式时，应当尽量不选择实物折扣，在必须采用实物折扣的销售方式时，企业可以在发票上作适当的调整，变"实物折扣"为"价格折扣（折扣销售）"或采用捆绑销售方式，以达到节税的目的。对于返还现金的折扣方式，由于这部分金额不得在税前扣除，所以加重了企业所得税税负，同样若选择变"返还现金"为"价格折扣（折扣销售）"，便会达到节税效果。

【**筹划过程**】

**方案一**：让利（折扣）20%销售商品，即企业将1 000元的商品以800元价格销售，或者企业的销售价格仍为1 000元，但是，在同一张发票上的金额栏反映折扣额为200元。

应纳增值税额=（800-600）÷（1+17%）×17%=29.06（元）

应纳城建税及教育费附加=29.06×（7%+3%）=2.91（元）

应纳企业所得税=［（800-600）÷（1+17%）-60-2.91］×25%=27.01（元）

企业的税后利润=（800-600）÷（1+17%）-60-2.91-27.01=81.02（元）

**方案二**：赠送商品，即企业在销售800元商品的同时，另外再赠送200元的商品（若本地税务机关认为赠送的商品视同销售征收增值税）。

公司销售800元商品时：

应纳增值税=800÷（1+17%）×17%-480÷（1+17%）×17%=46.50（元）

赠送200元的商品，按照现行增值税税收政策规定，应视同销售处理，则：

应纳增值税=200÷（1+17%）×17%-120÷（1+17%）×17%=11.62（元）

合计应纳增值税=46.50+11.62=58.12（元）

应纳城建税及教育费附加=58.12×（7%+3%）=5.81（元）

应缴纳企业所得税=［（800-480-120）÷（1+17%）-60-5.81]×25%=26.28（元）

企业的税后利润=（800-480-120）÷（1+17%）-60-5.81-26.28=78.85（元）

方案三：返还20%的现金，即企业销售1 000元商品的同时，向顾客赠送200元现金。

应纳增值税额=（1 000-600）÷（1+17%）×17%=58.12（元）

应纳城建税及教育费附加=58.12×（7%+3%）=5.81（元）

应缴纳企业所得税=［（1 000-600）÷（1+17%）-60-5.81]×25%=69.02（元）

（注：企业返还的现金不得在企业所得税税前扣除）

企业的税后利润=（1 000-600）÷（1+17%）-60-200-5.81-69.02=7.05（元）

将以上方案计算进行汇总分析（见表2-3）。

表2-3　　　　　　　　　　　　各方案的税收负担及利润比较　　　　　　　　　　　单位：元

| 方案 | 增值税 | 城建税及教育费附加 | 企业所得税 | 税负合计 | 企业税后利润 |
|---|---|---|---|---|---|
| 方案一 | 29.06 | 2.91 | 27.01 | 58.98 | 81.02 |
| 方案二 | 58.12 | 5.81 | 26.28 | 90.21 | 78.85 |
| 方案三 | 58.12 | 5.81 | 69.02 | 132.95 | 7.05 |

【筹划结论】方案一比方案二少缴税31.23元（90.21-58.98），税后多盈利2.17元（81.02-78.85），比方案三少缴税73.97元（132.95-58.98），税后多盈利73.97元（81.02-7.05），因此，应当选择方案一。

【任务点评】企业在选择折扣方式之前，不能盲目，而应当全面权衡，综合筹划，选择最佳的折扣方式，以便降低成本，获得最大的经济效益。

# 任务六　直销行为的纳税筹划

**任务案例2-6**　甲保健品公司采用直销方式推销产品，由业务员为其推销，其业务员并非本公司雇用的员工，而是一些兼职人员，所签合同并非劳动合同，而是业务或劳务合同。合同中有如下条款："业务员从公司的提货价必须要与卖给客户的零售价一致，然后根据销售额的5%从公司获取提成。"本年度该保健公司直销收入总额为10 000万元，进项税额为500万元。

【任务要求】请对上述业务进行纳税筹划。

【税法依据】一般纳税人采用一般计税方法的应纳增值税税额=本期销项税额-本期准予抵扣进项税额

小规模纳税人应纳增值税税额=不含税销售额×征收率

《关于直销企业增值税销售额确定有关问题的公告》（国家税务总局公告2013年第5号）规定：根据《中华人民共和国增值税暂行条例》及其实施细则规定，现将直销企业采取直销方式销售货物增值税销售额确定有关问题公告如下：

一、直销企业先将货物销售给直销员，直销员再将货物销售给消费者的，直销企业的销售额为其向直销员收取的全部价款和价外费用。直销员将货物销售给消费者时，应按照现行规定缴纳增值税。

二、直销企业通过直销员向消费者销售货物，直接向消费者收取货款，直销企业的销售额为其向消费者收取的全部价款和价外费用。

【筹划思路】一般纳税人采用一般计税方法销售货物、劳务、服务、无形资产或者不动产，只要其采购时取得增值税专用发票等扣税凭证，则可以抵扣进项税额，即相当于按增值额来缴纳增值税；但小规模纳税人的应纳增值税与增值额无关，仅与销售额有关。因此，我们应当尽量避免小规模纳税人从一般纳税人购进货物、劳务、服务、无形资产或者不动产的情况，在小规模纳税人（含个人，下同）为一般纳税人企业的直销业务中，应当避免出现"企业先将产品卖给小规模纳税人，小规模纳税人再对外销售"的合同条款。

【筹划过程】

　　方案一：仍采用原合同的条款。

　　须分为两道销售环节：第一道是甲公司将商品按照提货价卖给业务员，应纳增值税=10 000×17%-500=1 200（万元）；第二道是业务员将商品按照零售价卖给客户，应纳增值税=10 000×3%=300（万元）。（当然这300万元的增值税，业务员一般不可能去缴，只能由甲公司代为缴纳）

　　方案二：修改合同条款为："业务员以公司的名义对外销售，按照公司统一定价卖给客户，然后根据销售额的5%从公司获取提成。"

　　则只有一道销售环节，即公司销售给客户。

　　应纳增值税=10 000×17%-500=1 200（万元）

【筹划结论】方案二比方案一少缴纳增值税300万元（1 200+300-1 200），因此，应当选择方案二。

【任务点评】聘请财税专业人士审查合同，避免不必要的税收风险，成为企业签订合同时越来越需要注意的问题。

# 任务七　选择供应商纳税人身份的纳税筹划

**任务案例2-7**　甲公司为增值税一般纳税人，适用的增值税税率为17%，购买原材料时，有以下几种方案可供选择：方案一，从一般纳税人A公司购买，可取得A公司开具的税率为17%的增值税专用发票，每吨含税价格为11 000元；方案二，从小规模纳税人B公司购买，则可取得由税务机关代开的税率为3%的增值税专用发票，每吨含税价格为10 000元；方案三，从小规模纳税人C公司购买，只能取得增值税普通发票，每吨含税价格为9 000元。甲公司用此原材料生产的产品每吨不含税销售额为20 000元，其他相关费用3 000元，城建税税率为7%，教育费附加征收率为3%。甲公司以净利润（税后利润）最大化为目标。

【任务要求】请对上述业务进行纳税筹划。

【税法依据】增值税纳税人有一般纳税人和小规模纳税人两种类型。一般纳税人一般情况下采用一般计税方法按照税率计税，实行凭增值税专用发票等扣税凭证抵扣进项税额的购进扣税法；而小规模纳税人采用简易计税方法按照征收率计税，不能抵扣进项税额。

【筹划思路】若购买方为增值税一般纳税人，一方面，从其他一般纳税人购进货物、劳务、服务、无形资产或者不动产可以抵扣不含税价格17%、11%或者6%的增值税进项税额（另外，**营业税改征增值税试点期间，纳税人购进用于生产销售或委托受托加工17%税率货物的农产品维持原扣除力度13%的扣除率不变**），而从小规模纳税人购进货物、劳务、服务、无形资产或者不动产则无法抵扣增值税进项税额，或者即便能取得小规模纳税人通过主管税务机关代开或者部分行业的小规模纳税人自行开具的增值税专用发票，也只能抵扣货物不含税价格3%（特殊情况下为5%、1.5%或者减按2%）的增值税进项税额；另一方面，一般情况下，从其他一般纳税人比从小规模纳税人购进货物、劳务、服务、无形资产或者不动产的价格要高。所以，一般纳税人在选择供应商时，需要综合考虑上述两方面内容。

　　若购买方为增值税小规模纳税人，是从一般纳税人还是从小规模纳税人购进货物、劳务、服务、无形资产或者不动产，其选择是比较容易的，由于小规模纳税人不能抵扣进项税额，含税购进价格中的增值税税额对其意味着单纯的现金流出，所以，只要比较一下供应商给出含税销售价格的高低即可。

**【筹划方法】**

　　若购买方**以净利润（税后利润）最大化为目标**，则我们可以采用净利润法（又称税后利润法），即比较选择不同供应商的净利润的大小，进而选择净利润最大的方案。

　　（一）一般纳税人对供应商纳税人身份的选择

　　（1）一般纳税人选择供应商纳税人身份的类型。一般纳税人在采购货物、劳务、服务、无形资产或者不动产的时候，可以选择不同增值税纳税人身份的供应商。概括起来，共有三种类型：一是从一般纳税人采购；二是从小规模纳税人采购，并可取得由主管税务机关代开的增值税专用发票或由部分行业小规模纳税人自行开具的增值税专用发票；三是从小规模纳税人采购，只能取得增值税普通发票。

　　（2）一般纳税人选择供应商纳税人身份的纳税筹划方法。若供应商既可以是一般纳税人，又可以是小规模纳税人，则需在两者之间做出选择。

　　首先分别计算不同情况下的净利润情况。

　　（1）假定购买方作为一般纳税人，其不含税销售额为S，销售货物、劳务、服务、无形资产或者不动产的增值税税率为T，从一般纳税人购进货物、劳务、服务、无形资产或者不动产的含税购进金额为$P_1$，购进货物、劳务、服务、无形资产或者不动产的增值税税率为$T_1$，其他费用为F[①]，此时，净利润为$L_1$。假定城建税税率为7%，教育费附加征收率为3%，企业所得税税率为25%。

　　$L_1$＝（不含税销售额－不含税购进金额－其他费用－城建税和教育费附加）×（1－企业所得税税率）

　　＝{S－$P_1$÷（1+$T_1$）－F－[S×T－$P_1$÷（1+$T_1$）×$T_1$]×（7%+3%）}×（1-25%）

　　（2）假定购买方作为一般纳税人，其不含税销售额为S，销售货物、劳务、服务、无形资产或者不动产的增值税税率为T，从小规模纳税人购进货物、劳务、服务、无形资产或者不动产的含税购进金额为$P_2$，购进货物、劳务、服务、无形资产或者不动产的增值税征收率为$T_2$（假设从小规模纳税人购进货物、劳务、服务、无形资产或者不动产，能取得由主管税务机关代开或者由小规模纳税人自行开具的增值税专用发票），其他费用为

---

　　① 不管对供应商如何选择都不影响其他费用F。下同。

F，此时，净利润为 $L_2$。

$$L_2 = \left(\begin{array}{c}\text{不含税}\\\text{销售额}\end{array} - \begin{array}{c}\text{不含税}\\\text{购进金额}\end{array} - \begin{array}{c}\text{其他}\\\text{费用}\end{array} - \begin{array}{c}\text{城建税和}\\\text{教育费附加}\end{array}\right) \times \left(1 - \begin{array}{c}\text{企业所得税}\\\text{税率}\end{array}\right)$$

$$= \{S - P_2 \div (1+T_2) - F - [S \times T - P_2 \div (1+T_2) \times T_2] \times (7\% + 3\%)\} \times (1-25\%)$$

（3）假定购买方作为一般纳税人，其不含税销售额为 S，销售货物、劳务、服务、无形资产或者不动产的增值税税率为 T，从小规模纳税人购进货物、劳务、服务、无形资产或者不动产的含税购进金额为 $P_3$，购进货物、劳务、服务、无形资产或者不动产的增值税征收率为 $T_3$（假设从小规模纳税人购进货物、劳务、服务、无形资产或者不动产，只能取得普通发票，不能取得增值税专用发票），其他费用为 F，此时，净利润为 $L_3$。

$$L_3 = (\text{不含税销售额} - \text{含税购进金额} - \text{其他费用} - \text{城建税和教育费附加}) \times (1 - \text{企业所得税税率})$$

$$= [S - P_3 - F - S \times T \times (7\% + 3\%)] \times (1-25\%)$$

其次，根据不同情况下的净利润，计算净利润均衡点价格比。

（1）令 $L_1 = L_2$，得：净利润均衡点价格比 $P_1/P_2 = \dfrac{(1+T_1) \times (1-0.1T_2)}{(1+T_2) \times (1-0.1T_1)}$

当 $T_1 = 17\%$，$T_2 = 3\%$ 时，代入上式得：$P_1/P_2 = \dfrac{(1+17\%) \times (1-0.1 \times 3\%)}{(1+3\%) \times (1-0.1 \times 17\%)} = 1.1521$

也就是说，若 $T_1 = 17\%$，$T_2 = 3\%$，且 $P_1/P_2 = 1.1521$ 时，无论是从一般纳税人还是从能取得由主管税务机关代开或者自行开具的增值税专用发票的小规模纳税人采购，其净利润是一样的；当 $P_1/P_2 > 1.1521$ 时，则从由主管税务机关代开或者自行开具增值税专用发票的小规模纳税人采购，产生的净利润较大，此时应当选择从小规模纳税人采购；当 $P_1/P_2 < 1.1521$ 时，应当选择从一般纳税人采购。

（2）令 $L_1 = L_3$，得：净利润均衡点价格比 $P_1/P_3 = (1+T_1) / (1-0.1T_1)$

当 $T_1 = 17\%$ 时，代入上式得：$P_1/P_3 = (1+T_1) / (1-0.1T_1) = (1+17\%) / (1-0.1 \times 17\%) = 1.1902$

也就是说，若 $T_1 = 17\%$，且 $P_1/P_3 = 1.1\ 902$ 时，无论是从一般纳税人还是从只能开具增值税普通发票的小规模纳税人采购，其净利润是一样的；当 $P_1/P_3 > 1.1902$ 时，则从小规模纳税人采购产生的净利润较大，此时应当选择从小规模纳税人采购；当 $P_1/P_3 < 1.1902$ 时，应当选择从一般纳税人采购。

（3）令 $L_2 = L_3$，得：净利润均衡点价格比 $P_2/P_3 = (1+T_2) / (1-0.1T_2)$

当 $T_2 = 3\%$ 时，代入上式得：$P_2/P_3 = (1+T_2) / (1-0.1T_2) = (1+3\%) / (1-0.1 \times 3\%) = 1.0331$

也就是说，若 $T_2 = 3\%$，且 $P_2/P_3 = 1.0331$ 时，无论是从由主管税务机关代开或者自行开具增值税专用发票的小规模纳税人，还是从只能开具增值税普通发票的小规模纳税人采购，其净利润是一样的；当 $P_2/P_3 > 1.0331$ 时，则从只能开具增值税普通发票的小规模纳税人采购产生的净利润较大，此时应当选择从只能开具增值税普通发票的小规模纳税人采购；当 $P_2/P_3 < 1.0331$ 时，应当选择从由主管税务机关代开或者自行开具增值税专用发票的小规模纳税人采购。

同理，我们可以得出其他情况下净利润均衡点价格比[①]（见表2-4）。

---

① 为了研究方便，在此不考虑减按2%的征收率、与不动产有关的特殊项目适用5%的征收率、一些特殊项目适用1.5%的征收率，同时不考虑营业税改征增值税试点期间，纳税人购进用于生产销售或委托受托加工17%税率货物的农产品维持原扣除力度不变（原扣除力度指的是13%的扣除率）。

表2-4 **不同情况下净利润均衡点价格比汇总表**

| 项目 | 17%税率的<br>增值税专用发票 | 11%税率的<br>增值税专用发票 | 6%税率的<br>增值税专用发票 | 3%税率的<br>增值税专用发票 |
|---|---|---|---|---|
| 3%税率的<br>增值税专用发票 | $P_1/P_2=1.1521$ | $P_1/P_2=1.0864$ | $P_1/P_2=1.0322$ | — |
| 3%征收率的<br>增值税普通发票 | $P_1/P_3=1.1902$ | $P_1/P_3=1.1223$ | $P_1/P_3=1.0664$ | $P_2/P_3=1.0331$ |

### (二)小规模纳税人对供应商纳税人身份的选择

(1)小规模纳税人选择供应商纳税人身份的类型。小规模纳税人在购进货物、劳务、服务、无形资产或者不动产的时候，也可以选择不同纳税人身份的供应商。概括起来，共有3种类型，同上述一般纳税人选择供应商纳税人身份的类型。

(2)小规模纳税人选择供应商纳税人身份的纳税筹划方法。对于小规模纳税人来说，无论是从增值税一般纳税人购进货物、劳务、服务、无形资产或者不动产，还是从小规模纳税人购进，都不能抵扣进项税额。所以，小规模纳税人在选择供应商纳税人身份时，主要考虑购进货物、劳务、服务、无形资产或者不动产的含税价格的高低，选择提供的价格最低的供应商就可以了。

【筹划过程】

$P_1/P_2=11\ 000÷10\ 000=1.1<1.1521$，根据表2-4的结论，方案一与方案二相比，应当选择方案一。

$P_1/P_3=11\ 000÷9\ 000=1.2222>1.1902$，根据表2-4的结论，方案三与方案一相比，应当选择方案三。

$P_2/P_3=10\ 000÷9\ 000=1.111>1.0331$，根据表2-4的结论，方案三与方案二相比，应当选择方案三。

综上所述，应当选择方案三。具体验证如下：

方案一：从一般纳税人A公司购买。

净利润=｛20 000−11 000÷(1+17%)−3 000−[20 000×17%−11 000÷(1+17%)×17%]×(7%+3%)｝×(1−25%)=5 563.590(元)

方案二：从小规模纳税人B公司购买。

净利润=｛20 000−10 000÷(1+3%)−3 000−[20 000×17%−10 000÷(1+3%)×3%]×(7%+3%)｝×(1−25%)=5 235.291(元)

方案三：从小规模纳税人C公司购买。

净利润=[20 000−9 000−3 000−20 000×17%×(7%+3%)]×(1−25%)=5 745(元)

【筹划结论】方案三比方案一多获取净利润181.41元(5 745−5 563.590)，比方案二多获取净利润509.709元(5 745−5 235.291)，因此，方案三为最优方案，其次是方案一，最后是方案二。

【任务点评】以上是在"购买方以税后利润最大化为目标"的前提下进行讨论的。事实上，企业选择供应商时除了需要考虑净利润大小以外，还应当考虑诸如现金净流量、信用关系、售后服务、购进运费等其他因素，以便做出全面、合理的决策。

# 任务八　购进时间选择的纳税筹划

**任务案例2-8**　甲公司为增值税小规模纳税人。预计2017年11月年应税销售额（连续不超过12个月的经营期内累计应征增值税销售额）将超过50万元。甲公司2017年11月初准备购买价格为20万元（含增值税）的设备来扩大生产，且取得增值税专用发票。假设甲公司2017年12月登记为一般纳税人，且甲公司选择的一般纳税人资格生效之日为2017年12月1日。

【任务要求】请对上述业务进行纳税筹划。

【税法依据】小规模纳税人实行简易征税办法，不能自行领购和使用增值税专用发票，也不得抵扣进项税额。经税务机关审核登记的一般纳税人，可按规定领购和使用增值税专用发票，按增值税条例规定计算缴纳增值税，可以抵扣进项税额。

纳税人年应税销售额超过规定标准的，且不符合可以选择按小规模纳税人纳税的有关政策规定，应当在申报期结束后20个工作日内按照上述规定办理一般纳税人资格登记手续；未按规定时限办理的，主管税务机关应当在规定期限结束后10个工作日内制作"税务事项通知书"，告知纳税人应当在10个工作日内向主管税务机关办理一般纳税人资格登记手续。

除财政部、国家税务总局另有规定外，纳税人自其选择的一般纳税人资格生效之日起，按照增值税一般计税方法计算应纳税额，并按照规定领用增值税专用发票。

【筹划思路】企业在即将转化为一般纳税人之前应当尽量推迟原材料、固定资产等的购买时间，等到成为一般纳税人之后再进行购买，以便能够抵扣进项税额。

【筹划过程】

方案一：2017年11月购进设备。

购置设备的进项税额不能抵扣，而是要计入固定资产原值。

方案二：2017年12月购进设备。

购置设备的进项税能够抵扣。

与购置设备相关的进项税额=20÷（1+17%）×17%=2.906（万元）

【筹划结论】方案二比方案一多抵扣进项税额2.906万元，相当于少缴纳增值税2.906万元，因此，应当选择方案二。

【任务点评】若增值税小规模纳税人即将转化为增值税一般纳税人，并且在转化为增值税一般纳税人之前因为生产急需，已经购置了相关固定资产或原材料，如果购置金额比较大且条件允许，企业可以采取退货重购的方式，以便能够抵扣进项税额。

# 任务九　变"收购非初级农产品"为"收购初级农产品"的纳税筹划

**任务案例2-9**　甲公司为一家家具生产企业，每年从农民手中收购经农民加工过的板材1 200万元，假设农民加工这1 200万元板材耗用树木的成本为800万元。甲公司每年销售家具，取得不含税销售收入3 600万元，销售家具适用的增值税税率为17%，其他可抵扣的进项税额为100万元。

【任务要求】请对上述业务进行纳税筹划。

【税法依据】营业税改征增值税试点期间，纳税人购进用于生产销售或委托受托加工17%税率货物的农产品维持原扣除力度不变（原扣除力度指的是13%的扣除率）。除此之外，纳税人购进农产品，取得一般纳税人开具的增值税专用发票或海关进口增值税专用缴款书的，以增值税专用发票或海关进口增值税专用缴款书上注明的增值税额为进项税额；从按照简易计税方法依照3%征收率计算缴纳增值税的小规模纳税人取得增值税专用发票的，以增值税专用发票上注明的金额和11%的扣除率计算进项税额；取得（开具）农产品销售发票或收购发票的，以农产品销售发票或收购发票上注明的农产品买价和11%的扣除率计算进项税额（买价，是指纳税人购进农产品在农产品收购发票或者销售发票上注明的价款和按照规定缴纳的烟叶税）。

农产品，是指种植业、养殖业、林业、牧业、水产业生产的各种植物、动物的初级产品。

【筹划思路】农产品，是指种植业、养殖业、林业、牧业、水产业生产的各种植物、动物的初级产品。初级产品就是没有经过任何加工的农业产品，初级产品一旦经过加工，哪怕是最简单的加工，也就失去了税法规定的初级产品的特点，就不能按照扣除率计算进项税额。因此企业应该直接收购没有经过加工的农产品，来充分享受优惠政策，从而减轻税负。

【筹划过程】

方案一：甲公司从农民手中收购经农民加工过的板材。

应纳增值税=3 600×17%-100=512（万元）

方案二：甲公司直接收购树木，然后雇佣农民加工成板材。

营业税改征增值税试点期间，纳税人购进用于生产销售或委托受托加工17%税率货物的农产品维持原扣除力度不变（原扣除力度指的是13%的扣除率）。

应纳增值税=3 600×17%-800×13%-100=408（万元）

【筹划结论】方案二比方案一少缴纳增值税104万元（512-408），因此，应当选择方案二。

【任务点评】企业直接收购树木，然后雇佣农民加工成板材，产生的人工成本应当不高于504万元（1 200-800+104），否则将会得不偿失。

# 任务十　分立农业生产部门的纳税筹划

**任务案例2-10** 甲纺织品公司为增值税一般纳税人，以亚麻为原料生产纺织品，纺织品的增值税税率为17%，生产原料主要由本公司的种植园提供。甲公司预计2017年纺织品实现销售收入6 300万元，种植园自产亚麻的成本为2 000万元，种植园购置原料取得的增值税专用发票相应的进项税额很少，仅有10万元，另外甲公司外购其他原材料的成本为1 000万元，取得增值税专用发票，相应的进项税额为170万元。

【任务要求】请对上述业务进行纳税筹划。

【税法依据】销售自产农产品免征增值税。销售自产农产品，是指农业生产者销售的自产初级农产品（包括制种、"公司+农户"经营模式的畜禽饲养）。

营业税改征增值税试点期间，纳税人购进用于生产销售或委托受托加工17%税率货物的农产品维持原扣除力度不变（原扣除力度指的是13%的扣除率）。除此之外，纳税人购进农产品，取得一般纳税人开具的增值税专用发票或海关进口增值税专用缴款书的，以增值税专用发票或海关进口增值税专用缴款书上注明的增值税额为进项税额；从按照简易计税方法依照3%征收率计算缴纳增值税的小规模纳税人取得增值税专用发票的，以增值税专用发票上注明的金额和11%的扣除率计算进项税额；取得（开具）农产品销售发票或收购发票的，以农产品销售发票或收购发票上注明的农产品买价和11%的扣除率计算进项税额（买价，是指纳税人购进农产品在农产品收购发票或者销售发票上注明的价款和按照规定缴纳的烟叶税）。

农产品，是指种植业、养殖业、林业、牧业、水产业生产的各种植物、动物的初级产品。

【筹划思路】对农业生产者销售的自产农产品（如亚麻）免征增值税，但以自产农产品（如亚麻）为原料加工后的产品并不属于农产品免税范围。企业要想享受销售自产农产品免税的政策，可以考虑把种植园和纺织厂分为两个独立法人，采取纺织厂购买种植园亚麻的经营模式，一方面，种植园可以享受销售自产农产品免征增值税的政策，另一方面，纺织厂还可以按采购亚麻金额乘以扣除率抵扣进项税额。

【筹划过程】

方案一：公司把种植园和纺织厂作为一个独立法人。

应纳增值税=6 300×17%-10-170=891（万元）

方案二：公司把种植园和纺织厂分为两个独立法人，种植园将自己生产的亚麻以公允价2 400万元直接销售给纺织厂。

（1）2017年种植园实现销售收入2 400万元，由于其自产自销未经加工的亚麻符合农业生产者自产自销农产品的条件，因而可以享受免税待遇，税负为零，相应的进项税额10万元也不予抵扣。

（2）纺织厂购进亚麻。

营业税改征增值税试点期间，纳税人购进用于生产销售或委托受托加工17%税率货物的农产品维持原扣除力度不变（原扣除力度指的是13%的扣除率）。

应纳增值税=6 300×17%-2 400×13%-170=589（万元）

【筹划结论】方案二比方案一少缴纳增值税302万元（891-589），因此，应当选择方案二。

【任务点评】公司把种植园和纺织厂分为两个独立法人，必然要多支出一部分开办费用及其他费用。但这笔费用与省下来的增值税相比要少很多，所以采用上述方式是非常划算的。

## 任务十一　存货非正常损失的纳税筹划

（任务案例2-11）甲公司为增值税一般纳税人，适用17%的增值税税率。2016年7月甲公司购入一批原材料，不含税价格为200万元，取得的增值税专用发票注明的增值税额为34万元，并认证通过后已经作为进项税额抵扣。2017年2月该批原材料由于仓库发生火灾导致发生损失，甲公司对其进行盘存清理，发现有不含增值税价格30万元的原材料经过一定处理仍能使用，为回笼资金决定变价卖出。2017年2月甲公司其他业务增值税销项税额为100万元，可抵扣的进项税额为40万元。

**【任务要求】** 请对上述业务进行纳税筹划。

**【税法依据】** 下列项目的**进项税额不得从销项税额中抵扣**：

（1）用于简易计税方法计税项目、免征增值税项目、集体福利或者个人消费的购进货物、劳务、服务、无形资产和不动产。其中涉及的无形资产、不动产，仅指专用于上述项目的无形资产（不包括其他权益性无形资产）、不动产。

纳税人的交际应酬消费属于个人消费。

（2）非正常损失的购进货物，以及相关的劳务和交通运输服务。

（3）非正常损失的在产品、产成品所耗用的购进货物（不包括固定资产）、劳务和交通运输服务。

（4）非正常损失的不动产，以及该不动产所耗用的购进货物、设计服务和建筑服务。

（5）非正常损失的不动产在建工程所耗用的购进货物、设计服务和建筑服务。

纳税人新建、改建、扩建、修缮、装饰不动产，均属于不动产在建工程。

（6）购进的旅客运输服务、贷款服务、餐饮服务、居民日常服务和娱乐服务。

（7）财政部和国家税务总局规定的其他情形。

上述第（4）点、第（5）点所称货物，是指构成不动产实体的材料和设备，包括建筑装饰材料和给排水、采暖、卫生、通风、照明、通讯、煤气、消防、中央空调、电梯、电气、智能化楼宇设备及配套设施。

非正常损失，是指因管理不善造成货物被盗、丢失、霉烂变质，以及因违反法律法规造成货物或者不动产被依法没收、销毁、拆除的情形。

纳税人接受贷款服务向贷款方支付的与该笔贷款直接相关的投融资顾问费、手续费、咨询费等费用，其进项税额不得从销项税额中抵扣。

已抵扣进项税额的购进服务，发生上述规定情形（简易计税方法计税项目、免征增值税项目除外）的，应当将该进项税额从当期进项税额中扣减；无法确定该进项税额的，按照当期实际成本计算应扣减的进项税额。

已抵扣进项税额的无形资产或者不动产，发生上述规定情形的，按照下列公式计算不得抵扣的进项税额：

不得抵扣的进项税额＝无形资产或者不动产净值×适用税率

按照《增值税暂行条例》第十条和上述不得抵扣且未抵扣进项税额的固定资产、无形资产、不动产，发生用途改变，用于允许抵扣进项税额的应税项目，可在用途改变的次月按照下列公式，依据合法有效的增值税扣税凭证，计算可以抵扣的进项税额：

可以抵扣的进项税额＝固定资产、无形资产、不动产净值／（1＋适用税率）×适用税率

上述可以抵扣的进项税额应取得合法有效的增值税扣税凭证。

**【筹划思路】** 由于非正常损失存货进项税额不能抵扣，因此，在合理且精确地计算存货非正常损失额的基础上，尽量降低非正常损失存货的会计核算额具有重要意义。

**【筹划过程】**

方案一：会计核算上按照 200 万元作为非正常损失。

进项税转出额＝200×17％＝34（万元）

30 万元的原材料变价销售的销项税额＝30×17％＝5.1（万元）

应纳增值税=100+5.1-（40-34）=99.1（万元）

**方案二：会计核算上按照170万元（200-30）作为非正常损失。**

进项税转出额=170×17%=28.9（万元）

30万元的原材料变价销售的销项税额=30×17%=5.1（万元）

应纳增值税=100+5.1-（40-28.9）=94（万元）

【筹划结论】方案二比方案一少缴纳增值税5.1万元（99.1-94），因此，应当选择方案二。

【任务点评】尽量降低非正常损失存货的会计核算额的前提在于合理且精确地将报废的存货和仍能使用的存货分开，并在会计核算上能按照数量、单价和金额正确体现。

# 任务十二　避免零申报、负申报的纳税筹划

（任务案例2-12）甲公司为某电子产品的代理商，2017年由于代理的商品购销价格受到产品生产厂家的控制，因此，毛利率偏低。近期一方面由于集中购入产品，导致进项税额急剧上升，另一方面由于前期库存商品的市场销售价格下跌，导致销项税额下降，已连续三个月增值税应纳税额负申报。2017年9—11月份的销项税额分别为100万元、120万元、80万元，认证通过可抵扣的进项税额分别为110万元、140万元、100万元，这样到2017年12月份仍有50万元的进项税额留抵。2017年12月份销项税额为70万元，购入产品取得增值税专用发票30万元。假设甲公司连续超过三个月增值税零申报或负申报时，有可能被当地主管税务机关作为异常户进行管理。

【任务要求】请对上述业务进行纳税筹划。

【税法依据】自2017年7月1日起，增值税一般纳税人取得的2017年7月1日及以后开具的增值税专用发票和机动车销售统一发票，应自开具之日起360日内认证或登录增值税发票选择确认平台进行确认，并在规定的纳税申报期内，向主管国税机关申报抵扣进项税额。增值税一般纳税人取得的2017年7月1日及以后开具的海关进口增值税专用缴款书，应自开具之日起360日内向主管国税机关报送"海关完税凭证抵扣清单"，申请稽核比对。

自2016年3月1日起，纳税信用A级纳税人取得销售方使用增值税发票系统升级版开具的增值税发票，可以不再进行扫描认证，通过增值税发票税控开票软件登录本省增值税发票查询平台，查询、选择用于申报抵扣或者出口退税的增值税发票信息。2016年5月1日营改增试点全面推开后，取消增值税发票认证的纳税人范围进一步扩大，由纳税信用A级扩大到B级。自2016年12月1日起，将取消增值税发票认证的纳税人范围由纳税信用A级、B级的增值税一般纳税人扩大到纳税信用C级的增值税一般纳税人。对2016年5月1日新纳入营改增试点、尚未进行纳税信用评级的增值税一般纳税人，2017年4月30日前不需进行增值税发票认证，登录本省增值税发票选择确认平台，查询、选择、确认用于申报抵扣或者出口退税的增值税发票信息，未查询到对应发票信息的，可进行扫描认证。

【筹划思路】企业对增值税的纳税申报，如果在一定时期内均为零申报或者负申报，则可能被主管税务机关作为异常户进行管理。企业将被税务机关约谈，要求说明纳税申报异常的原因，甚至还有可能接受税务机关的调查和检查。为了避免上述麻烦，企业可以在360天的认证期内适当推迟认证抵扣（纳税信用A、B、C级纳税人推迟登录增值税发票选择确认平台进

行确认）增值税进项税额的时间，以避免长期零申报或负申报，从而避免不必要的麻烦。

**【筹划过程】**

方案一：甲公司2017年12月将30万元增值税专用发票认证抵扣（或2017年12月登录增值税发票选择确认平台将30万元增值税专用发票进行确认）。

2017年12月应纳增值税=70-30-50=-10（万元）

即仍是负申报，且有10万元进项税额留抵。甲公司连续超过三个月增值税负申报，可能导致的后果是，甲公司将被税务机关约谈，并要求说明纳税申报异常的原因，甚至可能接受税务机关的调查和检查。

方案二：甲公司2017年12月对30万元的增值税专用发票暂不认证抵扣（或2017年12月暂不登录增值税发票选择确认平台将30万元增值税专用发票进行确认）。

则使2017年12月产生适当的应纳增值税额20万元（70-50），从而避免因长期增值税负申报带来的诸多麻烦。

**【筹划结论】** 方案二与方案一相比，会避免企业税收风险。

**【任务点评】** 纳税筹划的目的不仅仅是为了节税，更重要的是防范税收风险，为企业营造一个安全稳妥的经营环境。

# 任务十三　延期纳税的纳税筹划

**（任务案例2-13）** 甲公司是一大型机械的生产企业，乙公司欲订购甲公司生产的设备一台，不含税金额为2 000万元。双方在合同中约定2017年1月先由乙公司预先支付总价款的30%；2017年6月甲公司将设备制造完成后，乙公司再向其支付总价款的20%，同时甲公司发出货物；在将设备安装调试合格后6个月内，预计2017年12月乙公司最后支付剩余的50%货款。

**【任务要求】** 请对上述业务进行纳税筹划。

**【税法依据】** 采取赊销和分期收款方式销售货物，纳税义务发生时间为书面合同约定的收款日期的当天，无书面合同的或者书面合同没有约定收款日期的，纳税义务发生时间为货物发出的当天。采取预收货款方式销售货物，纳税义务发生时间为货物发出的当天，但生产销售生产工期超过12个月的大型机械设备、船舶、飞机等货物，纳税义务发生时间为收到预收款或者书面合同约定的收款日期的当天。

**【筹划思路】** 通过改变合同条款与字眼，充分利用经济法律、会计及税收政策与条文，尽量满足赊销或分期收款合同条件，合理合法地延迟纳税义务发生时间，从而充分利用资金的时间价值。

**【筹划过程】**

方案一：维持原合同不变。

很明显该销售行为属于采用预收款方式销售货物，按规定其纳税义务发生时间为货物发出的当天，即甲公司必须在发出货物时（2017年6月）将截至发出货物累计收回的货款1 000万元（2 000×30%+2 000×20%）和剩余的未收回的1 000万元（2 000×50%）货款全部确认为增值税应税销售额。则：

2017年6月应纳增值税=2 000×17%=340（万元）

方案二：甲公司在合同中可以将2017年1月先行收取的600万元约定为合同定金，并在收取时将该款项记入"其他应付款"科目。

甲公司与乙公司进一步约定，合同的主要条款履行后，即2017年6月甲公司发出设备时由乙公司支付50%的货款（2 000×50%=1 000万元）时，同时将定金返还给乙公司，该定金并非冲抵货款而是冲销"其他应付款"科目，然后在设备安装调试合格（这以双方签署手续为准）后的6个月内（合同中具体到某日收款），乙公司再支付剩余的50%的货款（2 000×50%=1 000万元）。这样，此销售行为从法律及财税的角度，都属于分期收款方式的销售行为，从而避免提前产生纳税义务。但是这里应当注意，2017年6月甲公司发出设备时，不能开出2 000万元（含税价2 340万元）的发票，因为税法规定，"先开出发票的，为开出发票的当天"。也就是说销售发票作为"索款凭据"，一旦开具便产生纳税义务，于是，只能先按货款的50%即1 000万元（含税价1 170万元）开出发票。等到设备安装调试合格后的6个月内，如2017年12月再按其剩余货款的50%即1 000万元（含税价1 170万元）开出发票。这样2017年6月应纳增值税=1 000×17%=170（万元），2017年12月应纳增值税=1 000×17%=170（万元）。

【筹划结论】方案二比方案一将170万元的纳税义务延期了6个月，充分利用了资金的时间价值，因此，应当选择方案二。

【任务点评】通过变更合同字眼，从而改变涉税业务活动的实质，进而改变税收，是纳税筹划的常用思路。

## 任务十四　分别纳税与汇总纳税选择的纳税筹划

**(任务案例2-14)** 甲服装连锁经营企业在某省设立了十几家连锁经营的零售门店（年销售额均80万元以上），在正常情况下，各零售门店应在所在地主管税务机关办理税务登记，申请认定为一般纳税人，分别申报缴纳增值税。

【任务要求】请对上述业务进行纳税筹划。

【税法依据】固定业户应当向其机构所在地的主管税务机关申报纳税。总机构和分支机构不在同一县（市）的，应当分别向各自所在地的主管税务机关申报纳税；经国务院财政、税务主管部门或者其授权的财政、税务机关批准，可以由总机构汇总向总机构所在地的主管税务机关申报纳税。

【筹划思路】从长远的角度来看，连锁经营企业在存货采购及销售总额一定的前提下，无论是由总公司汇总申报纳税还是由零售门店分别申报纳税，其应缴纳的增值税总额是相等的，但汇总缴纳可以减少办税成本，降低纳税风险。

【筹划过程】

方案一：各零售门店分别缴纳增值税。

各零售门店分别缴纳增值税存在较多不利因素：①总机构统一从供应商采购服装，再调拨给各分支机构即零售门店，这一调拨过程在会计核算上并不属于销售行为，但根据

《中华人民共和国增值税暂行条例实施细则》第四条的规定，需要视同销售，缴纳增值税。②企业为每一零售门店专门配备办税人员，购置税控装置，进行增值税发票管理。而且零售门店作为独立的增值税纳税义务人，就必须进行准确的增值税核算，这样便会加大核算成本。③由于零售门店众多，办税人员素质参差不齐，容易产生少报、漏报、错报增值税税款等的风险。④每一零售门店作为一个独立的增值税纳税义务人，必须应对主管税务机关的日常管理和税务检查，从而产生一定的成本与风险。⑤《中华人民共和国企业所得税法》第五十条规定：居民企业在中国境内设立不具有法人资格的营业机构的，应当汇总计算并缴纳企业所得税。但如果对于增值税实行总分机构各自分别纳税，则不同税种纳税方式不同，容易给零售门店造成认识和行为上的混淆。

**方案二：** 甲连锁经营企业经过努力，根据税法及当地主管税务机关的要求，在会计核算、发票管理、内部控制、人员配置等方面做了必要的调整，最后经当地财政、税务主管部门批准，各零售门店实行汇总缴纳增值税。

企业将各零售门店的增值税税款汇总起来，统一缴纳，可大大节约人事成本，避免了方案一带来的诸多麻烦。

【筹划结论】方案二比方案一减少了办税成本，降低了纳税风险，因此，应当选择方案二。

【任务点评】通过努力得到相关部门的批准来取得税收上的某些资格或好处，是纳税筹划的常用思路。

## 任务十五　增值税起征点的纳税筹划

**（任务案例2-15）** 张某为生产销售豆腐的个体工商户，月含税销售额为20 610元，当地规定的增值税起征点为20 000元。（假设不考虑城建税和教育费附加）

【任务要求】请对上述业务进行纳税筹划。

【税法依据】纳税人销售额未达到国务院财政、税务主管部门规定的增值税起征点的，免征增值税；达到起征点的，依照规定全额计算缴纳增值税。增值税起征点的适用范围仅限于个人。增值税起征点的幅度规定如下：(1) 销售货物的，为月销售额5 000～20 000元；(2) 销售应税劳务的，为月销售额5 000～20 000元；(3) 按次纳税的，为每次（日）销售额300～500元。

【筹划思路】在涉及起征点的情况下，若销售收入刚刚超过起征点，则应减少收入使其在起征点以下，以便规避纳税义务。

【筹划过程】

**方案一：将月含税销售额仍定为20 610元。**

不含税销售额=20 610÷（1+3%）=20 009.71（元），超过当地规定的增值税起征点20 000元。

应纳增值税=20 009.71×3%=600.29（元）

税后收入=20 610-600.29=20 009.71（元）

**方案二：将月含税销售额降至20 590元。**

不含税销售额=20 590÷（1+3%）=19 990.29（元）

未超过当地规定的增值税起征点20 000元。因此，免征增值税。

税后收入=20 590元

【筹划结论】方案二比方案一少缴纳增值税600.29元（600.29-0），多获取税后收入580.29元（20 590-20 009.71），因此，应当选择方案二。

【任务点评】起征点的纳税筹划仅适用于纳税人销售额刚刚达到或超过起征点的情况，因此，其应用空间较小。若遇到税务机关核定销售额的情况，则其应用空间更小。另外，对增值税小规模纳税人中月销售额未达到2万元（按季纳税6万元）的企业或非企业性单位，免征增值税。2017年12月31日前，对月销售额2万元（含本数）至3万元（按季纳税6万元（含本数）至9万元）的增值税小规模纳税人，免征增值税。为支持小微企业发展，自2018年1月1日至2020年12月31日，继续对月销售额2万元（含本数）至3万元的增值税小规模纳税人，免征增值税。这对小微企业纳税筹划又提供了空间，读者可自行总结筹划思路。

## 任务十六  全面"营改增"后小规模纳税人转化为一般纳税人的纳税筹划

**任务案例2-16** 甲咨询服务公司2017年1月经测算年应税销售额为450万元（不含增值税），则该公司仍然可作为小规模纳税人。而若登记成为一般纳税人，则可抵扣的进项税额为18万元。

【任务要求】请对上述业务进行纳税筹划。

【税法依据】同【任务案例2-1】的【税法依据】。

【筹划思路】对于年应税销售额未超过500万元以及新开业的试点纳税人，若经测算发现作为增值税一般纳税人更有利，则应当在满足会计核算健全，能够提供准确税务资料这一条件的基础上，主动向其机构所在地主管税务机关办理一般纳税人资格登记，成为一般纳税人。

【筹划过程】

方案一：仍然作为小规模纳税人。

应纳增值税=450×3%=13.5（万元）

方案二：在满足"会计核算健全，能够提供准确税务资料"这一条件的基础上，主动向主管税务机关申请成为一般纳税人。

应纳增值税=450×6%-18=9（万元）

【筹划结论】方案二比方案一少缴纳增值税4.5万元（13.5-9），因此，应当选择方案二。

【任务点评】通过主动创造条件来满足税法规定，是纳税筹划常用的思路，但应当注意的是，企业一旦转化为一般纳税人就不能再恢复为小规模纳税人。

## 任务十七  全面"营改增"后变一般纳税人为小规模纳税人的纳税筹划

**任务案例2-17** 甲咨询公司现为小规模纳税人，预计2018年1月年应税销售额将达到为689万元（含增值税），对应的全年可抵扣进项税额为10万元。

**【任务要求】** 请对上述业务进行纳税筹划。

**【税法依据】** 同【任务案例2-1】的【税法依据】。

**【筹划思路】** 对于"营改增"试点纳税人来说，"营改增"后成为一般纳税人后的适用税率高于小规模纳税人的征收率，当企业可抵扣进项税额较少时，在符合成为一般纳税人的条件（年应税销售额标准为500万元）之前，企业应当尽量拆分为小规模纳税人，以降低企业增值税税负，达到节税的目的。

**【筹划过程】**

    方案一：年销售额将达到689万元，应当申请为增值税一般纳税人。

    应纳增值税=689÷（1+6%）×6%-10＝29（万元）

    方案二：在年销售额尚未超过500万元之前，将甲公司分拆为A公司和B公司，年应税销售额的206.7万元由A公司提供、482.3万元由B公司提供。

    则A公司和B公司都可作为小规模纳税人。

    A公司应纳增值税＝206.7÷（1+3%）×3%＝6.02（万元）

    B公司应纳增值税＝482.3÷（1+3%）×3%＝14.05（万元）

    合计应纳税额＝6.02+14.05＝20.07（万元）

**【筹划结论】** 方案二比方案一少缴纳增值税8.93万元（29-20.07），因此，应当选择方案二。

**【任务点评】** 小规模纳税人征收率比一般纳税人税率要低很多，对于规模不大的企业，当可抵扣进项税额较少时，可以根据自己的营收状况、资产状况，通过分拆业务、新设公司等方式成为小规模纳税人，享受小规模纳税人3%的征收率。但同时又应当考虑到自身客户和供应商因素，最终选择适合的纳税人身份。

## 任务十八    全面"营改增"后兼营行为的纳税筹划

**任务案例2-18** 甲公司在"营改增"试点后登记为增值税一般纳税人，2017年1月共取得销售额600万元（含增值税），其中，提供设备租赁取得的销售额为400万元（含增值税），对境内单位提供信息技术咨询服务取得的销售额为200万元（含增值税），当月可抵扣的进项税额共为30万元。

**【任务要求】** 请对上述业务进行纳税筹划。

**【税法依据】** 《财政部 国家税务总局关于全面推开营业税改征增值税试点的通知》（财税〔2016〕36号）的附件1：《营业税改征增值税试点实施办法》的第三十九条规定：纳税人兼营销售货物、劳务、服务、无形资产或者不动产，适用不同税率或者征收率的，应当**分别核算**适用不同税率或者征收率的销售额；**未分别核算的，从高适用税率**。

    财税〔2016〕36号的附件2：《营业税改征增值税试点有关事项的规定》规定：试点纳税人销售货物、加工修理修配劳务、服务、无形资产或者不动产适用不同税率或者征收率的，应当分别核算适用不同税率或者征收率的销售额，未分别核算销售额的，按照以下方法适用税率或者征收率：1.兼有不同税率的销售货物、加工修理修配劳务、服务、无形资产或者不动产，从高适用税率。2.兼有不同征收率的销售货物、加工修理修配劳务、服务、无形资产或者不动产，从高适用征收率。3.兼有不同税率和征收率的销售货物、加工修理修配劳务、服务、无形资产或者不动产，从高适用税率。

财税〔2016〕36号的附件1：《营业税改征增值税试点实施办法》的第十五条对营业税改征增值税税率规定如下：（一）纳税人发生应税行为，除本条第（二）项、第（三）项、第（四）项规定外，税率为6%。（二）提供交通运输、邮政、基础电信、建筑、不动产租赁服务，销售不动产，转让土地使用权，税率为11%。（三）提供有形动产租赁服务，税率为17%。（四）境内单位和个人发生的跨境应税行为，税率为零。具体范围由财政部和国家税务总局另行规定。第十六条对营业税改征增值税征收率规定如下：增值税征收率为3%。

【筹划思路】纳税人若兼营货物、劳务、服务、无形资产或者不动产，则应当尽量将不同税率或者征收率的货物、劳务、服务、无形资产或者不动产分别核算，以适用不同的税率或者征收率，从而规避从高适用税率或者征收率，进而减轻企业负担。

【筹划过程】

方案一：未分别核算销售额。

应纳增值税=600÷（1+17%）×17%-30=57.18（万元）

方案二：分别核算销售额。

应纳增值税=400÷（1+17%）×17%+200÷（1+6%）×6%-30=39.44（万元）

【筹划结论】方案二比方案一少缴纳增值税17.74万元（57.18-39.44），因此，应当选择方案二。

【任务点评】分别核算在一定程度上会加大核算成本，但若节税额比较大，当然是非常值得的。

## 任务十九　全面"营改增"后混合销售行为的纳税筹划

**任务案例2-19**　甲公司是一家商业企业，为增值税一般纳税人，2017年1月销售设备（适用增值税税率17%）并同时提供安装服务（由于设备属于高尖端产品，因此安装费用较高，与设备价款相当），共取得销售额100万元（含增值税），与此相关的可以抵扣的进项税额为7万元。

【任务要求】请对上述业务进行纳税筹划。

【税法依据】《财政部 国家税务总局关于全面推开营业税改征增值税试点的通知》（财税〔2016〕36号）的附件1：《营业税改征增值税试点实施办法》的第四十条规定：一项销售行为如果既涉及服务又涉及货物，为混合销售。从事货物的生产、批发或者零售的单位和个体工商户的混合销售行为，按照销售货物缴纳增值税；其他单位和个体工商户的混合销售行为，按照销售服务缴纳增值税。本条所称从事货物的生产、批发或者零售的单位和个体工商户，包括以从事货物的生产、批发或者零售为主，并兼营销售服务的单位和个体工商户在内。

【筹划思路】企业可以通过控制销售货物和服务所占的比例，结合销售货物和服务的税率或征收率的大小，来选择按照销售货物还是按照销售服务缴纳增值税。也就是说，在混合销售行为中，若想按照销售货物缴纳增值税，则应尽量使得纳税人从事货物的生产、批发或者零售的年货物销售额超过50%；反之，若想按照销售服务缴纳增值税，则应尽量使得纳税人从事货物的生产、批发或者零售的年货物销售额低于50%。

由于销售设备的增值税税率为17%，安装服务（属于建筑服务）的增值税税率为11%，因此，应尽量使得企业从事货物的生产、批发或者零售的年货物销售额低于50%，这样可以按照11%的税率缴纳增值税。

【筹划过程】

方案一：使得甲公司从事货物的生产、批发或者零售的年货物销售额超过50%。

按照销售货物缴纳增值税，适用的增值税税率为17%：

应纳增值税=100÷（1+17%）×17%-7=7.53（万元）

方案二：使得甲公司从事货物的生产、批发或者零售的年货物销售额低于50%。

按照销售服务缴纳增值税，适用的增值税税率为11%：

应纳增值税=100÷（1+11%）×11%-7=2.91（万元）

【筹划结论】方案二比方案一少缴纳增值税4.62万元（7.53-2.91），因此，应当选择方案二。

【任务点评】纳税人在对混合销售行为进行纳税筹划时，主要是对比销售货物和服务的税率或征收率的大小，最终选择税率或征收率最小的方案。同时需要注意，纳税人的销售行为是否属于混合销售行为，由主管税务机关确定，这是税务机关拥有自由裁量权的具体表现。也就是说，税务机关可能将其认定为混合销售行为，也可能不认定为混合销售行为；可能将其认定为按照销售货物缴纳增值税的混合销售行为，也可能将其认定为按照销售服务缴纳增值税的混合销售行为。因此，纳税人对混合销售行为进行纳税筹划应事先得到税务机关的认可，以获取正当的纳税利益。

# 任务二十　全面"营改增"后折扣销售的纳税筹划

**任务案例2-20** 甲房地产企业2017年11月采用以下方式促销：凡一次性购买房产达到1 000万元的（含增值税），给予价格上10%的折扣。假设当月有5名业主一次性购买房产达到1 000万元（含增值税），共计5 000万元（含增值税），可抵扣的相关进项税额为200万元。

【任务要求】请对上述业务进行纳税筹划。

【税法依据】《财政部　国家税务总局关于全面推开营业税改征增值税试点的通知》（财税〔2016〕36号）规定：纳税人发生应税行为，将价款和折扣额在同一张发票上分别注明的，以折扣后的价款为销售额；未在同一张发票上分别注明的，以价款为销售额，不得扣减折扣额。

《国家税务总局关于折扣额抵减增值税应税销售额问题通知》（国税函〔2010〕56号）规定：纳税人采取折扣方式销售货物，销售额和折扣额在同一张发票上分别注明是指销售额和折扣额在同一张发票上的"金额"栏分别注明的，可按折扣后的销售额征收增值税。未在同一张发票的"金额"栏注明折扣额，而仅在发票的"备注"栏注明折扣额的，折扣额不得从销售额中减除。

【筹划思路】纳税人采取折扣方式销售服务、无形资产或者不动产，应使得销售额和折扣额在同一张发票的金额栏中分别注明，按折扣后的销售额计征增值税，这样便能降低计税依据，从而减轻企业增值税税负。

【筹划过程】

    方案一：销售额和折扣额未在同一张发票上分别注明的或者仅在发票的"备注"栏注明折扣额。

    应纳增值税=5 000÷（1+11%）×11%-200=295.50（万元）

    方案二：销售额和折扣额在同一张发票上的"金额"栏分别注明。

    应纳增值税=5 000×（1-10%）÷（1+11%）×11%-200=245.95（万元）

【筹划结论】方案二比方案一少缴纳增值税49.55万元（295.50-245.95），因此，应当选择方案二。

【任务点评】将销售额和折扣额在同一张发票的金额栏中分别注明，举手之劳，便能降低增值税税负。

## 任务二十一　全面"营改增"后餐饮服务和住宿服务相互转化的纳税筹划

**任务案例2-21** 甲公司2017年11月派出50名员工去外地出差两周，出差的餐饮和住宿预算支出为500 000 元（含增值税），其中，餐饮预算支出为300 000元，住宿预算支出为200 000元。

【任务要求】请对上述业务进行纳税筹划。

【税法依据】《财政部　国家税务总局关于全面推开营业税改征增值税试点的通知》（财税〔2016〕36号）规定：购进的旅客运输服务、贷款服务、餐饮服务、居民日常服务和娱乐服务的进项税额不得从销项税额中抵扣。

    餐饮住宿服务，包括餐饮服务和住宿服务。（1）餐饮服务，是指通过同时提供饮食和饮食场所的方式为消费者提供饮食消费服务的业务活动。（2）住宿服务，是指提供住宿场所及配套服务等的活动，包括宾馆、旅馆、旅社、度假村和其他经营性住宿场所提供的住宿服务。

【筹划思路】购进的餐饮服务的进项税额不得从销项税额中抵扣，但购进的住宿服务的进项税额可以从销项税额中抵扣。企业应当合理分配购进的餐饮服务和住宿服务的支出，努力增加可抵扣的进项税额。

【筹划过程】

    方案一：购进餐饮服务300 000元，购进住宿服务200 000元。

    可抵扣的进项税额=200 000÷（1+6%）×6%=11 320.75（元）

    方案二：购进餐饮服务200 000元，购进住宿服务300 000元。

    可抵扣的进项税额=300 000÷（1+6%）×6%=16 981.13（元）

【筹划结论】方案二比方案一多抵扣增值税5 660.38元（16 981.13-11 320.75），

因此，应当选择方案二。

【任务点评】企业可以通过提高住宿质量的同时，适当降低餐饮质量，以获取抵扣更多进项税额的好处。

## 任务二十二　全面"营改增"后选择运输服务提供方的纳税筹划

**（任务案例2-22）** 甲公司为增值税一般纳税人，2017年11月欲接受一家企业提供交通运输服务，现有以下几种方案可供选择：一是接受乙公司（增值税一般纳税人）提供的运输服务，取得增值税专用发票，价税合计为31 000元；二是接受丙公司（增值税小规模纳税人）提供的运输服务，取得由税务机关代开的增值税专用发票，价税合计为30 000元；三是接受丁公司（增值税小规模纳税人）提供的运输服务，取得增值税普通发票，价税合计为29 000元。

【任务要求】请对上述业务进行纳税筹划。

【税法依据】下列进项税额准予从销项税额中抵扣：

（1）从销售方取得的增值税专用发票（含税控机动车销售统一发票，下同）上注明的增值税额。

（2）从海关取得的海关进口增值税专用缴款书上注明的增值税额。

（3）纳税人购进农产品，按下列规定抵扣进项税额：

①除第②项规定外，纳税人购进农产品，取得一般纳税人开具的增值税专用发票或海关进口增值税专用缴款书的，以增值税专用发票或海关进口增值税专用缴款书上注明的增值税额为进项税额；从按照简易计税方法依照3%征收率计算缴纳增值税的小规模纳税人取得增值税专用发票的，以增值税专用发票上注明的金额和11%的扣除率计算进项税额；取得（开具）农产品销售发票或收购发票的，以农产品销售发票或收购发票上注明的农产品买价和11%的扣除率计算进项税额。

②营业税改征增值税试点期间，纳税人购进用于生产销售或委托受托加工17%税率货物的农产品维持原扣除力度不变（原扣除力度指的是13%的扣除率）。

③继续推进农产品增值税进项税额核定扣除试点，纳税人购进农产品进项税额已实行核定扣除的，仍按照《财政部　国家税务总局关于在部分行业试行农产品增值税进项税额核定扣除办法的通知》（财税〔2012〕38号）、《财政部　国家税务总局关于扩大农产品增值税进项税额核定扣除试点行业范围的通知》（财税〔2013〕57号）执行。其中，财税〔2012〕38号文件第四条第（二）项规定的扣除率调整为11%；第（三）项规定的扣除率调整为按本条第①项、第②项规定执行。

④纳税人从批发、零售环节购进适用免征增值税政策的蔬菜、部分鲜活肉蛋而取得的普通发票，不得作为计算抵扣进项税额的凭证。

⑤纳税人购进农产品既用于生产销售或委托受托加工17%税率货物又用于生产销售其他货物服务的，应当分别核算用于生产销售或委托受托加工17%税率货物和其他货物服务的农产品进项税额。未分别核算的，统一以增值税专用发票或海关进口增值税专用缴款书上注明的增值税额为进项税额，或以农产品收购发票或销售发票上注明的农产品买价和

11%的扣除率计算进项税额。

⑥销售发票，是指农业生产者销售自产农产品适用免征增值税政策而开具的普通发票。

（4）自境外单位或者个人购进劳务、服务、无形资产或者境内的不动产，从税务机关或者扣缴义务人取得的代扣代缴税款的完税凭证上注明的增值税额。

【筹划思路】2013年8月1日除了铁路运输业以外的交通运输业在全国推行"营改增"后，取消了试点纳税人和原增值税纳税人，按交通运输费用结算单据上注明的运输费用金额和7%的扣除率计算进项税额的政策；取消了试点纳税人接受试点小规模纳税人提供交通运输服务，按增值税专用发票注明金额和7%的扣除率计算进项税额的政策。上述政策于2013年8月1日取消后，纳税人除了取得铁路运输费用结算单据外（由于2013年8月1日至2013年12月31日交通运输业中只有铁路运输未实行"营改增"，因此在这段时间内纳税人取得的铁路运输费用结算单据仍可抵扣进项税额），将统一按照增值税专用发票的票面税额抵扣进项税额。另外，自2014年1月1日起，铁路运输也纳入"营改增"，自此交通运输业全部纳入"营改增"，按交通运输费用结算单据上注明的运输费用金额和7%的扣除率计算进项税额的政策全部取消。

接受运输服务的企业应当综合考虑接受运输服务的价格和可抵扣的进项税额两方面因素，其中对于存在的可抵扣的进项税额（会使增值税税负减少），又会相应地减少城市维护建设税和教育费附加。这样我们可通过比较不同方案下的现金净流量或现金流出量的大小，最终选择现金净流量最大或现金流出量最小的方案。

【筹划过程】

方案一：接受乙公司（增值税一般纳税人）提供的运输服务，取得增值税专用发票价税合计为31 000元。

甲公司现金流出量=31 000−31 000÷（1+11%）×11%×（1+7%+3%）=27 620.721（元）

方案二：接受丙公司（增值税小规模纳税人）提供的运输服务，取得由税务机关代开的增值税专用发票，价税合计为30 000元。

甲公司现金流出量=30 000−30 000÷（1+3%）×3%×（1+7%+3%）=29 038.835（元）

方案三：接受丁公司（增值税小规模纳税人）提供的运输服务，取得增值税普通发票，价税合计为29 000元。

甲公司现金流出量=29 000元

【筹划结论】方案一比方案二现金流出量少1 418.114元（29 038.835−27 620.721），比方案三现金流出量少1 379.279元（29 000−27 620.721），因此，应当选择方案一。

【任务点评】值得注意的是，选择提供运输服务方时，不能仅考虑价格和税负因素，还应考虑到对方提供的运输服务的质量、信用、耗用时间等多种因素。

## 任务二十三　全面"营改增"后进项税额先全部抵扣后扣减再转入待抵扣进项税额的纳税筹划

任务案例2-23　甲公司2017年5月1日购进含税价格为600万元（增值税税率均为17%，且均取得增值税专用发票）的货物，准备于2017年11月用于新建本公司办公大楼。

**【任务要求】** 请对上述业务进行纳税筹划。

**【税法依据】**《国家税务总局关于发布〈不动产进项税额分期抵扣暂行办法〉的公告》（国家税务总局公告2016年第15号）规定如下：

纳税人2016年5月1日后购进货物和设计服务、建筑服务，用于新建不动产，或者用于改建、扩建、修缮、装饰不动产并**增加不动产原值超过50%的**，其进项税额依照规定**分2年从销项税额中抵扣**。

不动产原值，是指取得不动产时的购置原价或作价。

上述分2年从销项税额中抵扣的购进货物，是指构成不动产实体的材料和设备，包括建筑装饰材料和给排水、采暖、卫生、通风、照明、通讯、煤气、消防、中央空调、电梯、电气、智能化楼宇设备及配套设施。

纳税人按照本办法规定从销项税额中抵扣进项税额，应取得2016年5月1日后开具的合法有效的增值税扣税凭证。

上述进项税额中，**60%的部分于取得扣税凭证的当期从销项税额中抵扣；40%的部分为待抵扣进项税额，于取得扣税凭证的当月起第13个月从销项税额中抵扣。**

购进时已全额抵扣进项税额的货物和服务，转用于不动产在建工程的，其已抵扣进项税额的**40%部分**，应于转用的当期从进项税额中扣减，**计入待抵扣进项税额**，并于转用的当月起第13个月从销项税额中抵扣。

**【筹划思路】** 企业对于购进一段时间后准备用于不动产在建工程的货物和服务，若用于新建不动产，或者用于改建、扩建、修缮、装饰不动产并增加不动产原值超过50%的，可先全部抵扣进项税额，然后在实际转用于不动产在建工程的当月，再将已抵扣进项税额的40%部分从进项税额中扣减（进项税额转出），计入待抵扣进项税额，并于转用的当月起第13个月从销项税额中抵扣。这样，可以获取早抵扣进项税额的好处。

**【筹划过程】**

方案一：购进含税价格为600万元货物的进项税额中，60%的部分于取得扣税凭证的当期即2017年5月，从销项税额中抵扣；40%的部分为待抵扣进项税额，于取得扣税凭证的当月起第13个月即2018年5月，从销项税额中抵扣。

2017年5月可抵扣进项税额=600÷（1+17%）×17%×60%=52.31（万元）

2018年5月可抵扣进项税额=600÷（1+17%）×17%×40%=34.87（万元）

方案二：购进含税价格为600万元货物的进项税额全部于取得扣税凭证的当期从销项税额中抵扣。然后在实际转用于不动产在建工程的当月即2017年11月，再将已抵扣进项税额的40%部分从进项税额中扣减，计入待抵扣进项税额，并于转用的当月起第13个月即2018年11月从销项税额中抵扣。

2017年5月可抵扣进项税额=600÷（1+17%）×17%=87.18（万元）

2017年11月扣减进项税额（进项税额转出）=600÷（1+17%）×17%×40%=34.87（万元）

2018年11月可抵扣进项税额=600÷（1+17%）×17%×40%=34.87（万元）

**【筹划结论】** 方案二比方案一2017年5月可以多抵扣进项税额34.87万元（87.18-52.31），因此，应当选择方案二。

**【任务点评】** 将进项税额抵扣时间尽量提前是进项税额纳税筹划的重要思路，读者需要举一反三。

## 任务二十四 全面"营改增"后简易计税方法与一般计税方法选择的纳税筹划

**任务案例2-24** 甲电影院为增值税一般纳税人，预计2017年度实现收入1 000万元（不含增值税），可抵扣的进项税额为15万元。

【任务要求】请对上述业务进行纳税筹划。

【税法依据】一般纳税人发生下列应税行为可以选择适用简易计税方法计税：

（1）公共交通运输服务。

公共交通运输服务，包括轮客渡、公交客运、地铁、城市轻轨、出租车、长途客运、班车。

班车，是指按固定路线、固定时间运营并在固定站点停靠的运送旅客的陆路运输服务。

（2）经认定的动漫企业为开发动漫产品提供的动漫脚本编撰、形象设计、背景设计、动画设计、分镜、动画制作、摄制、描线、上色、画面合成、配音、配乐、音效合成、剪辑、字幕制作、压缩转码（面向网络动漫、手机动漫格式适配）服务，以及在境内转让动漫版权（包括动漫品牌、形象或者内容的授权及再授权）。

动漫企业和自主开发、生产动漫产品的认定标准和认定程序，按照《文化部 财政部 国家税务总局关于印发〈动漫企业认定管理办法（试行）〉的通知》（文市发〔2008〕51号）的规定执行。

（3）电影放映服务、仓储服务、装卸搬运服务、收派服务和文化体育服务。

（4）以纳入营改增试点之日前取得的有形动产为标的物提供的经营租赁服务。

（5）在纳入营改增试点之日前签订的尚未执行完毕的有形动产租赁合同。

（6）提供物业管理服务的纳税人，向服务接受方收取的自来水水费，以扣除其对外支付的自来水水费后的余额为销售额，按照简易计税方法依3%征收率计算缴纳增值税。

（7）非企业性单位中的一般纳税人提供的研发和技术服务、信息技术服务、鉴证咨询服务，以及销售技术、著作权等无形资产，可以选择简易计税方法按照3%征收率计算缴纳增值税。

非企业性单位中的一般纳税人提供"技术转让、技术开发和与之相关的技术咨询、技术服务"，可以参照上述规定，选择简易计税方法按照3%征收率计算缴纳增值税。

（8）一般纳税人提供教育辅助服务，可以选择简易计税方法按照3%征收率计算缴纳增值税。

【筹划思路】对于可以选择适用简易计税方法计税的情况，纳税人应当比较一般计税方法和简易计税方法下税负的大小，选择税负小的方案。

【筹划过程】

方案一：选择一般计税方法。

应纳增值税=1 000×6%-15=45（万元）

方案二：选择简易计税方法。

应纳增值税=1 000×3%=30（万元）

【筹划结论】方案二比方案一少缴纳增值税15万元（45-30），因此，应当选择方案二。

【任务点评】需要注意的是，一般纳税人发生财政部和国家税务总局规定的特定应税行为，可以选择适用简易计税方法计税，但一经选择，36个月内不得变更。因此，企业应当权衡利弊，综合考虑，慎重选择计税方法。

#### 项目引例解析

【税法依据】《国家税务总局关于发布〈房地产开发企业销售自行开发的房地产项目增值税征收管理暂行办法〉的公告》（国家税务总局公告2016年第18号）规定如下：

房地产开发企业中的一般纳税人（以下简称"一般纳税人"）销售自行开发的房地产项目，适用一般计税方法计税，按照取得的全部价款和价外费用，扣除当期销售房地产项目对应的土地价款后的余额计算销售额。销售额的计算公式如下：

销售额＝（全部价款和价外费用－当期允许扣除的土地价款）÷（1+11%）

当期允许扣除的土地价款按照以下公式计算：

$$当期允许扣除的土地价款 = \frac{当期销售房地产项目建筑面积}{房地产项目可供销售建筑面积} \times 支付的土地价款$$

一般纳税人销售自行开发的房地产老项目，可以选择适用简易计税方法按照5%的征收率计税。一经选择简易计税方法计税，36个月内不得变更为一般计税方法计税。

房地产老项目，是指：

（一）《建筑工程施工许可证》注明的合同开工日期在2016年4月30日前的房地产项目；

（二）《建筑工程施工许可证》未注明合同开工日期或者未取得《建筑工程施工许可证》但建筑工程承包合同注明的开工日期在2016年4月30日前的建筑工程项目。

一般纳税人销售自行开发的房地产老项目适用简易计税方法计税的，以取得的全部价款和价外费用为销售额，不得扣除对应的土地价款。

一般纳税人采取预收款方式销售自行开发的房地产项目，应在收到预收款时按照3%的预征率预缴增值税。

应预缴税款按照以下公式计算：

应预缴税款＝预收款÷（1+适用税率或征收率）×3%

适用一般计税方法计税的，按照11%的适用税率计算；适用简易计税方法计税的，按照5%的征收率计算。

一般纳税人销售自行开发的房地产项目适用一般计税方法计税的，应按照《营业税改征增值税试点实施办法》第四十五条规定的纳税义务发生时间，以当期销售额和11%的适用税率计算当期应纳税额，抵减已预缴税款后，向主管国税机关申报纳税。未抵减完的预缴税款可以结转下期继续抵减。

一般纳税人销售自行开发的房地产项目适用简易计税方法计税的，应按照《营业税改征增值税试点实施办法》第四十五条规定的纳税义务发生时间，以当期销售额和5%的征收率计算当期应纳税额，抵减已预缴税款后，向主管国税机关申报纳税。未抵减完的预缴税款可以结转下期继续抵减。

【筹划思路】房地产开发企业中的一般纳税人销售自行开发的房地产老项目，可以选择适用一般计税方法计税，也可以选择适用简易计税方法按照5%的征收率计税。企业应当比较不同计税方法下增值税税负的大小，选择税负小的方案。

**【筹划过程】**

**方案一：选择适用一般计税方法计税。**

销售额＝（全部价款和价外费用－当期允许扣除的土地价款）÷（1+11%）

　　　　＝（10 000－3 000）÷（1+11%）=6 306.31（万元）

应纳增值税=6 306.31×11%-100=593.69（万元）

**方案二：选择适用简易计税方法按照5%的征收率计税。**

销售额＝全部价款和价外费用÷（1+5%）=10 000÷（1+5%）=9 523.81（万元）

应纳增值税=9 523.81×5%=476.19（万元）

**【筹划结论】** 方案二比方案一少缴纳增值税117.50万元（593.69-476.19），因此，应当选择方案二。

**【引例点评】** 需要注意的是，房地产企业一般纳税人销售自行开发的房地产老项目，可以选择适用简易计税方法按照5%的征收率计税。但一经选择简易计税方法计税，36个月内不得变更为一般计税方法计税。房地产企业一般纳税人应从长远的角度考虑与测算应当采取何种计税方法。

## 任务二十五　全面"营改增"后程租、期租与光租选择的纳税筹划

**任务案例2-25** 甲公司2017年11月为乙公司提供一次光租业务，收费200万元，相关成本费用100万元，相关可抵扣的进项税额为15万元。若提供期租业务，自身多支出成本费用50万元，需要收费250万元，相关可抵扣进项税额为20万元。若提供程租业务自身多支出成本费用100万元，需要收费300万元，相关可抵扣进项税额为25万元。

**【任务要求】** 请对上述业务进行纳税筹划。

**【税法依据】**《财政部　国家税务总局关于全面推开营业税改征增值税试点的通知》（财税〔2016〕36号）规定：水路运输的程租、期租业务，属于水路运输服务，按照交通运输服务缴纳增值税，适用11%的增值税税率。程租业务，是指运输企业为租船人完成某一特定航次的运输任务并收取租赁费的业务。期租业务，是指运输企业将配备有操作人员的船舶承租给他人使用一定期限，承租期内听候承租方调遣，不论是否经营，均按天向承租方收取租赁费，发生的固定费用均由船东负担的业务。

　　水路运输的光租业务，属于经营租赁，按照有形动产经营租赁服务缴纳增值税，适用17%的增值税税率。光租业务，是指运输企业将船舶在约定的时间内出租给他人使用，不配备操作人员，不承担运输过程中发生的各项费用，只收取固定租赁费的业务活动。

**【筹划思路】** 水路运输的程租、期租业务，属于水路运输服务，按照交通运输服务缴纳增值税，适用11%的增值税税率；水路运输的光租业务，属于经营租赁，按照有形动产经营租赁服务缴纳增值税，适用17%的增值税税率。因此，企业应当尽量提供程租、期租业务，以适用较低的增值税税率。

**【筹划过程】**

    **方案一：提供光租业务。**

    应纳增值税=200÷（1+17%）×17%-15=14.06（万元）

    应纳城建税和教育费附加=14.06×（7%+3%）=1.41（万元）

    税后利润=［200÷（1+17%）-100-1.41］×（1-25%）=52.15（万元）

    **方案二：提供期租业务。**

    应纳增值税=250÷（1+11%）×11%-20=4.77（万元）

    应纳城建税和教育费附加=4.77×（7%+3%）=0.48（万元）

    税后利润=［250÷（1+11%）-100-50-0.48］×（1-25%）=56.06（万元）

    **方案三：提供程租业务。**

    应纳增值税=300÷（1+11%）×11%-25=4.73（万元）

    应纳城建税和教育费附加=4.73×（7%+3%）=0.47（万元）

    税后利润=［300÷（1+11%）-100-100-0.47］×（1-25%）=52.35（万元）

**【筹划结论】** 方案二比方案一多获取税后利润3.91万元（56.06-52.15），比方案三多获取税后利润3.71万元（56.06-52.35），因此，应当选择方案二。

**【任务点评】** 相对于水路运输的光租业务来说，提供水路运输的程租、期租业务的运输企业需要承担一定的责任，因此，运输企业应当权衡利弊、综合考虑，以选择最优方案。

# 任务二十六　全面"营改增"后与技术转让、技术开发相关的纳税筹划

**任务案例2-26** 甲公司为增值税一般纳税人，2017年11月为乙公司提供技术转让、技术开发和与之相关的技术咨询、技术服务，其中，技术转让、技术开发收入1 000万元，与之相关的技术咨询、技术服务收入500万元，与提供技术转让、技术开发相关的可抵扣的进项税额为15万元，与提供技术咨询、技术服务相关的可抵扣的进项税为5万元。甲公司已经持技术转让、开发的书面合同，到纳税人所在地省级科技主管部门进行认定，但并未持有关的书面合同和科技主管部门审核意见证明文件报主管税务机关备查。甲公司根据技术转让或者开发合同的规定，为帮助乙公司掌握所转让的技术，提供技术咨询、技术服务业务，但这部分技术咨询、技术服务的价款与技术转让或者技术开发的价款分别开具了两张发票。

**【任务要求】** 请对上述业务进行纳税筹划。

**【税法依据】**《财政部 国家税务总局关于全面推开营业税改征增值税试点的通知》（财税〔2016〕36号）的附件3：《营业税改征增值税试点过渡政策的规定》规定如下：

    纳税人提供技术转让、技术开发和与之相关的技术咨询、技术服务免征增值税。

    1.技术转让、技术开发，是指《销售服务、无形资产、不动产注释》中"转让技术"及"研发服务"范围内的业务活动。技术咨询，是指就特定技术项目提供可行性论证、技术预测、专题技术调查、分析评价报告等业务活动。与技术转让、技术开发相关的

技术咨询、技术服务，是指转让方（或者受托方）根据技术转让或者开发合同的规定，为帮助受让方（或者委托方）掌握所转让（或者委托开发）的技术，而提供的技术咨询、技术服务业务，且这部分技术咨询、技术服务的价款与技术转让或者技术开发的价款应当在同一张发票上开具。

2. 备案程序。试点纳税人申请免征增值税时，须持技术转让、开发的书面合同，到纳税人所在地省级科技主管部门进行认定，并持有关的书面合同和科技主管部门审核意见证明文件报主管税务机关备查。

【筹划思路】对于纳税人提供技术转让、技术开发和与之相关的技术咨询、技术服务，首先，试点纳税人要申请免征增值税，须持技术转让、开发的书面合同，到纳税人所在地省级科技主管部门进行认定，并持有关的书面合同和科技主管部门审核意见证明文件报主管税务机关备查。其次，与技术转让、技术开发相关的技术咨询、技术服务，要满足以下条件：转让方（或者受托方）根据技术转让或者开发合同的规定，为帮助受让方（或者委托方）掌握所转让（或者委托开发）的技术，而提供的技术咨询、技术服务业务，且这部分技术咨询、技术服务的价款与技术转让或者技术开发的价款应当在同一张发票上开具。

【筹划过程】

方案一：甲公司未持有关的书面合同和科技主管部门审核意见证明文件报主管税务机关备查。甲公司提供的技术咨询、技术服务的价款与技术转让或者技术开发的价款分别开具两张发票。

由于没有满足提供技术转让、技术开发和与之相关的技术咨询、技术服务免征增值税的条件，因此不能享受免税待遇。

应纳增值税=（1 000+500）×6%-15-5=70（万元）

方案二：甲公司持有关的书面合同和科技主管部门审核意见证明文件报主管税务机关备查。甲公司提供的技术咨询、技术服务的价款与技术转让或者技术开发的价款分别开具两张发票。

由于没有满足与提供技术转让、技术开发相关的技术咨询、技术服务免征增值税的条件，因此技术咨询、技术服务这部分收入不能享受免税待遇。

应纳增值税=500×6%-5=25（万元）

方案三：甲公司持有关的书面合同和科技主管部门审核意见证明文件报主管税务机关备查。甲公司提供的技术咨询、技术服务的价款与技术转让或者技术开发的价款在同一张发票上开具。

由于满足了提供技术转让、技术开发和与之相关的技术咨询、技术服务免征增值税的条件，因此能够享受免税待遇。

应纳增值税=0

【筹划结论】方案三比方案一少缴纳增值税70万元，比方案二少缴纳增值税25万元（25-0），因此，应当选择方案三。

【任务点评】在需要满足一定条件才能享受税收优惠的情况下，企业应当积极满足该条件，以享受税收优惠待遇。

# 任务二十七　全面"营改增"后起征点的纳税筹划

**任务案例2-27**　个体工商户李某为"营改增"试点小规模纳税人，2017年1月取得咨询服务收入总额为20 601元（含增值税），当地规定的增值税起征点为20 000元。（假设不考虑城市维护建设税和教育费附加）

**【任务要求】**请对上述业务进行纳税筹划。

**【税法依据】**《财政部　国家税务总局关于全面推开营业税改征增值税试点的通知》（财税〔2016〕36号）的附件1：《营业税改征增值税试点实施办法》的第四十九条和第五十条规定如下：

个人发生应税行为的销售额未达到增值税起征点的，免征增值税；达到起征点的，全额计算缴纳增值税。

增值税起征点不适用于登记为一般纳税人的个体工商户。

第五十条　增值税起征点幅度如下：

（一）按期纳税的，为月销售额5 000～20 000元（含本数）。

（二）按次纳税的，为每次（日）销售额300～500元（含本数）。

起征点的调整由财政部和国家税务总局规定。省、自治区、直辖市财政厅（局）和国家税务局应当在规定的幅度内，根据实际情况确定本地区适用的起征点，并报财政部和国家税务总局备案。

对增值税小规模纳税人中月销售额未达到2万元的企业或非企业性单位，免征增值税。2017年12月31日前，对月销售额2万元（含本数）至3万元的增值税小规模纳税人，免征增值税。

**【筹划思路】**在涉及起征点的情况下，若销售收入刚刚达到或超过起征点，则应减少收入使其在起征点以下，以便享受免税待遇。

**【筹划过程】**

方案一：将月含税收入额仍保持为20 601元。

不含税收入额=20 601÷（1+3%）=20 000.97（元）

超过当地规定的增值税起征点20 000元，则：

应纳增值税=20 000.97×3%=600.03（元）

税后收入=20 601-600.03=20 000.97（元）

方案二：将月含税收入额降至20 599元。

不含税销售额=20 599÷（1+3%）=19 999.03（元）

未超过当地规定的增值税起征点20 000元。因此，免征增值税。

税后收入=20 599元

**【筹划结论】**方案二比方案一李某少缴纳增值税600.03元，多获取税后收入598.03元（20 599-20 000.97），因此，应当选择方案二。

**【任务点评】**起征点的纳税筹划仅适用于纳税人销售额刚刚达到或超过起征点的情况，因此，其应用空间较小。若遇到税务机关核定销售额的情况，则其应用空间更小。

## 拓展阅读2-1

### 向股东发放赠品：别被芝麻糊"黑"了①

近期，我国资本市场出现一个现象，上市公司向股东派发自己的产品。在南方食品向股东赠送黑芝麻糊后，量子高科也发布公告，准备向股东赠送龟苓膏。税务专家建议，上市公司在向股东发放赠品前就要做好纳税安排，有效规避涉税风险。

#### 两个公告的对比分析

第一，赠送的主体。作为赠送主体的这两家公司都是上市公司，南方食品的赠送主体是上市公司南方黑芝麻集团股份有限公司，量子高科的赠送主体是量子高科（中国）生物股份有限公司。

第二，赠送的客体。南方食品是向除大股东黑五类集团外的所有南方食品的股东赠送产品，每1 000股送一礼盒装（12罐装）黑芝麻乳，少于1 000股发简易包装（6罐装）黑芝麻乳。但是，量子高科的赠送对象既不包括持股5%以上的股东，又不包括发起人股东。同时，其他所有股东不按持股份额多少，均赠送一份礼盒装（12杯装）龟苓膏产品。

第三，赠送的目的。南方食品向股东赠送黑芝麻糊的目的是使新产品更精益求精，更适合消费者的消费习惯、消费需求及扩大新产品的影响。但量子高科赠送的目的相对简单，就是为了感谢公司股东对公司的关心和支持，关怀股东及其家人健康。

第四，赠送产品的费用确认。南方食品公告中称，预计本次赠饮品尝活动产生的费用合计约为550万元，列入该公司本年度的销售费用。而量子高科本次赠送产品的预算约为100万元，列入该公司本年度的营业外支出。

第五，赠送产品的来源。量子高科在公告中说明，产品来源于其子公司江门市生和堂食品有限公司生产的生和堂龟苓膏。但是，在南方食品的公告中，没有类似的信息披露。通过对南方食品发布的公司年报分析来看，上市公司南方黑芝麻集团股份有限公司虽然是本次赠送的主体，但其本身并不是黑芝麻糊的生产销售主体，黑芝麻糊的生产销售主体应该是其控股子公司广西南方黑芝麻食品股份有限公司。

#### 向股东发放赠品的涉税风险

通过分析公告信息可以发现，存在如下涉税风险：

第一，赠送的商品全部来源于子公司，如果上市公司通过向子公司购买商品后赠送，子公司应按规定缴纳增值税。由于上市公司和其子公司是关联公司，如果购买价格明显偏低且无正当理由的，税务机关可以按照增值税暂行条例实施细则的规定进行调整。如果上市公司是无偿从子公司取得赠品的，子公司根据增值税暂行条例实施细则的规定，将自产货物无偿赠送的，应视同销售缴纳增值税。本案例中，视同销售价格应按同类同期商品售价确定。

第二，如果上市公司是无偿从子公司处取得商品的，两者的企业所得税处理就存在风险。如果认定为子公司向母公司的无偿赠送行为，则子公司企业所得税上要视同销售缴纳企业所得税。同时，赠送支出属于非公益救济性捐赠，不得在企业所得税前扣除，母公司取得的商品应按市场售价确认为营业外收入，缴纳企业所得税。如果将这种无偿行为认定

---

① 赵国庆.向股东发放赠品：别被芝麻糊"黑"了［EB/OL］.［2013-07-25］.http://www.chinaacc.com/new/253_255_201307/25zh1597097421.shtml.

为子公司向母公司分配实物股利，则子公司用自产产品分配股利，应视同销售缴纳企业所得税，同时股利分配支出不能在企业所得税税前扣除，母公司取得的实物股利属于符合条件的居民企业间的股息、红利所得，属于免税收入，不缴纳企业所得税。在税务实践中，究竟按哪种形式认定呢？如果按实物股利处理，两家公司应按照公司法规定的程序，通过股东会或董事会出台利润分配方案，按利润分配的流程实施。否则，很有可能被税务机关认定为无偿赠送行为，税收成本颇高。

第三，上市公司向其股东赠送商品，在费用确认上，南方食品公告称，对这部分费用，企业确认为销售费用。但是，由于南方公司赠送的目的主要是为了扩大新产品的宣传和影响，应认定为业务宣传费。按照企业所得税法实施条例的规定，企业每个纳税年度实际发生的广告费和业务宣传费，在不超过销售（营业）收入的15%内扣除，超过部分可以无限期向以后年度结转。对于量子高科而言，其赠送产品是为了体现对股东和其家人的关爱，并没有宣传商品的目的，该公司直接在公告中就将这笔费用确认为营业外支出，不在企业所得税前扣除。

第四，即使南方食品赠送行为发生的500万元费用被确认为业务宣传费，这笔业务宣传费能否在企业所得税前扣除也存在问题。因为宣传的是新黑芝麻糊产品，如前所述，上市公司本身不是黑芝麻糊的生产销售主体，其控股子公司广西南方黑芝麻食品股份有限公司才是产品销售主体，这笔500万元的支出，应该是与广西南方黑芝麻食品股份有限公司取得应税收入有关的支出，与上市公司取得的应税收入无关，因此，这笔费用不能在上市公司企业所得税前扣除。

第五，上市公司在向股东赠送实物时，股东也涉及税务问题。如果是企业股东，对上市公司给予的实物赠品，应按照"其他所得"缴纳企业所得税。但是，上市公司这种赠送行为，可能会给一类特殊的股东带来涉税风险，这类股东就是上市公司的基金股东。比如，在南方食品2012年第三季度公告中，广发大盘成长混合型证券投资基金持有南方食品2 177 000股股票。如果按照南方食品公告方案，其要向广发基金公司寄送2 177盒黑芝麻糊。广发基金公司取得这些黑芝麻糊，企业所得税应该如何处理？由于基金公司发行的都是契约型证券投资基金，核算上是以每个基金作为核算主体。如果这笔黑芝麻糊的所有权归属广发大盘成长混合型证券投资基金名下，这个开放式基金取得的实物是否需要缴纳企业所得税？根据《财政部 国家税务总局关于开放式证券投资基金有关税收问题的通知》（财税〔2002〕128号）的规定，对基金管理人运用基金买卖股票、债券的差价收入不征收企业所得税。对于基金管理人取得的这种实物赠送收入，是否需要缴纳企业所得税？现行政策规定不明确。同时，这笔黑芝麻糊虽然邮寄给了广发基金公司，但是其收益应属于广发大盘成长混合型证券投资基金的基金持有人。广发基金如何将这部分收益分配给基金持有人？量子高科的分配行为也存在这个问题，不过其对股东的赠送不是按持股比例，都是一份礼盒装（12杯装）龟苓膏，金额很小，从重要性来讲，税收风险可以忽略。对于个人股东，政策相对明确。根据《财政部 国家税务总局关于企业促销展业赠送礼品有关个人所得税问题的通知》（财税〔2011〕50号）的规定，企业在业务宣传、广告等活动中，随机向本单位以外的个人赠送礼品，对个人取得的礼品所得，按照"其他所得"项目，全额适用20%的税率缴纳个人所得税，由发放赠品的上市公司代扣代缴。

**筹划建议**

基于以上分析，上市公司向股东发放赠品，企业需要认真筹划。在具体的赠送方式上，建议由上市公司的子公司直接向其股东进行赠送，从而避免了母、子公司涉及赠品交易的税收风险。子公司的赠送行为，正常按规定缴纳各项税收。同时，对于南方食品而言，如果是子公司直接赠送，这笔业务宣传费在子公司确认，属于与其生产经营收入有关的支出，可以在企业所得税前扣除。

## 拓展阅读 2-2

### 投资公司，"营改增"下19个节税筹划要点①

投资公司类型广泛，包括诸如VC、PE、资产管理公司、信托投资、产业投资基金、并购基金、私募投资基金、公募投资基金等，很难准确地给出一个定义。2016年5月1日实现了全行业的"营改增"，各类型投资公司大多可以归纳到"金融保险"项下的"资产管理、信托管理、基金管理"项目，由缴纳营业税改为缴纳增值税。本文将解读"营改增"给各类型投资公司带来的变化，并提出风险防范建议。

相比较于营业税，国家对增值税的管理更加严格，涉税行政、刑事风险更大，尤其是虚开增值税专用发票的刑事风险不可忽视。全面营改增后，所有单位和个人，只要发生增值税应税行为，都是增值税纳税人，按照年应税销售额超过500万元的标准，绝大部分投资公司都会纳入一般纳税人管理，并实行抵扣纳税模式，相比较于较为简单的营业税纳税模式，新税制给纳税人带来了更多的税务筹划的空间。

#### 一、投融资模式

根据"营改增"政策规定，纳税人购进贷款服务，以及纳税人接受贷款服务向贷款方支付的与该笔贷款直接相关的投融资顾问费、手续费、咨询费等费用，其进项税额不得从销项税额中抵扣。

对于债权融资而言，增值税相应的进项税额不能扣除，是否考虑融资结构的调整，增加股权融资，虽然股息红利不能在所得税税前扣除，但是投注分红不涉及增值税。同时，针对文件"与该笔贷款直接相关"的规定，签署融资合同中，对于投融资顾问费、手续费、咨询费等费用具体条款设定，需要充分考量，可以考虑分别签署合同。

#### 二、金融商品转让特殊税务风险

按照营改增政策，金融商品转让，按照卖出价扣除买入价后的余额为销售额。转让金融商品出现的正负差，按盈亏相抵后的余额为销售额。若相抵后出现负差，可结转下一纳税期与下期转让金融商品销售额相抵，但年末时仍出现负差的，不得转入下一个会计年度。金融商品的买入价，可以选择按照加权平均法或者移动加权平均法进行核算，选择后36个月内不得变更。同时规定，金融商品转让，不得开具增值税专用发票。

年末时仍出现负差的，不得转入下一个会计年度，此规定延续了营业税税制的规定。因此，对于金融商品转让交易频繁的公司，需要了解金融市场，合理规划会计年度内的转让行为，最大程度消化"负差"，降低计税基础。

① 佚名.投资公司，"营改增"下19个节税筹划要点[EB/OL].[2016-06-06].http://www.chinaacc.com/shuishou/ssch/zh1606066192.shtml.有部分改动.

### 三、收益性质的界定与节税

投资公司取得收益的具体表现形式多种多样，不同性质的收入在纳税义务方面也不一样。比如，权益性投资的股息红利不属于增值税的纳税行为，债权型投资取得利息、管理费等收益则属于增值税的纳税行为，需要按照规定申报缴纳增值税。

投资公司可以合理规划投资报酬的具体取得形式，具体需要与被投资方协商解决，当然，一项税务筹划的实施，同时需要考虑可能带来的隐性税负，投资者需要综合权衡。

### 四、转让房产可简易计税

按照营改增政策，针对房地产、建筑业、不动产经营租赁、转让房产等行业出台了特殊性政策，比如规定：一般纳税人转让其2016年4月30日前取得的不动产（包括以直接购买、接受捐赠、接受投资入股、自建以及抵债等各种形式取得的不动产）可以选择简易征收，适用5%的税率。

政策层面虽做出了上述的规定，实操中还会面临一些实际的难题，比如，面对合同法、物权法、税法背景下不动产产权交割的复杂形态，"2016年4月30日前取得的不动产"如何界定"取得"的时点，还需要进一步细化明确，作为投资公司，可以在第一个纳税申报期到来之前，积极补充完善相关资料，并进行简易征收的备案工作。

### 五、收益权转让如何处理

针对收益权的转让行为，《销售服务、无形资产、不动产注释》中并没有明确规定，与之较为接近的是"金融商品转让"。金融商品转让，是指转让外汇、有价证券、非货物期货和其他金融商品所有权的业务活动。其中，其他金融商品转让包括基金、信托、理财产品等各类资产管理产品和各种金融衍生品的转让。

收益权作为一项财产权益，从税法的基本原理来看，应该课以流转税、所得税等，但是难点在于，收益还没有真正实现、具有不确定性且价值难以衡量，从投资公司的角度来看，应该是尽可能通过筹划，推迟纳税义务产生或实现递延纳税。

### 六、服务价款的界定

营业税属于价内税，计入当期损益，增值税属于价外税（拆分为不含税销售收入和应交销项增值税收入），不纳入利润表。

与投资人等签署相关协议时，针对管理费等相关费用需要明确是否含增值税，一方面涉及计算增值税的税基，另一方面也关系到投资双方的利益分成问题。

### 七、价外费用有风险

增值税纳税人的销售额，是指纳税人发生应税行为取得的全部价款和价外费用。其中，价外费用是指价外收取的各种性质的收费，参照《增值税暂行条例实施细则》第十二条的规定，包括价外向购买方收取的手续费、补贴、基金、集资费、返还利润、奖励费、违约金、滞纳金、延期付款利息、赔偿金、代收款项、代垫款项、包装费、包装物租金、储备费、优质费、运输装卸费以及其他各种性质的价外收费（部分项目不包括在内）。

投资公司应尽可能在合同中列举价外费用的名目，并约定其是否包含增值税，以及相应的增值税发票义务。

### 八、可抵扣进项管理、规划

增值税下，一般纳税人投资公司当期应缴纳的增值税按照"当期销项税额－当期进项税额"计算得出，因此，增值税税负高低主要取决于进项税额的大小。

投资公司购进的不动产、办公设备、器材、车辆、员工差旅费中的住宿费、过路费、过桥费等取得合规抵扣凭证都可以进行抵扣，特别需要注意的是，2016年5月1日后取得并在会计制度上按固定资产核算的不动产或者2016年5月1日后取得的不动产在建工程，其进项税额应自取得之日起分2年从销项税额中抵扣，第一年抵扣比例为60%，第二年抵扣比例为40%。并需要建立台账，做好记录。

### 九、进项发票认证及管理

增值税下，国家通过"金税三期"对增值税发票开具、认证等进行严格管理，只有取得法定合规抵扣凭证且经过认证的发票，才能进行抵扣，对于逾期没有认证且不具有法定情形的，进项税额不得抵扣。

需要提醒的是，根据最新规定，2016年5月1日起，纳税信用A级、B级增值税一般纳税人取得销售方使用新系统开具的增值税发票（包括增值税专用发票、货物运输业增值税专用发票①、机动车销售统一发票），可以不再进行扫描认证。2016年5月1日新纳入营改增试点的增值税一般纳税人，2016年5月至7月期间不需进行增值税发票认证，登录本省增值税发票查询平台，查询、选择用于申报抵扣或者出口退税的增值税发票信息，未查询到对应发票信息的，可进行扫描认证。对于不符合上述条件的纳税人，在2016年8月以后，仍需要对取得的进项发票进行认证。②

### 十、受托收款行为

营业税制下，针对经纪代理等行为出台了大量的差额计税的规定，比如，"金融企业从事受托收款业务，如代收电话费、水电煤气费、信息费、学杂费、寻呼费、社保统筹费、交通违章罚款、税款等，以全部收入减去支付给委托方价款后的余额为营业额"。而按照最新营改增政策规定，经纪代理服务，以取得的全部价款和价外费用，扣除向委托方收取并代为支付的政府性基金或者行政事业性收费后的余额为销售额。政策层面，是否继续适用差额计税的规定，没有更进一步的规定。

投资公司存在代收等行为时，应签署代收协议，并由实际收款方开具发票，否则面临按照全额计征增值税的风险，当然，对于从代收款提取的佣金需要按规定申报缴纳增值税。

### 十一、虚开专票的风险

国家税务总局在税务稽查中一直非常重视发票的"三查"工作，即"查税必查票"、"查账必查票"和"查案必查票"。所谓"三流一致"是指资金流（银行的收付款凭证）、票流（发票的开票人和收票人）和物流（劳务流）保持一致，具体而言是指不仅收款方、开票方和货物销售方或劳务提供方必须是同一个经济主体，而且付款方、货物采购方或劳务接受方必须是同一个经济主体。被认定为"虚开"的行为，将面临一定的行政处罚甚至遭到刑事处罚的法律风险。

---

① 货物运输业增值税专用发票2016年7月1日起停止使用。

② 另外，自2016年12月1日起，将取消增值税发票认证的纳税人范围由纳税信用A级、B级的增值税一般纳税人扩大到纳税信用C级的增值税一般纳税人。

根据《关于纳税人对外开具增值税专用发票有关问题的公告》（国家税务总局公告2014年第39号）规定：纳税人通过虚增值税进项税额偷逃税款，但对外开具增值税专用发票同时符合以下情形的，不属于对外虚开增值税专用发票：一、纳税人向受票方纳税人销售了货物，或者提供了增值税应税劳务、应税服务；二、纳税人向受票方纳税人收取了所销售货物、所提供应税劳务或者应税服务的款项，或者取得了索取销售款项的凭据；三、纳税人按规定向受票方纳税人开具的增值税专用发票相关内容，与所销售货物、所提供应税劳务或者应税服务相符，且该增值税专用发票是纳税人合法取得、并以自己名义开具的。

## 十二、视同销售的风险

营业税制下，没有将无偿服务行为界定为"视同发生应税行为"，不收取营业税；营改增后，引入"视同销售"概念，并将"单位或者个体工商户向其他单位或者个人无偿提供服务"纳入其中，目前在更进一步的政策规定出来之前，有关公司间的无偿资金拆借等行为，面临被税务机关认定为视同销售、并要求缴纳增值税的风险。与此同时，按照《增值税暂行条例实施细则》第四条的有关规定，诸如将自产、委托加工或者购进的货物无偿赠送其他单位或者个人等8种法定情形，也面临视同销售的风险。

相关合同条款应调整"无偿""免费"等表述，明确服务类型、期限、金额等事项，以防范相应的税务风险。

## 十三、可以简易计税的投资项目

根据最新营改增政策，农村信用社、村镇银行、农村资金互助社、由银行业机构全资发起设立的贷款公司、法人机构在县（县级市、区、旗）及县以下地区的农村合作银行和农村商业银行提供金融服务收入，可以选择适用简易计税方法按照3%的征收率计算缴纳增值税。

**温馨提示**：简易征收项目相应的进项税额不得抵扣。

## 十四、2016年税务检查、稽查风险

2011年以来，金融投资一直是国家税务总局要求稽查的重点领域，曾多次作为当年的指令性稽查项目。营改增下，投资公司可能面临两方面的税务检查、稽查风险，一是营业税之下的历史遗留问题，原地税部门后续可能会加大检查的力度；二是金融投资一直是国家税务总局要求严格稽查的重点领域，投资公司会面临稽查部门的严格的税务检查与稽查。

从我们获取的信息来看，金融投资是2016年税务机关稽查的重点领域，投资公司在规范税务处理的同时，应做好自查，尽早化解重大税务风险。

## 十五、可以享受的优惠政策

根据营改增政策，下列项目免征增值税：（1）合格境外投资者（QFII）委托境内公司在我国从事证券买卖业务；（2）香港市场投资者通过沪港通买卖上海证券交易所上市A股；（3）对香港市场投资者通过基金互认买卖内地基金份额；（4）证券投资基金（封闭式证券投资基金，开放式证券投资基金）管理人运用基金买卖股票、债券；（5）全国社会保障基金投资管理人运用全国社会保障基金买卖证券投资基金、股票、债券；（6）个人从事金融商品转让业务；（7）国债、地方政府债利息收入。

## 十六、"营改增税负分析测算明细表"带来的风险

根据国家税务总局公告2016年第30号文，在增值税纳税申报其他资料中增加"营改

增税负分析测算明细表",由从事建筑、房地产、金融或生活服务等经营业务的增值税一般纳税人在办理增值税纳税申报时填报,具体名单由主管税务机关确定。

**温馨提示:** 填写测算表是为了掌握纳税人税负变化的情况,同时也为税务机关开展纳税评估等提供了信息数据支持,因此,投资公司在税务筹划中,需要考虑税负变化情况或有充分的理由和相关证明材料。

### 十七、进销项倒挂问题

部分投资公司设有大量的分支机构,成本中心和利润中心分属不同的机构,营改增后,可能面临进销项倒挂问题,成本费用中心进项税额多,却无销项税额,利润中心没有可供抵扣的进项税额,增值税税负重。

**温馨提示:** 可以向有关税务机关申请合并汇总纳税申报,或者进行业务链条的重塑,消除进销项倒挂的问题。

### 十八、兼营行为应分开核算

营改增后,取消了混业经营概念、保留了兼营行为概念(试点纳税人销售货物、加工修理修配劳务、服务、无形资产或者不动产适用不同税率或者征收率),按规定纳税人应当分别核算适用不同税率或者征收率的销售额,未分别核算销售额的,一般从高适用税率。对于合同经济行为中涉及兼营行为的,为了避免因从高适用税率而导致承担额外的税负,有必要在合同中将涉及的经济行为的价款分别明确,建立分开核算的合同依据。

### 十九、规划纳税义务发生时间

按照营改增的最新规定,对于纳税人从事金融商品转让,纳税义务发生时间为金融商品所有权转移的当天。纳税人发生应税行为并收讫销售款项或者取得索取销售款项凭据的当天;先开具发票的,为开具发票的当天。

**温馨提示:** 增值税纳税义务发生时间涉及申报日期、滞纳金起算日期、专用发票抵扣认证日期以及复议、诉讼期限的规定等。因此,需要结合税法规定合理规划纳税义务发生时间,从投资公司角度来看,应推迟纳税义务发生时间,在开票、合同、产权变更等方面进行规划。

### 总结:合同、账务、税务处理相匹配

注重法律凭证、会计凭证和税务凭证的相互印证、相互联系和相互支持。法律凭证是用来明确和规范当事人权利义务法律关系的重要书面凭证或证据。在商事经济活动中,主要体现为合同、协议、法院判决或裁定书等法律文书和其他各种证书。如土地使用权证书、采购合同、建筑合同、销售合同等等都是法律凭证。法律凭证,特别是商事合同的正确签订在降低企业的税收成本中起着根本性作用。为了降低企业的税收成本,有时需要给当地税务主管机关提供各种合同材料,有时需要通过合同的正确而巧妙地签订使相关业务符合税法规定。

"三证统一"具体而言是指,合同与企业的账务处理相匹配;合同与企业的税务处理相匹配;合同与企业发票开具相匹配。在降低企业成本的实践中,一定要保证法律凭证、会计凭证和税务凭证的三证统一。同时,会计凭证和税务凭证上的数据必须与法律凭证中的数据始终保持一致,否则会面临成本增加的可能。

## ▶项目练习◀

### 一、单项选择题

1.关于划分增值税小规模纳税人和一般纳税人所依据的年应税销售额和经营期，下列表述正确的是（　　）。

A.年应税销售额未超过小规模纳税人标准的企业，不能登记为一般纳税人

B.稽查查补的销售额和纳税评估调整的销售额应计入税款所属期销售额，不计入查补税款申报当月的销售额

C.年应税销售额，包括纳税申报销售额、稽查查补销售额、纳税评估调整销售额、税务机关代开发票销售额和免税销售额

D.经营期是指在纳税人存续期内的连续经营期间，不含未取得销售收入的月份

2.某企业为增值税一般纳税人，2017年3月销售自产电视机10台，开具增值税专用发票注明价款30 000元，另外取得延期付款利息2 340元，则该企业当月应缴纳增值税（　　）元。

A.4 160　　　　　B.4 698.97　　　　　C.5 440　　　　　D.5 497.8

3.某增值税一般纳税人于2017年4月购进免税农产品一批，本月全部领用用于生产17%增值税税率的产品，支付给农业生产者收购价格为40 000元，且开具合法的收购发票，该项业务准予抵扣的进项税额为（　　）元。

A.4 000元　　　　B.5 200　　　　　C.6 800　　　　　D.0

4.根据增值税法律制度的规定，关于增值税纳税义务发生时间的下列表述中，不正确的是（　　）。

A.纳税人采取预收货款结算方式销售货物的，为收到预收款的当天

B.纳税人采取赊销方式销售货物的，为书面合同约定的收款日期的当天

C.纳税人发生视同销售货物行为，为货物移送的当天

D.纳税人进口货物，为报关进口的当天

5.甲工业企业年不含税应征增值税销售额为50万元，销货适用17%的增值税税率，现为小规模纳税人。其会计核算制度比较健全，符合作为一般纳税人的条件，不含税可抵扣购进金额为20万元，购货适用17%的增值税税率，且取得增值税专用发票，若单从增值税税负因素上考虑，则该企业应当选择的纳税人身份是（　　）。

A.一般纳税人　　　B.小规模纳税人　　　C.都一样　　　　D.不一定

6.甲公司为增值税一般纳税人，2017年10月从国外进口一批空调，海关核定的关税完税价格为117万元，缴纳关税11.7万元。已知增值税税率为17%，甲公司该笔业务应缴纳增值税税额的下列计算中，正确的是（　　）。

A.117×17%=19.89（万元）

B.（117+11.7）×17%=21.879（万元）

C.117÷（1+17%）×17%=17（万元）

D.（117+11.7）÷（1+17%）×17%=18.7（万元）

7.毛利率判别法中的毛利率等于（　　）。

A.（不含税销售额-不含税可抵扣购进金额）÷不含税可抵扣购进金额

B.（不含税销售额－不含税可抵扣购进金额）÷不含税销售额

C.（含税销售额－含税可抵扣购进金额）÷含税可抵扣购进金额

D.（含税销售额－含税可抵扣购进金额）÷含税销售额

8.甲单位采取折扣方式销售货物，折扣额单独开发票，增值税销售额是（      ）。

A.折扣额                         B.加上折扣的销售额

C.扣除折扣额的销售额             D.不扣除折扣额的销售额

9.下列各项中，适用增值税出口退税"免退税"办法的是（      ）。

A.收购货物出口的外贸企业         B.受托代理出口货物的外贸企业

C.自营出口自产货物的生产企业     D.委托出口自产货物的生产企业

10.增值税的纳税期限不包括（      ）。

A.1日           B.1个月           C.7日           D.1个季度

11.增值税纳税人身份选择的筹划，可通过计算（      ）的平衡点来决定适当的纳税人身份。

A.毛利率         B.退税率         C.净利率         D.利润率

12.某广播影视公司为增值税一般纳税人，2017年10月份提供广告设计服务取得不含税销售额80万元，提供广告发布服务取得不含税销售额250万元。当月接受旅客运输服务，支付不含税价款20万元，则该广播影视公司2017年10月份应缴纳增值税（      ）万元。

A.15.5          B.12.86          C.19.8          D.25.54

13.营改增试点一般纳税人既提供有形动产租赁服务，又提供建筑服务，未分别核算的，应按（      ）征税。

A.6%            B.3%            C.11%            D.17%

14.境内的单位和个人提供适用增值税零税率的服务或者无形资产，如果属于适用简易计税方法的，实行（      ）办法。

A.免征增值税      B.免抵退税      C.免退税      D.免抵退税或免退税

15.北京市甲公司（增值税一般纳税人，按一般计税方法计税）专门从事认证服务，2017年11月发生如下业务：（1）10日，取得认证服务收入106万元，开具增值税专用发票，价税合计为106万元。（2）12日，购进一台经营用设备，取得的增值税专用发票上注明价款20万元、增值税税额3.40万元。（3）14日，接受乙公司提供的设计服务，取得的增值税专用发票上注明价款5万元、增值税税额0.30万元。（4）16日，接受丙公司提供的交通运输服务，取得的增值税专用发票上注明价款1万元、增值税税额0.11万元。甲公司适用的增值税税率为6%。则甲公司当月应纳增值税（      ）万元。

A.2.19          B.2.3          C.2.49          D.5.59

16.下列选项中，试点纳税人适用17%税率计税的是（      ）。

A.提供有形动产融资租赁服务       B.提供交通运输业服务

C.提供不动产融资租赁服务         D.提供仓储服务

17.下列属于交通运输服务中的航空运输服务的是（      ）。

A.期租业务       B.湿租业务       C.水路运输       D.程租业务

18.下列选项中，不得登记为一般纳税人的是（      ）。

A.非企业性单位

B.不经常发生应税行为的企业

C.应税行为年销售额超过小规模标准的自然人

D.应税行为年销售额超过小规模标准的个体工商户

19.一般纳税人提供财政部和国家税务总局规定的特定应税行为，可以选择适用简易计税方法计税，但一经选择（      ）内不得变更。

A.12个月          B.24个月          C.36个月          D.180日

## 二、多项选择题

1.增值税一般纳税人取得的下列发票或凭证中，可据以抵扣进项税额的有（      ）。

A.外购免税农产品的收购发票

B.进口大型设备取得的海关专用缴款书

C.外购原材料支付运费取得的增值税专用发票

D.委托加工货物取得的增值税专用发票

2.根据增值税法律制度的规定，增值税一般纳税人发生的下列情形中，暂按简易办法依照3%征收率计算缴纳增值税的有（      ）。

A.寄售商店代销企业寄售的物品          B.典当业销售死当物品

C.生产企业销售废旧材料          D.寄售商店代销居民个人寄售的物品

3.下列各项中，视同销售货物计算缴纳增值税的有（      ）。

A.销售代销货物          B.将货物交付他人代销

C.将自产货物分配给股东          D.将购买货物用于集体福利

4.增值税纳税义务发生时间正确的有（      ）。

A.以预收款方式销售货物的，为发出货物的当天

B.委托他人代销货物的，为货物发出的当天

C.采用赊销方式销售货物的，为合同约定的收款日期的当天

D.采取分期收款方式销售货物的，为实际收到货款的当天

5.划分一般纳税人和小规模纳税人的标准有（      ）。

A.销售额达到规定标准          B.经营效益好

C.会计核算健全          D.有上级主管部门

6.下列关于进口货物增值税的税务处理的表述中，正确的有（      ）。

A.除特殊情况外进口货物均需在进口环节由海关代为征收增值税

B.进口货物增值税计算一律以组成计税价格为计税依据

C.组成计税价格＝关税完税价格＋关税＋消费税＋增值税

D.组成计税价格＝关税完税价格＋关税＋消费税

7.关于增值税的计税销售额规定，下列说法正确的有（      ）。

A.以物易物销售货物由多支付货款的一方以差价计算缴纳增值税

B.以旧换新方式销售货物以实际收取的不含增值税的价款计算缴纳增值税（金银首饰除外）

C.还本销售方式销售货物，以实际销售额计算缴纳增值税

D.现金折扣方式销售货物不得从计税销售额中扣减折扣额

8.根据增值税法律制度的规定，下列各项可以作为增值税的扣税凭证的有（　　）。

A.税控机动车销售统一发票

B.海关进口增值税专用缴款书

C.接受境外单位提供的应税服务，从境内代理人处取得的解缴税款的完税凭证

D.增值税普通发票

9.下列各项中，适用11%税率的有（　　）。

A.销售不动产　　　　　　　　　　B.销售著作权

C.不动产融资租赁服务　　　　　　D.有形动产融资租赁服务

10.境内的单位和个人销售的下列服务中的（　　）免征增值税，但财政部和国家税务总局规定适用零税率的除外。

A.工程项目在境外的建筑服务

B.存储地点在境外的仓储服务

C.在境外提供的广播影视节目（作品）的播映服务

D.在境外提供的文化体育服务、教育医疗服务、旅游服务

11.下列各项中，属于"营改增"范围的应税行为有（　　）。

A.不动产租赁　　B.交通运输　　C.不动产租赁　　D.金融业务

12.下列纳税期限为一个季度的增值税纳税人有（　　）。

A.银行　　　　B.信托投资公司　　C.保险公司　　　D.信用社

13.试点纳税人提供下列应税服务，免征增值税的有（　　）。

A.在境外提供的广播影视节目（作品）的播映服务

B.会议展览地点在境外的会议展览服务

C.存储地点在境外的仓储服务

D.标的物在境外使用的有形动产租赁服务

14.下列凭证中，当前作为增值税扣税凭证的有（　　）。

A.海关进口增值税专用缴款书　　　　B.农产品收购发票

C.农产品销售发票　　　　　　　　　D.铁路运输费用结算单据

15.试点纳税人应税服务年销售额未超过500万元，若要申请一般纳税人，应当符合的条件有（　　）。

A.纳税人已有5年以上的经营期限

B.有固定的生产经营场所

C.有健全的会计核算制度

D.纳税人可以为个体工商户以外的其他个人

16.试点一般纳税人不得从销项税额中抵扣进项税额的项目有（　　）。

A.非正常损失的购进货物，以及相关的加工修理修配劳务和交通运输服务

B.非正常损失的在产品、产成品所耗用的购进货物（不包括固定资产）、加工修理修配劳务和交通运输服务

C.非正常损失的不动产，以及该不动产所耗用的购进货物、设计服务和建筑服务

D.非正常损失的不动产在建工程所耗用的购进货物、设计服务和建筑服务

### 三、判断题

1.增值税纳税人经登记为一般纳税人后，不符合一般纳税人条件的，可以转为小规模纳税人。　　　　　　　　　　　　　　　　　　　　　　　　　　　　（　）

2.小规模纳税人可以抵扣增值税进项税额。　　　　　　　　　　　　（　）

3.自 2013 年 8 月 1 日起，纳税人自用的应征消费税的摩托车、汽车、游艇，其进项税额准予从销项税额中抵扣。　　　　　　　　　　　　　　　　　　　　（　）

4.外贸企业委托生产企业加工收回后报关出口的货物，按购进国内原辅材料的增值税专用发票上注明的进项税额，依原辅材料的退税率计算原辅材料的退税额。（　）

5.增值税扣缴义务发生时间为纳税人支付货款的当天。　　　　　　　（　）

6.纳税人销售旧货，按照简易办法依照 3%的征收率缴纳增值税。　　（　）

7.一般纳税人销售或者进口鲜奶、图书、报纸、杂志，按低税率计征增值税，税率为 11%。　　　　　　　　　　　　　　　　　　　　　　　　　　　　　　　（　）

8.甲公司未按规定向乙公司支付货款，乙公司按合同规定向甲公司收取违约金，由于违约金是在销售实现后收取的，故不应征收增值税。　　　　　　　　　　　　（　）

9.一般纳税人提供财政部和国家税务总局规定的特定应税行为，可以选择适用简易计税方法计税，但一经选择，12 个月内不得变更。　　　　　　　　　　　　　　（　）

10.取得索取销售款项凭据的当天，是指书面合同确定的付款日期；未签订书面合同或者书面合同未确定付款日期的，为服务、无形资产转让完成的当天或者不动产权属变更的当天。　　　　　　　　　　　　　　　　　　　　　　　　　　　　　（　）

11.增值税混合销售行为的税务处理是分开核算、分别缴税的。　　　（　）

12.餐饮住宿服务，包括餐饮服务和住宿服务。　　　　　　　　　　（　）

13.试点纳税人中的一般纳税人提供管道运输服务，对其增值税实际税负超过 3%的部分实行增值税即征即退政策。　　　　　　　　　　　　　　　　　　　　　（　）

14.原增值税一般纳税人兼有销售服务、无形资产或者不动产的，截至纳入营改增试点之日前的增值税期末留抵税额，可以从销售服务、无形资产或者不动产的销项税额中抵扣。　　　　　　　　　　　　　　　　　　　　　　　　　　　　　　（　）

15.境内单位和个人向中华人民共和国境外单位提供电信服务，免征增值税。　　　　　　　　　　　　　　　　　　　　　　　　　　　　　　　　　　（　）

16.境内的单位和个人销售适用增值税零税率的服务或无形资产的，可以放弃适用增值税零税率，选择免税或按规定缴纳增值税。放弃适用增值税零税率后，12 个月内不得再申请适用增值税零税率。　　　　　　　　　　　　　　　　　　　　（　）

17.原增值税一般纳税人兼有应税行为（服务、无形资产或不动产）的，且应税行为年销售额超过 500 万元的，不需要重新办理一般纳税人登记手续。　　　　　（　）

18.符合一般纳税人条件的纳税人应当向主管税务机关办理一般纳税人资格登记，应当办理一般纳税人资格登记而未办理的，应按税率计算应纳税额，不得抵扣进项税额。　　　　　　　　　　　　　　　　　　　　　　　　　　　　　　　　（　）

19.外贸企业外购服务或者无形资产出口实行免退税办法，外贸企业直接将服务或自行研发的无形资产出口，也实行免退税办法。　　　　　　　　　　　　　（　）

### 四、案例题

1.某投资者2018年年初投资设立一工业企业，预计年应纳增值税销售额为80万元，会计核算制度也比较健全，符合作为一般纳税人条件，适用的增值税税率为17%。但该企业准予从销项税额中抵扣的进项税额较少，只占销项税额的15%。若投资设立两个小规模纳税人企业，各自作为独立核算单位，则这两个小企业年应税销售额分别为45万元和35万元，适用3%的征收率。请对其进行纳税筹划。

2.甲商业企业为一般纳税人，若甲企业从一般纳税人处采购商品，则不含税购买价为2 000元，且可取得税率为17%的增值税专用发票，该商品的不含税销售价为2 200元；若甲企业从小规模纳税人处采购商品，则不含税购买价为1 800元，且可取得由税务机关代开的税率为3%的增值税专用发票，该商品的不含税销售价仍为2 200元。请对甲商业企业的供应商进行选择。

3.甲公司2017年1月向乙公司出租汽车不配司机，收费10 0000元，相关成本费用50000元，相关可抵扣的进项税额为10 000元。若出租汽车连带配司机需多支出成本费用10 000元，需要收费110 000元，相关可抵扣的进项税额仍为10 000元。请对其进行纳税筹划。

4.甲家电超市销售空调2 000台，不含税销售额为800万元，当月与销售空调相关的可抵扣进项税额为100万元；同时为客户提供上门安装服务，收取安装费35.1万元，当月与安装服务相关的可抵扣进项税额为1万元。请对其进行纳税筹划。

#### ◄►项目实训2-1◄►

##### 一、实训名称

折扣方式选择的纳税筹划

##### 二、实训案例设计

甲商场是增值税一般纳税人，为促销欲采用五种方式：一是商品8折销售，即原先价值为1 000元的商品，现在售价为800元；二是按原价捆绑销售，即顾客只需花800元即可捆绑购买原价800元的商品与另外价值200元的商品，且价值200元的商品其购进价格为140元，均为含税价（若本地税务机关认可捆绑销售赠送的商品不征增值税）；三是按原价捆绑销售，即顾客只需花800元即可捆绑购买原价800元的商品与另外价值200元的商品，且价值200元的商品其购进价格为140元，均为含税价（若本地税务机关认为捆绑销售赠送的商品视同销售征收增值税）；四是赊购货物满1 000元，在10天内付款，给予含税价1 000元的20%的折扣，在30天内付款不给予折扣（假设对方在10天内付款）；五是按原价销售，但购物满1 000元，返还200元的现金。甲商场销售利润率为30%，即若销售额1 000元，则进价700元。另外，甲商场每销售原价1 000元商品，便发生可以在企业所得税前扣除的工资和其他费用60元。（由于城建税和教育费附加对结果影响较小，因此计算时不予考虑）

##### 三、实训任务要求

1.能够区分不同的折扣方式，能够明确各种折扣方式的税法规定。

2.能够设计折扣方式选择的纳税筹划思路。

3.能够正确计算各种折扣方式下的税负及税后利润。

4.能够通过比较分析，选择最优的折扣方式。

►►►►►►项目实训2-2◄◄◄◄◄◄

**一、实训名称**

全面"营改增"后改建、扩建、修缮、装饰不动产的纳税筹划

**二、实训案例设计**

案例分析：甲公司2017年1月1日购进货物和设计服务、建筑服务，用于装饰本公司的办公大楼。此办公大楼的原值为1 000万元。用于装饰本公司办公大楼的购进货物的含税价为200万元（增值税税率均为17%），购进设计服务的含税价为190万元（增值税税率均为6%），购进建筑服务的含税价为170万元（增值税税率均为11%），均取得增值税专用发票。请对其进行纳税筹划。

**三、实训任务要求**

1.能够明确不动产进项税额分期抵扣的相关政策。

2.能够设计不动产进项税额抵扣的纳税筹划思路。

3.能够正确计算各种抵扣方式下的进项税额抵扣金额。

4.能够通过比较分析，选择不动产进项税额抵扣方案。

# 项目三
# 消费税的纳税筹划实务

## 职业能力目标

（1）能通过规避消费税进行纳税筹划。

（2）能通过降低价格的方式进行纳税筹划。

（3）能通过先销售来降低计税依据的方式进行纳税筹划。

（4）能利用折扣销售进行纳税筹划。

（5）能对临界点进行纳税筹划。

（6）能对进口应税消费品进行纳税筹划。

（7）能对包装物进行纳税筹划。

（8）能对白酒生产企业委托加工与自行加工的选择进行纳税筹划。

（9）能对应税消费品的成本核算进行纳税筹划。

（10）能对出口应税消费品进行纳税筹划。

（11）能通过延期纳税进行纳税筹划。

（12）能通过合并变"外购原料"为"自行加工"进行纳税筹划。

### ➤项目引例——通过合并变"外购原料"为"自行加工"的纳税筹划◀

某地区有两家大型酒厂甲和乙，二者都是独立核算的法人企业。甲公司主要经营粮食类白酒，以当地生产的大米和玉米为原料进行酿造，按照消费税法律制度的规定，应该适用20%的比例税率，粮食白酒的定额税率为每500克0.5元。乙公司以甲公司生产的粮食白酒为原料，生产系列药酒，按照税法规定，应该适用10%的税率。甲公司每年要向乙公司提供价值10 000万元、共计2 500万千克的粮食白酒。假定药酒的销售额为20 000万元，销售数量为2 500万千克。此时，假设甲公司有机会合并乙公司，且是否合并乙公司对自身经营基本没有影响。

#### ★任务要求

请对上述业务进行纳税筹划。

#### ▶项目引例解析　见本项目的任务八。

## 任务一　规避消费税的纳税筹划

**任务案例3-1**　2017年甲公司选择生产经营范围时，有以下两种方案可供选择：一是生产高档化妆品；二是生产护肤品。若该公司生产高档化妆品，预计2017年能取得销售收入1 000万元，耗用成本500万元；若该公司生产护肤品，预计2017年能取得销售收入1 000万元，耗用成本600万元。

【任务要求】请对上述业务进行纳税筹划。

【税法依据】消费税共有15个税目，它们分别是：烟、酒、高档化妆品、贵重首饰及珠宝玉石、鞭炮及焰火、高尔夫球及球具、高档手表、游艇、木制一次性筷子、实木地板、成品油、摩托车、小汽车、电池、涂料。

自2016年10月1日起，取消对普通美容、修饰类化妆品征收消费税，将"化妆品"税目名称更名为"高档化妆品"，征收范围包括高档美容、修饰类化妆品、高档护肤类化妆品和成套化妆品，税率调整为15%。

【筹划思路】消费税的征收范围比较窄，应税消费品仅仅限于15个税目。企业在选择经营范围时，可以避开上述15个税目。而选择其他符合国家产业政策、国家给予税收优惠产品的生产经营。

【筹划过程】

方案一：生产销售高档化妆品。

应纳消费税=1 000×15%=150（万元）

税后利润=（1 000-500-150）×（1-25%）=262.5（万元）

方案二：生产销售护肤品。

应纳消费税=0

税后利润=（1 000-600）×（1-25%）=300（万元）

【筹划结论】方案二比方案一少缴纳消费税150万元，多获取税后利润37.5万元（300-262.5），因此，应当选择方案二。

【任务点评】随着社会经济的发展，人民生活质量的提高，以前认为是奢侈品的应税消费品，现在成为人们生活中的必需品（例如护肤护发品、非高档化妆品等），相应地已经不属于消费税征税范围了。同时，又有一些高档和新兴的消费品（如高尔夫球及球具、高档手表等），已经列入消费税的征税范围。未来像高档娱乐消费品等，都有可能要调整成为消费税的征收范围。因此，企业在选择生产经营范围时，要考虑国家未来对消费税的调整趋势。

## 任务二　降低价格的纳税筹划

任务案例3-2　甲啤酒厂位于市区，2017年生产销售某品牌啤酒，每吨出厂价格为3 010元（不含增值税），与此相关的成本费用为2 500元，可抵扣的进项税额为300元。

【任务要求】请对上述业务进行纳税筹划。

【税法依据】每吨啤酒出厂不含增值税价格（含包装物及包装物押金）在3 000元（含3 000元）以上的，单位税额为250元/吨；每吨啤酒出厂价格在3 000元（不含3 000元，不含增值税）以下的，单位税额为220元/吨。娱乐业、饮食业自制啤酒，单位税额为250元/吨。啤酒消费税的税率为从量定额税率，同时根据啤酒的单位价格实行全额累进。

【筹划思路】全额累进税率的一个特点是：在临界点，税收负担变化比较大，会出现税收负担的增加大于计税依据的增加的情况。在这种情况下，巧妙运用临界点的规定适当降低产品价格反而能够增加税后利润。

**【筹划过程】**

方案一：将啤酒的价格仍然定为 3 010 元，则：

每吨啤酒应纳增值税=3 010×17%-300=211.7（元）

每吨啤酒应纳消费税=250 元

应纳城建税和教育费附加=（211.7+250）×（7%+3%）=46.17（元）

每吨啤酒的税后利润=（3 010-2 500-250-46.17）×（1-25%）=160.37（元）

方案二：将啤酒的价格降至 2 990 元，则：

每吨啤酒应纳增值税=2 990×17%-300=208.3（元）

每吨啤酒应纳消费税=220 元

应纳城建税和教育费附加=（208.3+220）×（7%+3%）=42.83（元）

每吨啤酒的税后利润=（2 990-2 500-220-42.83）×（1-25%）=170.38（元）

**【筹划结论】** 方案二比方案一每吨啤酒少缴纳消费税30元（250-220），少缴纳城建税和教育费附加 3.34 元（46.17-42.83），多获取税后利润 10.01 元（170.38-160.37），因此，应当选择方案二。

**【任务点评】** 在全额累进税率的临界点处降价后，不仅少缴了税，多获得了利润，而且降低产品的价格可以增加产品在价格上的竞争力，增加产品销售量，实在是一举两得。

## 任务三　通过先销售来降低计税依据的纳税筹划

**任务案例3-3** 甲公司为一家摩托车生产企业，2017年3月对外销售同型号的摩托车时共有3种价格，以 6 000 元的单价销售 500 辆，以 6 500 元的单价销售 200 辆，以 7 000 元的单价销售 100 辆。当月以 300 辆同型号的摩托车来对乙公司进行投资，双方按当月的加权平均销售价格确定投资金额。此类摩托车的消费税税率为10%。

**【任务要求】** 请对上述业务进行纳税筹划。

**【税法依据】** 纳税人自产的应税消费品用于**换取**生产资料和消费资料、**投资入股**或**抵偿债务**等方面，应当以纳税人同类应税消费品的**最高销售价格**作为计税依据。

**【筹划思路】** 实际上，当纳税人用应税消费品换取生产资料和消费资料、投资入股或抵偿债务时，一般是按照双方的协议价或评估价确定的，而协议价往往是市场的平均价。如果以同类应税消费品的最高销售价格作为计税依据，显然会加重纳税人的负担。可以考虑采取先销售应税消费品给对方，然后再以现金进行易物（入股、抵债）的方式，从而降低消费税税负。

**【筹划过程】**

方案一：甲公司直接以300辆摩托车来对乙企业进行投资。

应纳消费税=7 000×300×10%=21（万元）

方案二：甲公司先按照当月的加权平均价格将这300辆摩托车销售给乙公司后，再以收到的现金来对乙公司进行投资。

应纳消费税=（6 000×500+6 500×200+7 000×100）÷（500+200+100）×300×10%=18.75（万元）

**【筹划结论】**方案二比方案一少缴纳消费税2.25万元（21-18.75），因此，应当选择方案二。

**【任务点评】**通过先销售后投资的方式，可以规避按照同类应税消费品的最高销售价格作为计税依据的规定，多了一道环节，却降低了计税依据，从而降低了消费税税负。

# 任务四　利用折扣销售的纳税筹划

**任务案例3-4**　2017年3月1日至2017年8月31日，甲啤酒公司实施买4吨送1吨的优惠活动，8月份销售啤酒200吨，赠送啤酒50吨，即共销售250吨啤酒，每吨售价为3 500元（不含增值税）。

**【任务要求】**请对上述业务进行纳税筹划。

**【税法依据】**啤酒消费税的税率为从量定额税率，同时根据啤酒的单位价格实行全额累进。每吨啤酒出厂不含增值税价格（含包装物及包装物押金）在3 000元（含3 000元）以上的，单位税额250为元/吨；每吨啤酒出厂价格在3 000元（不含3 000元，不含增值税）以下的，单位税额为220元/吨。娱乐业、饮食业自制啤酒，单位税额为250元/吨。

　　*折扣销售的税收优惠仅适用于价格折扣，而不适用于实物折扣。*如果销售者将自产、委托加工或购买的货物用于实物折扣，则该实物款额不能从销售额中减除，且该实物应按"视同销售货物"中的"无偿赠送他人"计算缴纳增值税。

**【筹划思路】**甲啤酒公司可以将实物折扣改为折扣销售，一方面，通过降低每吨啤酒的单价，从而有可能降低啤酒的消费税税率；另一方面，可以避免增值税视同销售行为，从而降低增值税税负。

**【筹划过程】**

方案一：采用实物折扣的方式。

由于每吨啤酒售价=3 500元>3 000元，因此消费税适用的定额税率为250元/吨。

应纳消费税=（200+50）×250=62 500（元）

增值税销项税额=（200+50）×3 500×17%=148 750（元）

方案二：将实物折扣改为折扣销售，即按八折销售。

每吨啤酒的销售价格=3 500×80%=2 800（元）

由于每吨啤酒售价降为2 800元<3 000元，因此消费税适用的定额税率为220元/吨。

应纳消费税=250×220=55 000（元）

增值税销项税额=250×2 800×17%=119 000（元）

**【筹划结论】**方案二比方案一少缴纳消费税7 500元（62 500-55 000），少缴纳增值税29 750元（148 750-119 000），因此，应当选择方案二。

**【任务点评】**应当注意的是，打折后的价格应当合理，否则有可能被税务机关进行纳税调整。

# 任务五    临界点的纳税筹划

**任务案例3-5** 飞翔汽车生产企业设计生产一辆小轿车，价格为30万元（不含增值税），排气量为1.502升。

【任务要求】请对上述业务进行纳税筹划。

【税法依据】《财政部 国家税务总局关于调整乘用车消费税政策的通知》（财税〔2008〕105号）规定，乘用车消费税税率规定如下：

(1) 汽缸容量（排气量，下同）在1.0升（含1.0升）以下的，消费税税率为1%；

(2) 汽缸容量在1.0升以上至1.5升（含1.5升）的，消费税税率为3%；

(3) 汽缸容量在1.5升以上至2.0升（含2.0升）的，消费税税率为5%；

(4) 汽缸容量在2.0升以上至2.5升（含2.5升）的，消费税税率为9%；

(5) 汽缸容量在2.5升以上至3.0升（含3.0升）的，消费税税率为12%；

(6) 汽缸容量在3.0升以上至4.0升（含4.0升）的，消费税税率为25%；

(7) 汽缸容量在4.0升以上的，消费税税率为40%。

【筹划思路】全额累进税率有一个特点：在临界点税收负担变化比较大，会出现税收负担的增加大于计税依据的增加的情况。在这种情况下，巧妙运用临界点的规定能降低税率，从而减轻税收负担。与此同时，企业要充分考虑事先对业务流程进行设计，即企业在设计乘用车汽缸容量时，务必考虑到税收问题，若等到汽缸容量已经设计好了，乘用车已经生产出来了，再考虑税收问题，有可能为时已晚了。

【筹划过程】

方案一：事先不重视业务流程的设计，将小轿车排气量设计为1.502升。

应纳消费税=30×5%=1.5（万元）

方案二：事先重视业务流程的设计，将小轿车排气量设计为1.5升。

应纳消费税=30×3%=0.9（万元）

【筹划结论】方案二比方案一每辆同类型的小轿车少缴纳消费税0.6万元（1.5-0.9），因此，应当选择方案二。

【任务点评】企业很多情况下都是等到业务流程已经设计好了，并且所有涉税事项也按照业务流程的设计已经发生了，然后再让财务部门考虑并解决税收问题，往往为时已晚。因此，纳税筹划的过程理念对于做好纳税筹划工作至关重要。

# 任务六    进口应税消费品的纳税筹划

**任务案例3-6** 甲公司是一家国外的汽车生产企业，现计划将汽车出口到中国销售给丙公司，每辆售价为120万元，关税税率为25%，消费税税率为12%，不考虑增值税。

【任务要求】请对上述业务进行纳税筹划。

【税法依据】关税从价税应纳税额的计算公式：关税应纳税额=完税价格×关税税率

纳税人进口应税消费品，按照组成计税价格和规定的税率计算应纳税额。从价定率计征应纳税额的计算：

组成计税价格=（关税完税价格＋关税）÷（1−消费税比例税率）

应纳税额=组成计税价格×消费税比例税率

【筹划思路】关税完税价格越小，对企业的节税越有利。企业可以通过在中国境内关联方之间进行转让定价的方式来降低关税完税价格，从而降低税负。

【筹划过程】

方案一：甲公司直接将汽车以120万元的价格出口到中国销售给丙公司。

丙公司进口环节每辆汽车应纳关税=120×25%=30（万元）

丙公司进口环节每辆汽车应纳消费税=（120+30）÷（1−12%）×12%=20.45（万元）

丙公司进口环节每辆汽车应纳税额合计=30+20.45=50.45（万元）

方案二：甲公司先将汽车以每辆100万元的价格销售给甲公司在中国的关联公司乙公司，乙公司再以120万元的价格销售给丙公司。

乙公司进口环节每辆汽车应纳关税=100×25%=25（万元）

乙公司进口环节每辆汽车应纳消费税=（100+25）÷（1−12%）×12%=17.05（万元）

乙公司进口环节每辆汽车应纳税额合计=25+17.05=42.05（万元）

乙公司将该汽车以120万元的价格销售给丙公司，丙公司不需再缴纳关税和消费税。

乙公司和丙公司每辆汽车共缴纳关税=25万元

乙公司和丙公司每辆汽车共缴纳消费税=17.05万元

乙公司和丙公司每辆汽车应纳税额合计=42.05万元

【筹划结论】方案二比方案一每辆汽车进口环节少纳税8.4万元（50.45−42.05），因此，应当选择方案二。

【任务点评】应当注意的是，在采用此方法进行纳税筹划时，完税价格的调整应当在法律允许的范围之内。

## 任务七　包装物的纳税筹划

**任务案例3-7** 为了进一步扩大销售，甲公司采取多样化生产策略，生产粮食白酒与药酒组成礼品套装进行销售。2017年8月份，该厂对外销售700套套装酒，单价100元/套，其中，粮食白酒、药酒各1瓶，均为500克装（若单独销售，粮食白酒30元/瓶，药酒70元/瓶）。假设此包装属于简易包装，包装费忽略不计。（根据现行税法规定，粮食白酒的比例税率为20%，定额税率为0.5元/斤；药酒的比例税率为10%，无定额税率）

【任务要求】请对上述业务进行纳税筹划。

【税法依据】纳税人兼营多种不同税率的应税消费品，应当分别核算不同税率应税消费品的销售金额或销售数量；如果没有分别核算销售金额、销售数量，或者将不同税率的应税消费品组成成套消费品销售的，则应按最高税率征税。

【筹划思路】上述规定要求企业在会计核算的过程中尽量做到账目清楚，即分别核算不同税率的应税消费品，以免产生不必要的损失。在涉及成套消费品销售的问题上，看是否有必要组成套的消费品，避免给企业造成不必要的税收负担。对于有必要组成成套的消费品的情况，可以采用变"先包装后销售"为"先销售后包装"方式，这样往往可以大大降低消费税税负，同时保持增值税税负不变。具体的操作方法可以从两方面着手：第一，将上述产品先分品种和类别销售给零售商，再由零售商包装后对外销售，这样做实际上只是在生产流程上换了一个包装地点，在销售环节将不同品种和类别的产品分别开具发票，在账务处理环节对不同的产品分别核算销售收入。第二，如果当地税务机关对有关操作环节要求比较严格，还可以采取分设机构的操作方法，即另外再设立一个独立核算且专门从事包装业务、然后对外销售的销售公司。

**【筹划过程】**

　　方案一：采取"先包装后销售"的方式。

　　药酒不仅要按20％的高税率从价计税，而且还要按0.5元/斤的定额税率从量计税。

　　应纳消费税税额=（30+70）×700×20％+700×1×2×0.5=14 700（元）

　　方案二：采取"先销售后包装"的方式。

　　药酒不仅按10％的低税率从价计税，而且不必按0.5元/斤的定额税率从量计税。

　　应纳消费税税额=30×700×20％+700×1×0.5+70×700×10％=9 450（元）

**【筹划结论】** 方案二比方案一少缴纳消费税5 250元（14 700-9 450），因此，应当选择方案二。

**【任务点评】** 在现实经营活动中，很多工业企业销售应税消费品时，为图方便而习惯采用"先包装后销售"的方式进行，人为地将低税率产品和非应税产品并入高税率产品一并计税，造成不必要的税负增加。如果改为"先销售后包装"方式，就可以大大降低消费税税负，增加企业经济收益。因此，企业兼营不同税率应税消费品时，在单独核算的基础上，没有必要组成成套消费品销售的，最好单独销售，以尽量降低企业的税负。对于有必要组成成套消费品的，可以采用变通的方式，即先销售后包装，来降低应税消费品的总体税负率，从而降低税负。

## 任务八　白酒生产企业委托加工与自行加工选择的纳税筹划

**任务案例3-8** 2017年7月10日，甲公司接到一笔生产500吨白酒的业务合同，议定单价为20 000元/吨，则销售额共计1 000万元。要求在2017年9月10日前交货。由于交货时间比较紧迫，公司有四种生产方案：

　　一是委托乙公司加工成酒精，然后由本公司生产成白酒销售，即甲公司以价值为250万元的原料委托乙公司加工成酒精，双方协议加工费为150万元，加工成300吨酒精运回甲公司以后，再由本公司加工成500吨本品牌的白酒销售，每吨售价2万元，公司加工的成本以及应该分摊的相关费用合计为70万元。

　　二是委托乙公司加工成高纯度白酒，然后由本公司生产成白酒销售，即甲公司以价值为250万元的原料委托乙公司加工成高纯度白酒，双方协议加工费为180万元，加工成400吨高纯度白酒运回公司以后，再由本公司加工成500吨本品牌的白酒销售，每吨售价2万元，公司加工的成本以及应该分摊的相关费用合计为40万元。

三是由委托加工环节直接加工成最终产品，收回后直接销售（全部委托加工方式），即甲公司将酿酒原料交给乙公司，由乙公司完成所有的制作程序，即甲公司从乙公司收回的产品就是指定的本品牌白酒，协议加工费为220万元。产品运回后仍以原价直接销售。

四是由甲公司自己完成该品牌的白酒的生产制作过程，即由甲公司自己生产该酒，其发生的生产成本恰好等于委托乙公司的加工费，即为220万元。

企业所得税税率为25%。假设受托方均无同类消费品的销售价格。（假设不考虑城建税及教育费附加）

【任务要求】请对上述业务进行纳税筹划。

【税法依据】国家通过征收消费税对一些消费品的生产和消费进行限制，而白酒类产品又是消费税税负比较重的消费品。国家对白酒类消费品税收政策进行了多次调整，目的在于"扶优限劣，扶大限小"，使中国白酒企业逐步走上规模化、集团化发展的道路。

2001年，国家为了加强对白酒产业的管理，对白酒消费税政策进行调整，规定从2001年5月1日起，白酒企业的消费税实行按从价定率和从量定额复合计税的方式征收消费税，对粮食白酒和薯类白酒除分别按25%和15%的从价比例税率征收消费税外，还要按0.5元/斤的从量定额征收消费税。很明显，这对低价白酒的生产极其不利，由于低价白酒往往由小规模白酒生产企业生产，所以此政策调整不利于小规模白酒生产企业的发展。同时停止执行"对外购或委托加工酒及酒精产品连续生产应税消费品销售时已纳消费税进行抵扣"的政策。也就是说，对于外购或委托加工已税的酒及酒精产品连续生产应税消费品销售时，不能扣除外购或委托加工应税消费品已纳的消费税税款。很明显，这对需要先外购或委托加工已税的酒及酒精产品，然后连续生产应税消费品的白酒生产企业十分不利。

2006年，国家对白酒消费税政策又作了比较大的调整，主要是取消了粮食白酒和薯类白酒的差别税率，从2006年4月1日起，粮食白酒和薯类白酒从价计征的比例税率由原来分别的25%和15%，统一为20%，从量定额税率仍为0.5元/斤。整体上来看，与原政策相比，新政策有利于以生产粮食白酒为主的大中型企业，不利于以生产薯类白酒为主的中小型企业。

2009年，国家税务总局制定了《白酒消费税最低计税价格核定管理办法（试行）》，将对计税价格偏低的白酒核定消费税最低计税价格。有关管理办法于2009年8月1日起实施：（1）白酒生产企业销售给销售单位的白酒，生产企业消费税计税价格高于销售单位对外销售价格70%（含70%）以上的，税务机关暂不核定消费税最低计税价格。（2）白酒生产企业销售给销售单位的白酒，生产企业消费税计税价格低于销售单位对外销售价格70%以下的，消费税最低计税价格由税务机关根据生产规模、白酒品牌、利润水平等情况在销售单位对外销售价格50%至70%范围内自行核定。其中生产规模较大、利润水平较高的企业生产的需要核定消费税最低计税价格的白酒，税务机关核价幅度原则上应选择在销售单位对外销售价格60%至70%范围内。

2009年1月1日开始实施的修订后的《中华人民共和国消费税暂行条例》第八条规定：委托加工的应税消费品，按照受托方的同类消费品的销售价格计算纳税；没有同类消费品销售价格的，按照组成计税价格计算纳税。实行从价定率办法计算纳税的组成计税价格计算公式：组成计税价格=（材料成本+加工费）÷（1-比例税率）（如委托加工成烟丝、高档化妆品）；实行复合计税办法计算纳税的组成计税价格计算公式：组成计税价格=（材料成本+加工费+委托加工数量×定额税率）÷（1-比例税率）（如委托加工成卷烟、白酒）。

委托加工的应税消费品直接出售的，不再缴纳消费税。委托方将收回的应税消费品，以不高于受托方的计税价格出售的，为直接出售，不再缴纳消费税；委托方以高于受托方的计税价格出售的，不属于直接出售，需按照规定申报缴纳消费税，在计税时准予扣除受托方已代收代缴的消费税。

自2014年12月1日起，取消酒精消费税。取消酒精消费税后，"酒及酒精"品目相应改为"酒"，并继续按现行消费税政策执行。

【筹划思路】为了避免重复征税，原来的白酒消费税政策规定外购或者委托加工所缴纳的消费税，用于连续生产应税消费品的，可以按规定抵扣。这个规定，类似于增值税的抵扣原理，所以无论生产环节多少，消费税的税收负担不增加。但为了调整白酒产业，税法规定，从2001年5月1日起，一方面，对外购或委托加工已税酒和酒精生产的酒，其外购酒及酒精已纳税款或委托方代收代缴税款不再予以抵扣；另一方面，还要从量征收消费税（酒精除外）。这样从以上两个方面造成消费税负担增加，而且，生产环节越多，税收负担增加的幅度越大。这就启示我们，像白酒这样的应税消费品的生产应当注意尽量避免委托加工成半成品后收回继续加工成白酒的生产方式。但从2014年12月1日起，由于取消了对酒精征收消费税，因此委托加工酒精收回后继续加工白酒的委托加工酒精环节，不需要再缴纳消费税了，这样，企业又可以不需避免委托加工成酒精收回继续加工成白酒的生产方式，但仍需避免委托加工成酒类半成品（如高度白酒）后收回继续加工成白酒（如低度白酒）的生产方式。

【筹划过程】

方案一：委托加工成酒精，然后由本公司生产成白酒销售。

甲公司以价值为250万元的原料委托乙公司加工成酒精，双方协议加工费为150万元，加工成300吨酒精运回甲公司以后，再由本公司加工成500吨本品牌的白酒销售，每吨售价2万元，公司加工的成本以及应该分摊的相关费用合计为70万元。

（1）甲公司在向乙公司支付加工费的同时，由于自2014年12月1日起，酒精不再缴纳消费税，因此在委托加工酒精这一环节不需要再由受托方针对酒精代收代缴消费税。

（2）甲公司销售白酒后：

应纳消费税=1 000×20%+500×1 000×2×0.5÷10 000=250（万元）

（3）税后利润=（1 000-250-150-70-250）×（1-25%）=210（万元）

方案二：委托加工成高纯度白酒，然后由本公司生产成白酒销售。

甲公司以价值为250万元的原料委托乙公司加工成高纯度白酒，双方协议加工费为180万元，加工成400吨高纯度白酒运回公司以后，再由本公司加工成500吨本品牌的白酒销售，每吨售价2万元，公司加工的成本以及应该分摊的相关费用合计为40万元。

（1）甲公司在向乙公司支付加工费的同时，向受托方支付由其代收代缴的消费税：

消费税组成计税价格=（250+180+400×1 000×2×0.5÷10 000）÷（1-20%）=587.5（万元）

应纳消费税=587.5×20%+400×1 000×2×0.5÷10 000=157.5（万元）

（2）甲公司销售白酒后：

应纳消费税=1 000×20%+500×1 000×2×0.5÷10 000=250（万元）

（3）在委托加工高纯度白酒方式下，应支付代收代缴消费税157.5万元，公司缴纳消费税250万元：

税后利润=（1 000−250−180−40−157.5−250）×（1−25%）=91.88（万元）

方案三：由委托加工环节直接加工成最终产品，收回后直接销售（全部委托加工方式）。

甲公司将酿酒原料交给乙公司，由乙公司完成所有的制作程序，即甲公司从乙公司收回的产品就是指定的本品牌白酒，协议加工费为220万元。产品运回后仍以原价直接销售。

（1）当公司收回委托加工产品时，向乙公司支付加工费，同时支付由其代收代缴的消费税。

消费税组成计税价格=（250+220+500×1 000×2×0.5÷10 000）÷（1−20%）=650（万元）

应纳消费税=650×20%+500×1 000×2×0.5÷10 000=180（万元）

（2）委托方将收回的应税消费品，以不高于受托方的计税价格出售的，为直接出售，不再缴纳消费税；委托方以高于受托方的计税价格出售的，不属于直接出售，需按照规定申报缴纳消费税，在计税时准予扣除受托方已代收代缴的消费税。

由于1 000元＞650元，因此属于委托方以高于受托方的计税价格出售的情况，不属于直接出售，需按照规定申报缴纳消费税，在计税时准予扣除受托方已代收代缴的消费税。

应纳消费税=1 000×20%+500×1 000×2×0.5÷10 000−180=70（万元）

（3）在全部委托加工方式下，应支付代收代缴消费税180万元，公司缴纳消费税70万元：

税后利润=（1 000−250−220−180−70）×（1−25%）=210（万元）

方案四：由公司自己完成该品牌的白酒的生产制作过程。

由甲公司自己生产该酒，其发生的生产成本恰好等于委托乙公司的加工费，即为220万元。

（1）应纳消费税=1 000×20%+500×1 000×2×0.5÷10 000=250（万元）

（2）在自产自销方式下，应缴纳消费税为250万元。

税后利润=（1 000−250−220−250）×（1−25%）=210（万元）

以上四种方案的税负及税后利润的比较见表3−1。

表3−1　　　　　甲公司各种白酒生产方式税负及税后利润比较表　　　　单位：万元

| 备选方案 | 支付给受托方代收代缴消费税 | 本企业缴纳消费税 | 消费税合计 | 税后利润 |
|---|---|---|---|---|
| 方案一 | 0 | 250 | 250 | 210 |
| 方案二 | 157.5 | 250 | 407.5 | 91.88 |
| 方案三 | 180 | 70 | 250 | 210 |
| 方案四 | 0 | 250 | 250 | 210 |

【筹划结论】通过表3−1可知，此业务的操作方式以方案一、方案三和方案四最佳，方案二最差。

【任务点评】对于酒类生产企业来说，可以得到以下结论：第一，尽量避免采用委托加工成半成品，待收回后继续加工的方式。第二，若必须采取委托加工成酒类半成品，待收回后继续加工的方式，可以考虑通过合并上游企业的方式来降低消费税税负。

### 项目引例解析

【税法依据】纳税人生产的应税消费品，于纳税人销售时纳税。纳税人自产自用的应税消费品，用于连续生产应税消费品的，不纳税；用于其他方面的，于移送使用时纳税。

从2001年5月1日起，对外购或委托加工已税酒生产的酒，其外购酒已纳税款或委托方代收代缴税款不再予以抵扣。

【筹划思路】企业内部自产的酒类应税消费品，被企业内部其他部门作为原材料领用，用于连续生产另一种酒类应税消费品的，这一环节不用缴纳消费税。这样，在涉及外购某种酒类应税消费品用于连续生产另一种酒类应税消费品的情况，企业可以创造条件通过并购上游企业，使原来企业间的购销环节转变为企业内部的原材料领用环节，从而达到规避重复缴纳消费税的目的。

【筹划过程】

**方案一：甲公司不合并乙公司。**

甲公司应纳消费税=10 000×20%+2 500×2×0.5=4 500（万元）

乙公司应纳消费税=20 000×10%=2 000（万元）

合计应纳消费税=4 500+2 000=6 500（万元）

**方案二：甲公司合并乙公司。**

合并后应纳消费税=20 000×10%=2 000（万元）

【筹划结论】方案二比方案一本期少缴纳消费税4 500万元（6 500-2 000），因此，应当选择方案二。

【引例点评】当然企业的合并（兼并）行为不能单单考虑消费税税负的大小，还应考虑到自身有无兼并的能力，对企业未来发展的影响，被兼并的企业是否存在严重的遗留问题等等很多因素。

## 任务九　应税消费品成本核算中的纳税筹划

**任务案例3-9** 2017年8月，某汽车制造公司销售甲型小汽车30辆，生产的50辆乙型小汽车中25辆作为奖励发放给优秀员工，25辆作为样品送给各经销商。甲型和乙型小汽车均由汽车制造公司的A车间生产，且A车间只生产这两种型号的汽车。每辆甲型小汽车的直接材料成本为8万元，直接人工成本为2.5万元。每辆乙型小汽车的直接材料成本为10万元，直接人工成本为1万元。A车间归集的制造费用共计4万元。针对制造费用现有两种分配方法可供选择：一种是生产工时比例法，生产甲型、乙型小汽车的生产工时分别为50小时、150小时；另一种是生产工人工资比例法，生产甲型、乙型小汽车的生产工人工资分别为10万元、10万元（注：由于甲型汽车生产需要技术高的工人，因此，其工资与工时不成正比），甲型小汽车的销售价格为40万元，乙型小汽车无销售价格也无同类汽车的销售价格。甲、乙两种汽车的消费税税率均为25%，成本利润率均为8%。

【任务要求】请对上述业务进行纳税筹划。

【税法依据】纳税人生产的应税消费品，于纳税人销售时纳税。纳税人自产自用的应税消费品，用于连续生产应税消费品的，不纳税；用于其他方面的，于移送使用时纳税。

用于连续生产应税消费品，是指纳税人将自产自用的应税消费品作为直接材料生产最终应税消费品，自产自用应税消费品构成最终应税消费品的实体。

用于其他方面，是指纳税人将自产自用应税消费品用于生产非应税消费品、在建工程、管理部门、非生产机构、提供劳务、馈赠、赞助、集资、广告、样品、职工福利、奖励等方面。

纳税人自产自用的应税消费品，按照纳税人生产的同类消费品的销售价格计算纳税；没有同类消费品销售价格的，按照组成计税价格计算纳税。实行从价定率办法计算纳税的组成计税价格计算公式：组成计税价格＝（成本＋利润）÷（1－比例税率）；实行复合计税办法计算纳税的组成计税价格计算公式：组成计税价格＝（成本＋利润＋自产自用数量×定额税率）÷（1－比例税率）。

【筹划思路】只生产一种产品的车间，制造费用可以直接计入该产品生产成本。生产多种产品的车间，制造费用应采用既合理又简便的分配方法，分配计入各种产品的生产成本。常见的制造费用分配方法有生产工时比例法、生产工人工资比例法、机器工时比例法和按年度计划分配率分配法等。其中，生产工时比例法和生产工人工资比例法的具体解释如下：

（1）生产工时比例法是按照各种产品所耗用生产工人工时的比例分配制造费用的一种方法。其计算公式如下：

制造费用分配率＝制造费用总额÷车间产品生产工时总额

某种产品应分配的制造费用＝该种产品生产工时×制造费用分配率

（2）生产工人工资比例法是按照各种产品所耗用生产工人工资的比例分配制造费用的一种方法。其计算公式如下：

制造费用分配率＝制造费用总额÷车间产品生产工人工资总额

某种产品应分配的制造费用＝该种产品的生产工人工资×制造费用分配率

纳税人自产自用的应税消费品，没有同类消费品销售价格的，按组成计税价格计税，而组成计税价格＝（成本＋利润）÷（1－比例税率），因此，企业可以通过改变成本费用分摊方法的方式，来降低成本账面金额，从而降低组成计税价格，进而达到节税的目的。

【筹划过程】

方案一：采用生产工时比例法分配制造费用。

制造费用分配率＝4÷（50＋150）＝0.02（万元/小时）

甲型小汽车应分配的制造费用＝50×0.02＝1（万元）

乙型小汽车应分配的制造费用＝150×0.02＝3（万元）

甲型小汽车应纳消费税＝40×30×25%＝300（万元）

乙型小汽车应纳消费税＝（10＋3＋1）×（1＋8%）÷（1－25%）×50×25%＝252（万元）

应纳税额合计＝300＋252＝552（万元）

方案二：采用生产工人工资比例法分配制造费用。

制造费用分配率＝4÷（10＋10）＝0.2

甲型小汽车应分配的制造费用＝10×0.2＝2（万元）

乙型小汽车应分配的制造费用=10×0.2=2（万元）

甲型小汽车应纳消费税=40×30×25%=300（万元）

乙型小汽车应纳消费税=（10+2+1）×（1+8%）÷（1-25%）×50×25%=234（万元）

应纳税额合计=300+234=534（万元）

【筹划结论】方案二比方案一少缴纳消费税18万元（552-534），因此，应当选择方案二。

【任务点评】采用不同的费用分摊方法，会改变企业的税负。但应注意的是：费用分摊方法在企业开始生产经营时确定，一旦确定，一般情况下不得随意变动。

# 任务十   出口应税消费品的纳税筹划

**任务案例3-10** 2017年4月，甲钟表制造公司出口一批高档手表，价款800万元，消费税税率为20%，办理出口免税手续后因故发生退货，所退货物将于2017年9月销售给国内一商场。假设1个月的市场利率为1%。

【任务要求】请对上述业务进行纳税筹划。

【税法依据】出口的应税消费品办理退税后，发生退关，或者国外退货进口时予以免税的，报关出口者必须及时向其机构所在地或者居住地主管税务机关申报补缴已退的消费税税款。纳税人直接出口的应税消费品办理免税后，发生退关或者国外退货，进口时已予以免税的，经机构所在地或者居住地主管税务机关批准，可暂不办理补税，待其**转为国内销售**时，再申报补缴消费税。

【筹划思路】企业可以在发生退货时经机构所在地或者居住地主管税务机关批准，暂不办理补税，待到转为国内销售时，再申报补缴消费税，这样可以延期纳税，充分利用资金的时间价值。

【筹划过程】

方案一：2017年4月退货时申报补缴消费税。

应纳消费税=800×20%=160（万元）

应纳城建税及教育费附加=160×（7%＋3%）=16（万元）

应纳税额合计=160＋16=176（万元）

应纳税额合计现值=176万元

方案二：2017年9月转为国内销售时申报补缴消费税。

应纳消费税=800×20%=160（万元）

应纳城建税及教育费附加=160×（7%＋3%）=16（万元）

应纳税额合计=160＋16=176（万元）

但可以延期5个月纳税。

应纳税额合计现值=176×（P／F，1%，5）=176×0.9515=167.464（万元）

【筹划结论】方案二比方案一应纳税额合计现值少8.536万元（176-167.464），因此，应当选择方案二。

【任务点评】在发生出口货物退关或者退货时，采用适当方法延迟补税的时间，可以在一定时期内占用消费税税款，充分利用资金的时间价值。

# 任务十一　延期纳税的纳税筹划

**任务案例3-11**　甲公司为一家高档化妆品生产企业，现向A客户赊销高档化妆品一批，不含增值税价格为4 000万元，合同中约定的收款日期为2017年7月31日。高档化妆品的消费税税率为15%，甲公司消费税纳税期限为1个月，同期银行存款利率为3%。

**【任务要求】**　请对上述业务进行纳税筹划。

**【税法依据】**　纳税人采取赊销和分期收款结算方式的，其纳税义务发生时间为销售合同规定的收款日期的当天；纳税人采取预收货款结算方式的，其纳税义务发生时间为发出应税消费品的当天；纳税人采取托收承付和委托银行收款方式销售的应税消费品，其纳税义务发生时间为发出应税消费品并办妥托收手续的当天；纳税人采取其他结算方式的，其纳税义务发生时间为收讫销售款或者取得索取销售款的凭据的当天。纳税人以1个月或者1个季度为1个纳税期的，自期满之日起15日内申报纳税。

**【筹划思路】**　纳税人可以充分利用消费税纳税义务发生时间和纳税期限的有关规定，合理延迟纳税义务发生时间，从而可以充分利用资金的时间价值。

**【筹划过程】**

　　方案一：合同中该笔款项的收款时间仍确定为2017年7月31日。

　　则7月份为纳税义务发生时间，甲公司须于8月15日之前缴纳税款。假设8月10日缴纳税款，则8月10日纳税额=4 000×15%=600（万元）。

　　方案二：经与客户协商，将合同中该笔款项的收款时间确定为2017年8月1日。

　　则8月份为纳税义务发生时间，甲公司须于9月15日之前缴纳税款。假设9月10日缴纳税款，则折现到8月10日的纳税额=600÷（1+3%÷12）=598.50（万元）。

**【筹划结论】**　方案二比方案一纳税支出现值少1.5万元（600−598.50），即相当于少交了1.5万元的税款，因此，应当选择方案二。

**【任务点评】**　通过合同中将赊销收款日期延迟一天，从而使纳税义务发生时间延迟一个月，进而充分利用了资金的时间价值，相当于从银行获取一笔1个月的无息贷款。若同时考虑增值税及城市维护建设税和教育费附加，则节税效果更加明显。

## 拓展阅读

### 高档化妆品消费税下调5成　成都商场未见价格下降[①]

　　2016年10月1日起，我国取消对普通美容、修饰类进口化妆品征收消费税，同时将消费税"化妆品"税目名称更名为"高档化妆品"，将进口环节消费税税率由30%下调为15%，征收范围包括：生产（进口）环节销售（完税）价格（不含增值税）在10元/毫升（克）或15元/片（张）及以上的高档美容、修饰类化妆品，高档护肤类化妆品，成套化妆品。

　　但10月18日，记者走访成都几大卖场发现，虽然政策落地已有大半个月，但大部分进口化妆品的售价并未下降。

---

　　① 赵张冬，邹晶.高档化妆品消费税下调5成　成都商场未见价格下降［EB/OL］.［2016-10-20］. http://news.gmw.cn/newspaper/2016/10/20/content_117218265.htm.

### 进口化妆品成都售价几无变化

在成都春熙路商圈，记者走访了几大商场的化妆品销售专区，发现多数品牌依旧维持原价。在王府井百货总府店，记者看到悦木之源的韦博士灵芝焕能精华素50毫升标价680元，依旧和10月1日前一样。雅诗兰黛的专柜导购员表示，听说了进口高档化妆品税率调整的事情，但还未收到公司对产品的调价通知，从国庆到现阶段的销售情况也和去年差不多。

记者联系了多家进口化妆品品牌的公关人员，他们几乎异口同声地称还没有接到有关调价的通知。资生堂旗下的悠莱品牌相关人士表示，暂时没有价格调整；而另一个进口品牌伊丽莎白雅顿方面则称："这次调整主要针对彩妆，所以我们现在还没有什么动作。"

不过，记者了解到，有些化妆品品牌近期因内部原因进行了价格调整。SK-II肌源修护焕采眼霜就有一定幅度的下调，SK-II专柜导购员称："相当于八折，比国外还要便宜。"价格已经降了半个月，但是否因为税率调整，导购表示不太清楚。

### 价格作调整可吸引消费回流

"税率调整带来的利好，可能还要过一段时间才能体现出来。"业内人士陈珊告诉记者，商家备货有一定周期，现在销售的产品可能是一两个月前采购的。税率调整从长远来看，无论对于消费者还是经营商家，都是一件好事。

近年来，因为进口化妆品跟国外价差大，导致很多国人热衷去国外购买或找人代购。银行职员赵丹表示，自己较少在国内专柜直接购买化妆品，想买什么产品往往会选择去专柜试用，记好型号后再找朋友从国外代购，"一种产品至少可以节约一两百元，多则四五百元"。

"很期待税率下调后化妆品能够调价，如果调整后进口化妆品的国内外价差缩小到可以接受的范围，自己还是愿意到本地卖场专柜去买。"赵丹认为，专柜购买化妆品至少眼见为实，质量有保证。

"我们其实也希望售价能够调整，这样我们的销量会有增长。"王府井百货总府店化妆品导购小李有着和消费者一样的期待——国内外化妆品价格差距拉低，有助于引导消费者回流到本地市场。

### 跨境电商的利好

此番税率调整，对部分从事跨境电商的商家来讲，可能也是一个机会。据了解，跨境电商的售价是商品售价加上税费，跨境电商高档化妆品税费由消费税、增值税、关税组成。进口税率下降后，部分高档化妆品到手价预计比之前最高可省35%，而跨境电商的利润或将提高。

本土跨境电商企业四川易欧蓉国际贸易有限公司负责人在接受记者采访时介绍，之前该公司进口的高档化妆品会根据汇率情况调整价格，目前还没有针对本次税率调整有动作，后期会根据情况应变。

据悉，2015年易欧蓉运营的跨境保税商品O2O体验店在成都仁恒置地广场正式开业，所经营的商品全部为原装进口，品类涵盖化妆品、母婴产品。消费者在体验店看好产品后，经网上下单，进口化妆品将直接从厂家发货到家门口。由于省去了中间流通环节，易欧蓉的产品价格比市面便宜15%～45%。

**◆项目练习◆**

**一、单项选择题**

1.根据消费税法律制度的规定，下列消费品中，实行从价定率和从量定额相结合的复合计征办法征收消费税的是（    ）。

A.高档化妆品        B.白酒              C.啤酒                D.柴油

2.下列各项中，符合消费税纳税义务发生时间规定的是（    ）。

A.采取分期收款结算方式的，为销售合同规定的收款日期的当天

B.进口的应税消费品，为取得进口货物的当天

C.采取委托银行收款方式的，为银行收到款项的当天

D.采取预收货款结算方式的，为收到预收款的当天

3.根据消费税法律制度的规定，下列各项中，属于消费税征税范围的是（    ）。

A.汽车轮胎        B.食用酒精        C.铂金首饰        D.体育上用的发令纸

4.某电池厂为增值税一般纳税人，下设一非独立核算的门市部，2017年7月该厂将生产的一批电池交门市部，计价70万元。门市部将其零售，取得含税销售收入93.6万元，则该项业务应缴纳的消费税额为（    ）。

A.2万元            B.2.8万元            C.3.2万元            D.2.808万元

5.甲公司生产一批高档化妆品用于本企业职工福利，没有同类产品价格可供比照，需要组成计税价格缴纳消费税。其组成计税价格是（    ）。

A.（材料成本+加工费）÷（1+消费税税率）

B.（成本+利润）÷（1-消费税税率）

C.（材料成本+加工费）÷（1-消费税税率）

D.（成本+利润）÷（1+消费税税率）

6.甲啤酒厂销售A型啤酒20吨给乙副食品公司，开具增值税专用发票，注明价款60 000元，收取包装物押金2 000元；销售B型啤酒10吨给丙宾馆，开具普通发票，注明价款32 000元，收取包装物押金1 000元，则甲啤酒厂应缴纳的消费税额为（    ）。

A.5 000元            B.6 600元            C.7 200元            D.7 500元

7.甲葡萄酒生产企业，生产葡萄酒适用10%的消费税税率。销售葡萄酒100万元，本月拿200吨葡萄酒换取生产资料，最高价为每吨220元，最低价为每吨180元，中间平均价为每吨200元，则本月应纳增值税和消费税分别为（    ）。

A.增值税17.68万元，消费税10.44万元

B.增值税17.68万元，消费税10.4万元

C.增值税17.748万元，消费税10.44万元

D.增值税17.748万元，消费税10.4万元

8.某小规模纳税人生产企业从某厂家购进某种应税消费品用于连续生产，支付价税合计220 000元，消费税税率为10%，取得（    ）允许抵扣的消费税多。

A.一般纳税人开具的增值税普通发票

B.小规模纳税人开具的增值税普通发票

C.一般纳税人开具的增值税普通发票或者一般纳税人开具的增值税专用发票

D.一般纳税人开具的增值税专用发票

9.根据消费税法律制度的规定,企业发生的下列经营行为中,外购应税消费品已纳消费税税额不准从应纳消费税税额中扣除的是（    ）。

A.以外购已税小汽车生产小汽车

B.以外购已税烟丝生产卷烟

C.以外购已税杆头生产高尔夫球杆

D.以外购已税石脑油生产成品油

10.甲酒厂2017年6月销售白酒6 000千克,售价为5元/500克,随同销售的包装物价格为5 000元;本月销售套装礼盒6 000套,售价为200元/套,每套包括粮食白酒1千克、单价60元,药酒1千克、单价40元。该企业6月份应纳消费税（    ）。（题中的价格均为不含税价格）

A.270 000元          B.265 000元          C.271 000元          D.175 000元

11.下列行为涉及的货物,属于消费税征税范围的是（    ）。

A.卷烟批发商批发销售的雪茄烟

B.商场销售的白酒

C.鞭炮加工厂销售田径比赛用发令纸

D.商场销售的金银首饰

12.甲厂将一批原材料委托乙厂加工成应税消费品。该批原材料不含税价格为20万元,受托方代垫辅料费5万元（含税）,另收取加工费6万元（含税）,假定该消费品消费税税率为5%,甲厂、乙厂为增值税一般纳税人,则该项委托加工业务消费税组成计税价格为（    ）。

A.50.95          B.30.95          C.40.95          D.40.55

## 二、多项选择题

1.根据消费税法律制度的规定,下列各项中,属于消费税征税范围的有（    ）。

A.汽缸容量为200毫升的摩托车

B.组合烟花

C.燃料电池

D.未经涂饰的素板

2.根据消费税法律制度的规定,计算白酒的消费税时,应并入白酒计税销售额的有（    ）。

A.品牌使用费    B.包装费    C.包装物押金    D.包装物租金

3.纳税人销售应税消费品,应当向（    ）主管税务机关申报纳税。

A.机构所在地    B.纳税人核算地    C.消费品生产地    D.居住地

4.给予退税的消费品必须具备的条件包括（    ）。

A.属于消费税征税范围的消费品

B.取得消费税税收（出口货物专用）缴款书、增值税专用发票（税款抵扣联）、出口货物报关单（出口退税联）、出口收汇核销单

C.必须报关离境

D.在财务上作为出口销售处理

5.根据消费税法律制度的规定，下列应税消费品中，实行从价定率与从量定额相结合的复合计税方法的有（　　）。

A.烟丝　　　　　　B.卷烟　　　　　　C.电池　　　　　　D.白酒

6.根据消费税法律制度的规定，纳税人用于（　　）的应税消费品，应当以纳税人同类应税消费品的最高销售价格作为计税依据计算征收消费税。

A.发放福利　　　B.换取消费资料　　　C.投资入股　　　D.抵偿债务

7.根据消费税法律制度的规定，下列项目中，可以不缴纳消费税的有（　　）。

A.委托加工的应税消费品，受托方已代扣代缴消费税，委托方取回后以不高于受托方的计税价格直接销售的

B.自产自用的应税消费品，用于连续生产应税消费品的

C.自产自用的应税消费品，用于连续生产非应税消费品的

D.自产自用的应税消费品，用于广告的

8.根据消费税法律制度的规定，下列各项中，应在生产、进口、委托加工环节缴纳消费税的有（　　）。

A.无水乙醇　　　B.金银镶嵌首饰　　　C.果木酒　　　　　D.木制一次性筷子

9.下列环节既征收消费税又征收增值税的有（　　）。

A.卷烟的批发环节　　　　　　　　　B.白酒的批发环节

C.金银首饰的零售环节　　　　　　　D.高档化妆品的进口环节

### 三、判断题

1.纳税人销售的应税消费品，如因质量等原因由购买者退回时，经机构所在地或居住地主管税务机关审核批准后，可退还已缴纳的消费税税款。（　　）

2.外贸企业从生产企业购入应税消费品时，由生产企业先缴纳消费税，在产品报关出口后，再申请出口退税；退税后若发生退货或退关，应及时补交消费税。（　　）

3.纳税人通过独立核算门市部销售自产应税消费品，应按门市部对外销售额或销售数量征收消费税。（　　）

4.纳税人自产自用的应税消费品，用于非应税消费品、在建工程、管理部门、馈赠、赞助、集资、广告、样品、职工福利、奖励等，应视同销售，缴纳消费税。（　　）

5.企业如果想在包装物上节约消费税，关键是将包装物能作价随同产品出售，而不应采用收取"押金"的方式，因"押金"需并入销售额计算消费税税额，尤其当包装物价值较大时，更加必要。（　　）

6.纳税人将自己生产的应税消费品无偿赠送他人的，按同类产品"当月"（或者最近时期）的"平均销售价格"确定。（　　）

7.体育上用的发令纸、鞭炮药引线，不缴纳消费税。（　　）

8.纳税人通过自设独立核算门市部销售自产应税消费品，应当按照门市部对外销售数额计算征收消费税。（　　）

### 四、案例题

1.甲汽车生产企业2017年3月份以小汽车50辆对外投资，当期该小汽车的销售价格分别为9.5万元、10万元、10.5万元，适用的消费税税率为10%。根据税法的规定，该投资行为应纳消费税=10.5×50×10%=52.5（万元）。请对其进行纳税筹划。

2.甲化妆品厂，将生产的高档化妆品、非高档护肤护发品、小工艺品等组成成套化妆品销售。其每套化妆品由下列产品组成：高档化妆品包括一瓶香水6 000元、一瓶指甲油7 000元、一支口红8 000元；非高档护肤护发品包括两瓶浴液1 000元、一瓶摩丝800元、一块香皂20元；化妆工具及小工艺品500元、塑料包装盒100元。高档化妆品消费税税率为15%，上述价格均不含增值税。请对其进行纳税筹划。

━━━━▶ 项目实训 ◀━━━━

### 一、实训名称
消费税起征点的纳税筹划

### 二、实训案例设计
吉祥公司是一家中高档手表生产企业，2017年生产并销售某一款中高档手表，每只手表的出厂价格为10 100元（不含增值税），与此相关的成本费用为5 000元。

### 三、实训任务要求
1.能够区分起征点与免征额的区别。
2.能够明确手表消费税起征点的税法规定。
3.能够设计消费税起征点的纳税筹划思路。
4.能够正确计算起征点上下不同定价方式下的手表的消费税税负及税后利润。
5.能够通过比较分析，选择最优的定价方案。

## 项目四
# 企业所得税的纳税筹划实务

**职业能力目标**

（1）能对企业所得税纳税人身份的选择进行纳税筹划。

（2）能对子公司与分公司的选择进行纳税筹划。

（3）能利用小型微利企业低税率政策进行纳税筹划。

（4）能通过创造条件成为国家重点扶持的高新技术企业进行纳税筹划。

（5）能利用西部大开发优惠政策对注册地点的选择进行纳税筹划。

（6）能对业务招待费进行纳税筹划。

（7）能对融资结构的合理安排进行纳税筹划。

（8）能对借款方式的选择进行纳税筹划。

（9）能对企业捐赠进行纳税筹划。

（10）能对投资行业的选择进行纳税筹划。

（11）能对直接投资与间接投资的选择进行纳税筹划。

（12）能对技术转让所得进行纳税筹划。

（13）能利用软件生产企业的职工培训费用的税收优惠政策进行纳税筹划。

（14）能对完工产品和在产品的成本分配方法的选择进行纳税筹划。

（15）能对无形资产摊销进行纳税筹划。

（16）能对固定资产折旧年限的选择进行纳税筹划。

（17）能对固定资产维修进行纳税筹划。

（18）能对存货计价方法的选择进行纳税筹划。

（19）能对企业所得税的核定征收进行纳税筹划。

（20）能通过企业分立进行纳税筹划。

（21）能通过企业合并进行纳税筹划。

（22）能对企业清算进行纳税筹划。

（23）能对固定资产折旧方法的选择进行纳税筹划。

➤➤➤**项目引例——固定资产折旧方法选择的纳税筹划**◀◀◀

甲公司购进一台新设备，原值为50万元，预计净残值率为5%，经税务机关核定其折旧年限为5年。由于该设备属于处于强震动、高腐蚀状态的固定资产，税务机关批准可以采用年限平均法、双倍余额递减法或年数总和法计提折旧。预计每年税前会计利润均为100万元，且没有纳税调整项目，假设折现率为10%。

⭐**任务要求**

请对上述业务进行纳税筹划。

▶**项目引例解析**　见本项目的任务十六。

# 任务一　企业所得税纳税人身份选择的纳税筹划

**任务案例4-1**　甲公司现有两种运营方式：一是依照外国（地区）法律成立但实际管理机构在中国境内；二是依照外国（地区）法律成立且实际管理机构不在中国境内，在中国境内也不设立机构、场所。假设两种方式下每年来源于中国境内的应纳税所得额均为2 000万元，且没有来源于中国境外的所得。

【任务要求】请对上述业务进行纳税筹划。

【税法依据】缴纳企业所得税的企业分为居民企业和非居民企业。其中，居民企业是指依法在中国境内成立，或者依照外国（地区）法律成立但实际管理机构在中国境内的企业。非居民企业是指依照外国（地区）法律成立且实际管理机构不在中国境内，但在中国境内设立机构、场所的，或者在中国境内未设立机构、场所，但有来源于中国境内所得的企业。

居民企业应当就其来源于中国境内、境外的所得缴纳企业所得税。非居民企业在中国境内设立机构、场所的，应当就其所设机构、场所取得的来源于中国境内的所得，以及发生在中国境外但与其所设机构、场所有实际联系的所得，缴纳企业所得税。非居民企业在中国境内未设立机构、场所的，或者虽设立机构、场所但取得的所得与其所设机构、场所没有实际联系的，应当就其来源于中国境内的所得缴纳企业所得税，即预提所得税。

企业所得税的基本税率为25%，适用于居民企业和在中国境内设有机构、场所，且所得与机构、场所有关联的非居民企业；低税率为20%，适用于在中国境内未设立机构、场所，或者虽设立机构、场所但取得的所得与其所设机构、场所没有实际联系的非居民企业（但实际征税时适用10%的税率）。

【筹划思路】居民企业或非居民企业在不同的情况下适用的企业所得税税率是不同的，企业可以通过选择不同的企业运营方式来适用低税率，从而降低企业所得税税负。

【筹划过程】

方案一：依照外国（地区）法律成立但实际管理机构在中国境内，即成为居民纳税义务人的一种。

应纳企业所得税=2 000×25%=500（万元）

方案二：依照外国（地区）法律成立且实际管理机构不在中国境内，在中国境内也不设立机构、场所，即成为非居民纳税义务人的一种。

应纳企业所得税=2 000×10%=200（万元）

【筹划结论】方案二比方案一少缴纳企业所得税300万元（500-200），因此，应当选择方案二。

【任务点评】依照外国（地区）法律成立且实际管理机构不在中国境内，在中国境内也不设立机构、场所，虽然会降低企业所得税税率，但必然会降低来源于中国境内的所得，企业应当权衡利弊，综合考虑，最终选择合适的运营方式。

## 任务二　子公司与分公司选择的纳税筹划

**任务案例4-2**　A公司为我国一家居民纳税义务人企业，经营状况良好，准备扩大规模，在中国境内增设一分支机构B公司。A公司和B公司均适用25%的企业所得税税率，公司利润均不分配。A公司可选择将分支机构设为子公司，也可设为分公司。现有四种情形。情形一：A公司5年内每年均盈利，每年应纳税所得额为400万元；B公司经营初期亏损，5年内的应纳税所得额分别为-100万元，-50万元，20万元，100万元，160万元。情形二：A公司5年内每年均盈利，每年应纳税所得额为400万元，B公司5年内也都是盈利，应纳税所得额分别为30万元，60万元，80万元，150万元，160万元。情形三：A公司在分支机构设立后前两年亏损，5年内的应纳税所得额分别为：-100万元，-50万元，200万元，320万元，400万元；B公司在5年内均盈利，应纳税所得额分别为30万元，60万元，80万元，150万元，160万元。情形四：A公司在分支机构设立后前两年亏损，5年内的应纳税所得额分别为：-100万元，-50万元，200万元，320万元，400万元；B公司经营初期亏损，5年内的应纳税所得额分别为-100万元，-50万元，20万元，100万元，160万元。

【**任务要求**】请对上述业务进行纳税筹划。

【**税法依据**】以具有法人资格的企业或组织为纳税人。分公司（不具有法人资格）与总公司汇总缴纳企业所得税，子公司（具有法人资格）单独缴纳企业所得税。

企业某一纳税年度发生的亏损可以用下一年度的所得弥补，下一年度的所得不足以弥补的，可以逐年延续弥补，但**最长不得超过5年**。

【**筹划思路**】企业在选择分支机构的形式时，应当比较企业集团应纳企业所得税税额的大小，并综合分析企业纳税义务发生时间，以便从中做出最优选择。

【**筹划过程**】

情形一：A公司5年内每年均盈利，每年应纳税所得额为400万元；B公司经营初期亏损，5年内的应纳税所得额分别为-100万元，-50万元，20万元，100万元，160万元（见表4-1）。

表4-1　　　　　　　　　　　　　经营情况表一　　　　　　　　　　　单位：万元

| 年份 | | 1 | 2 | 3 | 4 | 5 | 合计 |
|---|---|---|---|---|---|---|---|
| A公司应纳税所得额 | | 400 | 400 | 400 | 400 | 400 | 2 000 |
| B公司应纳税所得额 | | -100 | -50 | 20 | 100 | 160 | 130 |
| 方案一：B公司为分公司 | 企业集团应纳税所得额 | 300 | 350 | 420 | 500 | 560 | 2 130 |
| | 企业集团应纳企业所得税 | 75 | 87.5 | 105 | 125 | 140 | 532.5 |

| 年份 | | 1 | 2 | 3 | 4 | 5 | 合计 |
|---|---|---|---|---|---|---|---|
| 方案二：B公司为子公司 | A公司应纳企业所得税 | 100 | 100 | 100 | 100 | 100 | 500 |
| | B公司应纳企业所得税 | 0 | 0 | 0 | 0 | 32.5 | 32.5 |
| | 企业集团应纳企业所得税 | 100 | 100 | 100 | 100 | 132.5 | 532.5 |

情形二：A公司5年内每年均盈利，每年应纳税所得额为400万元，B公司5年内也都是盈利，应纳税所得额分别为30万元，60万元，80万元，150万元，160万元（见表4-2）。

表4-2　　　　　　　　　　　　　　经营情况表二　　　　　　　　　　　　单位：万元

| 年份 | | 1 | 2 | 3 | 4 | 5 | 合计 |
|---|---|---|---|---|---|---|---|
| A公司应纳税所得额 | | 400 | 400 | 400 | 400 | 400 | 2 000 |
| B公司应纳税所得额 | | 30 | 60 | 80 | 150 | 160 | 480 |
| 方案一：B公司为分公司 | 企业集团应纳税所得额 | 430 | 460 | 480 | 550 | 560 | 2 480 |
| | 企业集团应纳企业所得税 | 107.5 | 115 | 120 | 137.5 | 140 | 620 |
| 方案二：B公司为子公司 | A公司应纳企业所得税 | 100 | 100 | 100 | 100 | 100 | 500 |
| | B公司应纳企业所得税 | 7.5 | 15 | 20 | 37.5 | 40 | 120 |
| | 企业集团应纳企业所得税 | 107.5 | 115 | 120 | 137.5 | 140 | 620 |

情形三：A公司在分支机构设立后前两年亏损，5年内的应纳税所得额分别为：-100万元，-50万元，200万元，320万元，400万元；B公司在5年内都是盈利，应纳税所得额分别为30万元，60万元，80万元，150万元，160万元（见表4-3）。

表 4-3　　　　　　　　　　　　　　经营情况表三　　　　　　　　　　　　单位：万元

| 年份 | | 1 | 2 | 3 | 4 | 5 | 合计 |
|---|---|---|---|---|---|---|---|
| A公司应纳税所得额 | | −100 | −50 | 200 | 320 | 400 | 770 |
| B公司应纳税所得额 | | 30 | 60 | 80 | 150 | 160 | 480 |
| 方案一：B公司为分公司 | 企业集团应纳税所得额 | −70 | −60 | 220 | 470 | 560 | 1 250 |
| | 企业集团应纳企业所得税 | 0 | 0 | 55 | 117.5 | 140 | 312.5 |
| 方案二：B公司为子公司 | A公司应纳企业所得税 | 0 | 0 | 12.5 | 80 | 100 | 192.5 |
| | B公司应纳企业所得税 | 7.5 | 15 | 20 | 37.5 | 40 | 120 |
| | 企业集团应纳企业所得税 | 7.5 | 15 | 32.5 | 117.5 | 140 | 312.5 |

　　情形四：A公司在分支机构设立后前两年亏损，5年内的应纳税所得额分别为−100万元，−50万元，200万元，320万元，400万元；B公司经营初期亏损，5年内的应纳税所得额分别为−100万元，−50万元，20万元，100万元，160万元（见表4-4）。

表 4-4　　　　　　　　　　　　　　经营情况表四　　　　　　　　　　　　单位：万元

| 年份 | | 1 | 2 | 3 | 4 | 5 | 合计 |
|---|---|---|---|---|---|---|---|
| A公司应纳税所得额 | | −100 | −50 | 200 | 320 | 400 | 770 |
| B公司应纳税所得额 | | −100 | −50 | 20 | 100 | 160 | 130 |
| 方案一：B公司为分公司 | 企业集团应纳税所得额 | −200 | −300 | −80 | 340 | 560 | 900 |
| | 企业集团应纳企业所得税 | 0 | 0 | 0 | 85 | 140 | 225 |
| 方案二：B公司为子公司 | A公司应纳企业所得税 | 0 | 0 | 12.5 | 80 | 100 | 192.5 |
| | B公司应纳企业所得税 | 0 | 0 | 0 | 0 | 32.5 | 32.5 |
| | 企业集团应纳企业所得税 | 0 | 0 | 12.5 | 80 | 132.5 | 225 |

【筹划结论】对于情形一，当总机构盈利，而分支机构设立初期亏损时，由表4-1可以看出，虽然两种方式下企业集团的企业所得税税负是相同的，但采用分公司形式在第1年、

第2年纳税较少，可以延迟纳税义务的发生时间，使得企业集团获取延期纳税的好处，充分利用了资金的时间价值，因此，分支机构适合采用分公司形式。

对于情形二，当总机构和分支机构均盈利时，由表4-2可以看出，两种方式对企业集团的企业所得税税负没有影响。企业可以充分考虑设立分支机构时税负以外的其他因素，以便做出选择。

对于情形三，当分支机构设立初期，分支机构盈利但总机构亏损时，由表4-3可以看出两种方式下企业集团5年的企业所得税税负是相同的，但采用分公司形式时，A公司与B公司可以盈亏相抵，使企业集团在前两年的企业所得税税负为零，同样起到了延期纳税的作用，充分利用了资金的时间价值，因此，分支机构适合采用分公司形式。

对于情形四，在分支机构设立初期，总机构与分支机构均亏损时，由表4-4可以看出，采用分公司形式时，企业集团在前3年的企业所得税税负为零，同样起到了延期纳税的作用，因此，分支机构适合采用分公司形式。

【任务点评】在分支机构设立之初，总机构与分支机构有一方亏损或双方均亏损时，可以选择设立分公司的方式，以便充分利用亏损结转优惠政策，使企业集团延期纳税，缓解企业资金紧张状况，充分利用资金的时间价值。但子公司与分公司各有利弊，企业在选择分支机构的形式时，也要综合考虑除税收因素以外的其他因素，以便做出对企业最有利的决策。

## 任务三　利用小型微利企业低税率的纳税筹划

**任务案例4-3** 甲工业企业资产总额2 800万元，有职工90人。该企业在2017年12月前预测2017年度实现应纳税所得额为50.1万元。

【任务要求】请对上述业务进行纳税筹划。

【税法依据】对符合条件的小型微利企业，减按20%的税率征收企业所得税。自2017年1月1日至2019年12月31日，将小型微利企业的年应纳税所得额上限由30万元提高至50万元，对年应纳税所得额低于50万元（含50万元）的小型微利企业，其所得减按50%计入应纳税所得额，按20%的税率缴纳企业所得税。

上述小型微利企业，是指从事国家非限制和禁止行业，并符合下列条件的企业：

（一）工业企业，年度应纳税所得额不超过50万元，从业人数不超过100人，资产总额不超过3 000万元；

（二）其他企业，年度应纳税所得额不超过50万元，从业人数不超过80人，资产总额不超过1 000万元。

【筹划思路】企业所得税税率的差异，为纳税人提供了充分的筹划空间，在纳税人可以预测到应纳税所得额刚好超过临界点50万元时，可以事先增加一些合理的费用支出，从而使得应纳税所得额不超过50万元，从而减轻纳税人的税收负担。

【筹划过程】

方案一：不做任何调整。

2017年应纳企业所得税=50.1×25%=12.525（万元）

**方案二：**在2017年12月31日前安排支付一笔0.2万元的费用支出。

2017年应纳税所得额=50.1-0.2=49.9（万元）

2017年应纳企业所得税=49.9×50%×20%=4.99　（万元）

**【筹划结论】** 方案二比方案一少缴纳企业所得税7.535万元（12.525-4.99），因此，应当选择方案二。

**【任务点评】** 现实中，应纳税所得额正好在50万元左右的情况毕竟是少数，但本案例提供的纳税筹划思路值得借鉴。

## 任务四　创造条件成为国家重点扶持的高新技术企业的纳税筹划

**任务案例4-4** 某企业成立于2011年，国家需要重点扶持的高新技术企业有6个认定条件，2017年该企业具备其中的5个，只是第3个条件未完全满足，即具有大学专科以上学历的科技人员有40人，占企业当年职工总数（100人）的30%以上，但其中研发人员9人，占企业当年职工总数不足10%。本企业2017年度预计应纳税所得额为600万元。

**【任务要求】** 请对上述业务进行纳税筹划。

**【税法依据】** 国家需要重点扶持的高新技术企业的认定须同时满足以下条件：

（一）在中国境内（不含港、澳、台地区）注册的企业，近三年内通过自主研发、受让、受赠、并购等方式，或通过5年以上的独占许可方式，对其主要产品（服务）的核心技术拥有自主知识产权。

（二）产品（服务）属于《国家重点支持的高新技术领域》规定的范围（包括电子信息技术、生物与新医药技术、航空航天技术、新材料技术、高技术服务业、新能源及节能技术、资源与环境技术、高新技术改造传统产业8大领域）。

（三）具有大学专科以上学历的科技人员占企业当年职工总数的30%以上，其中，研发人员占企业当年职工总数的10%以上。

（四）企业为获得科学技术（不包括人文、社会科学）新知识，创造性运用科学技术新知识，或实质性改进技术、产品（服务）而持续进行了研究开发活动，且近三个会计年度的研究开发费用总额占销售收入总额的比例符合如下要求：（1）最近一年销售收入小于5 000万元的企业，比例不低于6%；（2）最近一年销售收入在5 000万元至20 000万元的企业，比例不低于4%；（3）最近一年销售收入在20 000万元以上的企业，比例不低于3%。 其中，企业在中国境内发生的研究开发费用总额占全部研究开发费用总额的比例不低于60%。企业注册成立时间不足三年的，按实际经营年限计算。

（五）高新技术产品（服务）收入占企业当年总收入的60%以上。

（六）企业研究开发组织管理水平、科技成果转化能力、自主知识产权数量、销售与总资产成长性等指标符合《高新技术企业认定管理工作指引》（另行制定）的要求。

**【筹划思路】** 国家需要重点扶持的高新技术企业需同时满足以上6个条件。当企业满足其中某几个条件时，可以通过努力使自身满足全部条件，以便成为国家需要重点扶持的高新技术企业，从而获取税收上的优惠。

**【筹划过程】**

方案一：保持企业原状，不能成为国家需要重点扶持的高新技术企业。

应纳企业所得税=600×25%=150（万元）

方案二：创造条件成为国家需要重点扶持的高新技术企业。

通过分析发现，该企业仅仅不满足研发人员比例条件。这样企业可以再通过外部招聘或者内部培养来增加2名研发人员，从而符合研发人员占企业当年职工总数的10%以上的条件。由此可申请成为国家需要重点扶持的高新技术企业。

应纳企业所得税=600×15%=90（万元）

**【筹划结论】** 方案二比方案一少缴纳企业所得税60万元（150-90），因此，应当选择方案二。

**【任务点评】** 创造条件满足税收优惠政策的要求，是企业纳税筹划的一个重要方法，不仅没有纳税风险，而且通过享受税收优惠政策，会给企业带来节税收益。

## 任务五　利用西部大开发优惠政策进行注册地点选择的纳税筹划

**任务案例4-5** 甲公司2017年年初欲投资设立一属于固沙、保水、改土新材料生产企业乙公司。现有两种方案可供选择：一是在河北省设立；二是在陕西省（属于西部范围）设立。假设乙公司若设立在河北省，前五年预计每年盈利都为5 000万元，以后各年预计每年盈利都为6 000万元；假设该乙公司设立在陕西省，前五年预计每年盈利都为4 500万元，以后各年预计每年盈利都为6 000万元。假设没有企业所得税纳税调整项目。

**【任务要求】** 请对上述业务进行纳税筹划。

**【税法依据】** 对设在西部地区的国家鼓励类产业的企业，在2011年1月1日至2020年12月31日期间，减按15%的税率征收企业所得税。

**【筹划思路】** 投资者可以考虑在西部地区设立国家鼓励类产业的企业，以充分享受西部大开发的企业所得税低税率优惠政策。

**【筹划过程】**

方案一：在河北省设立。

乙公司前5年应纳企业所得税合计=5 000×25%×5=6 250（万元）

前5年税后利润合计=5 000×5-6 250=18 750（万元）

方案二：在陕西省设立。

乙公司前5年应纳企业所得税合计=4 500×15%×5=3 375（万元）

前5年税后利润合计=4 500×5-3 375=19 125（万元）

**【筹划结论】** 方案二比方案一前五年少缴纳企业所得税2 875万元（6 250-3 375），多获取税后利润375万元（19 125-18 750），因此，应当选择方案二。

**【任务点评】** 在西部注册属于国家鼓励类产业的企业，虽然可享受西部大开发的税收优惠政策，但有些时候未必会获得较好的经营业绩。若决策不当，往往得不偿失。

# 任务六　业务招待费的纳税筹划

**任务案例4-6** 甲公司预计2017年取得销售收入10 000万元。2017年业务招待费预计介于50万元至300万元之间。

【任务要求】请对业务招待费的支出额进行纳税筹划。

【税法依据】企业发生的与生产经营活动有关的业务招待费支出，按照**发生额的60%**扣除，但最高**不得超过当年销售（营业）收入的5‰**。

【筹划思路】假设企业年销售（营业）收入为 X，年业务招待费为 Y，当 Y×60%=X×5‰ 时，Y=X×0.833%。具体来说有三种情况：一是若业务招待费正好是销售（营业）收入的0.833%时，企业才能充分利用上述政策；二是若业务招待费大于销售（营业）收入的0.833%时，企业要承受更高的税负；三是若业务招待费小于销售（营业）收入的0.833%时，与第二种情况相比企业不会增加更多的税负，与第一种情况相比企业未能充分利用上述政策，但企业若业务招待费支出本来很低，则这种情况为最佳。

【筹划过程】

根据上述公式，Y=X×0.833%=10 000×0.833%=83.3（万元），也就是说，业务招待费支出最佳状态是正好83.3万元，其次是低于83.3万元，若高于83.3万元则超过83.3万元的部分要承受更高的税负。具体验证见表4-5。

表4-5　　　　　　　　　　五种方案下各种项目的比较　　　　　　　　　金额单位：万元

| 方案<br>项目 | 方案一 | 方案二 | 方案三 | 方案四 | 方案五 |
|---|---|---|---|---|---|
| 业务招待费 | 50 | 83.3 | 100 | 200 | 300 |
| 业务招待费的60% | 50×60%=30 | 83.3×60%=50 | 100×60%=60 | 200×60%=120 | 300×60%=180 |
| 销售收入的5‰ | 50 | 50 | 50 | 50 | 50 |
| 孰低 | 30 | 50 | 50 | 50 | 50 |
| 纳税调整增加额 | 50-30=20 | 83.3-50=33.3 | 100-50=50 | 200-50=150 | 300-50=250 |
| 企业所得税增加额 | 20×25%=5 | 33.3×25%=8.33 | 50×25%=12.5 | 150×25%=37.5 | 250×25%=62.5 |
| 企业所得税增加额/业务招待费 | 10% | 10% | 12.5% | 18.75% | 20.83% |

　　**方案一：**如果企业实际发生业务招待费50万元＜83.3万元，即小于销售（营业）收入的0.833%。

　　一方面，业务招待费的60%（即50×60%=30万元）可以扣除，另一方面，扣除限额为销售（营业）收入的5‰=10 000×5‰=50（万元），根据孰低原则，只能按照30万元税前扣除，纳税调整增加额=50-30=20（万元），计算缴纳企业所得税=20×25%=5（万元），即实际消费50万元则要付出的代价=50+5=55（万元），实际消费换算成100元则要付出110元的代价。

　　**方案二：**如果企业实际发生业务招待费83.3万元，即等于销售（营业）收入的0.833%。

　　一方面，业务招待费的60%（即83.3×60%=50万元）可以扣除，另一方面，扣除限额为销售（营业）收入的5‰=10 000×5‰=50（万元），正好等于业务招待费的60%，则纳税调整增加额=83.3-50=33.3（万元），计算缴纳企业所得税=33.3×25%=8.33（万元），即实际消费83.3万元则要付出的代价=83.3+8.33=91.63（万元），实际消费换算成100元则要付出110元的代价。

　　**方案三：**如果企业实际发生业务招待费100万元＞83.3万元，即大于销售（营业）收入的0.833%。

　　一方面，业务招待费的60%（即100×60%=60万元）可以扣除，另一方面，扣除限额为销售（营业）收入的5‰=10 000×5‰=50（万元），根据孰低原则，只能按照50万元税前扣除，纳税调整增加额=100-50=50（万元），计算缴纳企业所得税=50×25%=12.5（万元），即实际消费100万元则要付出的代价=100+12.5=112.5（万元）。

　　**方案四：**如果企业实际发生业务招待费200万元＞83.3万元，即大于销售（营业）收入的0.833%。

　　一方面，业务招待费的60%（即200×60%=120万元）可以扣除，另一方面，扣除限额为销售（营业）收入的5‰=10 000×5‰=50（万元），根据孰低原则，只能按照50万元税前扣除，纳税调整增加额=200-50=150（万元），计算缴纳企业所得税=150×25%=37.5（万元），即实际消费200万元则要付出的代价=200+37.5=237.5（万元），实际消费换算成100元则要付出118.75元的代价。

　　**方案五：**如果企业实际发生业务招待费300万元＞83.3万元，即大于销售（营业）收入的0.833%。

　　一方面，业务招待费的60%（即300×60%=180万元）可以扣除，另一方面，扣除限额为销售（营业）收入的5‰=10 000×5‰=50（万元），根据孰低原则，只能按照50万元税前扣除，纳税调整增加额=300-50=250（万元），计算缴纳企业所得税=250×25%=62.5（万元），即实际消费300万元则要付出的代价=300+62.5=362.5（万元），实际消费换算成100元则要付出120.83元的代价。

　　**【筹划结论】** 当销售（营业）收入为10 000万元时，业务招待费支出最佳状态是正好83.3万元，其次是低于83.3万元，若高于83.3万元则超过83.3万元的部分要承受更高的税负，因此，应当选择方案二。

　　**【任务点评】** 然而，有些时候，企业为了提高经营业绩，不得不使得业务招待费支出占销售收入的比例高于0.833%。企业应当在增加的业绩和降低的税负之间进行权衡，以做出合理的决策。

# 任务七　融资结构的纳税筹划

**任务案例4-7**　甲公司准备筹资100万元用于一项新产品的生产，预计年息税前利润为30万元。现有三个方案可供选择：方案一，债务资本与权益资本的比例为0∶100；方案二，债务资本与权益资本的比例为30∶70；方案三，债务资本与权益资本的比例为50∶50。三个方案的负债利率都是6%（金融企业同期贷款利率为6.65%），企业所得税税率均为25%。假设上述债务筹资方式下，甲公司在支付利息时均未取得增值税专用发票。

**【任务要求】**　请对上述业务进行纳税筹划。

**【税法依据】**　非金融企业向非金融企业借款的利息支出，不超过按照金融企业同期同类贷款利率计算的数额的部分，准予税前扣除。向投资者支付的股息、红利等权益性投资收益款项不得在计算应纳税所得额时扣除。

**【筹划思路】**　企业融资总的来说分为负债融资和所有者权益融资。负债融资的财务杠杆效应主要体现在抵减企业所得税和提高权益资本收益率这两个方面。在息税前收益率不低于负债成本率的前提下，负债比率越高，额度越大，其节税效果越明显。企业可适当增加负债额度，提高负债比重，以带来节税和提高权益资本收益率的双重效果。

**【筹划过程】**

三种方案的比较见表4-6。

表4-6　　　　　　　　　　三种方案的比较

| 项目＼方案 | 方案一 | 方案二 | 方案三 |
|---|---|---|---|
| 资本结构（债务资本∶权益资本） | 0∶100 | 30∶70 | 50∶50 |
| 息税前利润（万元） | 30 | 30 | 30 |
| 负债利率 | 6% | 6% | 6% |
| 负债利息（万元） | 0 | 30×6%=1.8 | 50×6%=3 |
| 税前利润（万元） | 30-0=30 | 30-1.8=28.2 | 30-3=27 |
| 应纳企业所得税（税率为25%） | 30×25%=7.5 | 28.2×25%=7.05 | 27×25%=6.75 |
| 税后利润（万元） | 30-7.5=22.5 | 28.2-7.05=21.15 | 27-6.75=20.25 |
| 税前权益资本收益率 | 30÷100×100%=30% | 28.2÷70×100%=40.3% | 27÷50×100%=54% |
| 税后权益资本收益率 | 22.5÷100×100%=22.5% | 21.15÷70×100%=30.2% | 20.25÷50×100%=40.5% |

【筹划结论】方案三无论从节税方面还是权益资本收益率方面都是最优的，因此，应当选择方案三。

【任务点评】负债融资隐含着财务风险，并非多多益善。企业应当合理确定负债的规模，将其控制在一定的范围之内，使负债融资带来的利益大于由于负债融资的比重增大所带来的财务风险和融资风险成本。

## 任务八  借款方式的纳税筹划

**任务案例4-8**  甲公司为一家非金融企业，其接受的权益性投资总额为 4 000 万元。2017 年年初有一项目急需借款 10 000 万元进行开发。现有几种借款方式可供选择：一是向银行借款，利率为 6%；二是向非关联企业拆借，利率为 8%；三是向职工集资，利率为 10%；四是向关联企业借款，利率为 6%。在不考虑借款利息的情况下，该公司该年度应纳税所得额预计为 1 200 万元。假设上述借款方式下，甲公司在支付利息时均未取得增值税专用发票。

【任务要求】请对上述业务进行纳税筹划。

【税法依据】《中华人民共和国企业所得税法实施条例》第三十八条规定：企业在生产经营活动中发生的下列利息支出，准予扣除：

（一）非金融企业向金融企业借款的利息支出、金融企业的各项存款利息支出和同业拆借利息支出、企业经批准发行债券的利息支出；

（二）非金融企业向非金融企业借款的利息支出，不超过按照金融企业同期同类贷款利率计算的数额的部分。

《中华人民共和国企业所得税法》第四十六条规定：企业从其关联方接受的债权性投资与权益性投资的比例超过规定标准而发生的利息支出，不得在计算应纳税所得额时扣除。

《财政部 国家税务总局关于企业关联方利息支出税前扣除标准有关税收政策问题的通知》（财税〔2008〕121号）规定如下：为规范企业利息支出税前扣除，加强企业所得税管理，根据《中华人民共和国企业所得税法》（以下简称"税法"）第四十六条和《中华人民共和国企业所得税法实施条例》（国务院令第512号，以下简称"实施条例"）第一百一十九条的规定，现将企业接受关联方债权性投资利息支出税前扣除的政策问题通知如下：

一、在计算应纳税所得额时，企业实际支付给关联方的利息支出，不超过以下规定比例和税法及其实施条例有关规定计算的部分，准予扣除；超过的部分不得在发生当期和以后年度扣除。

企业实际支付给关联方的利息支出，除符合本通知第二条规定外，其接受关联方债权性投资与其权益性投资比例为：

（一）金融企业，为5:1。

（二）其他企业，为2:1。

二、企业如果能够按照税法及其实施条例的有关规定提供相关资料，并证明相关交易活动符合独立交易原则的；或者该企业的实际税负不高于境内关联方的，其实际支付给境内关联方的利息支出，在计算应纳税所得额时准予扣除。

三、企业同时从事金融业务和非金融业务，其实际支付给关联方的利息支出，应按照合理方法分开计算；没有按照合理方法分开计算的，一律按本通知第一条有关其他企业的比例计算准予税前扣除的利息支出。

四、企业自关联方取得的不符合规定的利息收入应按照有关规定缴纳企业所得税。

《国家税务总局关于企业向自然人借款的利息支出企业所得税税前扣除问题的通知》（国税函〔2009〕777号）规定如下：

一、企业向股东或其他与企业有关联关系的自然人借款的利息支出，应根据《中华人民共和国企业所得税法》第四十六条及《财政部　国家税务总局关于企业关联方利息支出税前扣除标准有关税收政策问题的通知》（财税〔2008〕121号）规定的条件，计算企业所得税扣除额。

二、企业向除第一条规定以外的内部职工或其他人员借款的利息支出，其借款情况同时符合以下条件的，其利息支出在不超过按照金融企业同期同类贷款利率计算的数额的部分，根据税法第八条和税法实施条例第二十七条的规定，准予扣除。

（一）企业与个人之间的借贷是真实、合法、有效的，并且不具有非法集资目的或其他违反法律、法规的行为。

（二）企业与个人之间签订了借款合同。

【筹划思路】企业应当比较各种借款方式的税负大小及税后利润大小，最终选择合适的方案。

【筹划过程】

方案一：向银行借款。

允许税前扣除的利息=10 000×6%=600（万元）

当年应纳企业所得税=（1 200-600）×25%=150（万元）

当年税后净利润=（1 200-600）-150=450（万元）

方案二：向非关联企业拆借。

实际应付利息=10 000×8%=800（万元）

允许税前扣除的利息=10 000×6%=600（万元）

当年应纳企业所得税=（1 200-600）×25%=150（万元）

当年税后净利润=（1 200-800）-150=250（万元）

方案三：向职工集资。

实际应付利息=10 000×10%=1 000（万元）

允许税前扣除的利息=10 000×6%=600（万元）

当年应纳企业所得税=（1 200-600）×25%=150（万元）

当年税后净利润=（1 200-1 000）-150=50（万元）

方案四：向关联企业借款。

实际应付利息=10 000×6%=600（万元）

由于该公司接受的债权性投资与权益性投资的比例已经达到5:2（10 000:4 000，即2.5倍），超过了2:1（2倍），根据法律规定，超过部分的利息不能扣除。因此：

允许税前扣除的利息=4 000×2×6%=480（万元）

当年应纳企业所得税=（1 200-480）×25%=180（万元）

当年税后净利润=（1 200-600）-180=420（万元）

【筹划结论】方案一比方案二多获取税后净利润200万元（450-250），比方案三多获取税后净利润400万元（450-50），比方案四多获取税后净利润30万元（450-420）。因此，应选择方案一。

【任务点评】向银行借款是最佳的借款方式，但申请银行借款的难度比较高，限制比较大；向非关联方借款及内部集资的借款利息支出较大，向关联方借款又受到税法的一定限制。因此，企业应当权衡利弊，有些时候需要采取多种借款方式的组合来满足融资的需求。

# 任务九　企业捐赠的纳税筹划

**任务案例4-9** 甲公司实行按季预缴企业所得税，年终汇算清缴。2017年1月向灾区捐赠人民币300万元。甲公司预计2017年实现会计利润1 500万元，假设没有其他纳税调整事项。2017年一至四季度累计缴纳企业所得税350万元。甲公司适用25%的企业所得税税率。

【任务要求】请对上述业务进行纳税筹划。

【税法依据】企业直接向受赠人的捐赠不允许企业所得税前扣除。

企业发生的公益性捐赠支出，在年度利润总额12%以内的部分，准予在计算应纳税所得额时扣除；超过年度利润总额12%的部分，准予结转以后三年内在计算应纳税所得额时扣除。其中，公益性捐赠，是指企业通过公益性社会团体或者县级以上人民政府及其部门，用于《中华人民共和国公益事业捐赠法》规定的公益事业的捐赠。

【筹划思路】企业在选择捐赠对象时，优先选择通过公益性社会团体或者县级以上人民政府及其部门进行公益性捐赠；其次选择直接向受赠人捐赠。

【筹划过程】

方案一：直接捐赠300万元给灾区。

此时，300万元捐赠额不能在企业所得税前扣除，需要进行纳税调整。

甲公司2017年应纳企业所得税额=（1 500+300）×25%=450（万元）

减去已累计缴纳的企业所得税350万元，甲公司2017年度汇算清缴应补缴企业所得税100万元（450-350）。

方案二：通过公益性社会团体或者县级以上人民政府及其部门捐赠300万元给灾区。

甲公司2017年可在税前扣除的公益性捐赠=1 500×12%=180（万元）

甲公司2017年发生的公益性捐赠300万元，大于可税前扣除的公益性捐赠税额180万元，因此公益性捐赠300万元需要进行纳税调整，调增应纳税企业所得额120万元（300-180）。

甲公司2017年应纳企业所得税额=（1 500+120）×25%=405（万元）

减去已累计缴纳的企业所得税350万元，甲公司2017年度汇算清缴应补缴企业所得税55万元（405-350）。

【筹划结论】方案二比方案一少缴纳企业所得税45万元（450-405），因此，应当选择方案二。

【任务点评】有些时候通过公益性捐赠可能会影响捐赠效果，则此时应当另当别论。

# 任务十　投资行业选择的纳税筹划

**（任务案例4-10）** 上海润泽投资公司打算新上一个投资项目进行长期投资，投资预算支出为5 000万元。现有以下两种方案可供选择。方案一：投资兴办一个小电器生产企业，年销售额5 400万元，购进原材料4 000万元，均为含税价，人工及其他各项费用300万元。方案二：投资兴办一个茶叶种植农场，茶叶年销售收入4 800万元，种子等购进金额3 400万元，人工及其他各项费用300万元。

【任务要求】请对上述业务进行纳税筹划。

【税法依据】《增值税暂行条例》规定，农业生产者销售的自产农产品，免征增值税。《企业所得税》及其实施条例规定：企业从事花卉、茶以及其他饮料作物和香料作物的种植取得的所得，减半征收企业所得税。

【筹划思路】投资者在进行投资之前，应事先进行规划，尽量选择国家鼓励的产业进行投资，使自身满足产业优惠的认定条件，从而获取相应的认证证书或批文，以充分享受税收优惠政策，达到减轻企业税负的目的。

【筹划过程】

　　方案一：投资兴办一个小电器生产企业，年销售额5 400万元，购进原材料4 000万元，均为含税价，人工及其他各项费用300万元（购进原材料已取得合法的增值税专用发票，并于当月认证通过）。

　　　应纳增值税=5 400÷（1+17%）×17%-4 000÷（1+17%）×17%=203.42（万元）

　　　应纳城市维护建设税及教育费附加=203.42×（7%+3%）=20.34（万元）

　　　企业利润总额=5 400÷（1+17%）-4 000÷（1+17%）-20.34-300=876.24（万元）

　　　应纳企业所得税=876.24×25%=219.06（万元）

　　　净利润=876.24-219.06=657.18（万元）

　　　年投资净利润率=657.18÷5 000×100%=13.14%

　　方案二：投资兴办一个茶叶种植农场，茶叶年销售收入4 800万元，种子等购进金额3 400万元，人工及其他各项费用300万元。

　　　销售茶叶免征增值税，减半征收企业所得税。

　　　应纳企业所得税=（4 800-3 400-300）×25%×50%=137.5（万元）

　　　净利润=4 800-3400-300-137.5=962.5（万元）

　　　年投资净利润率=962.5÷5 000×100%=19.25%

【筹划结论】方案二比方案一多获取净利润305.32万元（962.5-657.18），且年投资利润率也高于方案一，因此，应当选择方案二。

【任务点评】相对于利用地区税收优惠的纳税筹划来说，利用产业税收优惠进行纳税筹划存在着一定的系统性风险。在进入鼓励行业之前，投资者要对享受优惠的条件和限制性规定进行客观的分析，对于需要政府或其他职能部门认定才能获得批准的产业优惠，投资者应当积极与政府部门做好沟通协商，以获得批准或资质，从而降低企业纳税风险，获取节税利益。

# 任务十一　直接投资与间接投资选择的纳税筹划

**任务案例4-11**　乙公司为中国居民企业，适用25%的企业所得税税率，现有闲置资金2 000万元，准备对外投资。现有两种方案可供选择：一是与其他公司联营，共同投资创建一个新的高新技术企业甲公司（在中国境内注册成立），乙公司拥有甲公司40%的股权，预计甲公司每年可盈利400万元，税后利润全部分配；二是乙公司用2 000万元购买国债，年利率为8%。

**【任务要求】** 请对上述业务进行纳税筹划。

**【税法依据】** 国家需要重点扶持的高新技术企业减按15%的税率征收企业所得税。

企业的下列收入为免税收入：

（1）国债利息收入；

（2）符合条件的居民企业之间的股息、红利等权益性投资收益。

**【筹划思路】** 企业投资大体上有直接投资与间接投资两种方式。不同的投资方式下，其税负和税后收益一般情况下是不同的，企业应以税后投资收益最大化为目标，比较不同方案下的税后投资收益的大小，然后做出合理的决策。

**【筹划过程】**

方案一：与其他公司联营，共同投资创建一个新的高新技术企业甲公司（在中国境内注册成立），乙公司拥有甲公司40%的股权，预计甲公司每年可盈利400万元，税后利润全部分配。

甲公司可获取税后利润=400×（1-15%）=340（万元）

乙公司可取得投资收益=340×40%=136（万元）

由于符合条件的居民企业之间的股息、红利等权益性投资收益，是指居民企业直接投资于其他居民企业取得的投资收益，属于免税收入。因此：

税后投资收益=136万元

方案二：乙公司用2 000万元购买国债，年利率为8%。

乙公司可取得投资收益=2 000×8%=160（万元）

由于国债利息收入免征企业所得税，因此：

税后投资收益=160万元

**【筹划结论】** 方案二比方案一多获取税后投资收益24万元（160-136），因此，应当选择方案二。

**【任务点评】** 虽然以上两种方式下投资方都免于缴纳企业所得税，但方案一下，投资方收取的毕竟是被投资企业缴纳企业所得税后所分配的利润，显然不如投资方因投资国债免税而取得的收益高。值得注意的是，企业在选择投资方式时，应综合考虑投资收益、投资风险、投资的变现能力等各种因素，最终选择合理的投资方案。

## 任务十二　技术转让所得的纳税筹划

**任务案例4-12**　甲公司2017年12月15日准备以1 600万元的价款转让某技术，其技术转让成本和相关税费为600万元，则技术转让所得为1 000万元（1 600-600）。

【任务要求】请对上述业务进行纳税筹划。

【税法依据】一个纳税年度内，居民企业技术转让所得不超过500万元的部分，免征企业所得税；超过500万元的部分，减半征收企业所得税。其中，技术转让所得=技术转让收入-技术转让成本-相关税费。

以分期收款方式销售货物按照合同约定的收款日期确认收入的实现。

【筹划思路】对于预计当年度技术转让所得超过500万元的情况，我们可以采取递延技术转让所得的方式。具体操作方法如下：通过采用分期收款方式，将超过500万元的这部分所得分摊到以后年度，从而可以完全利用免征企业所得税的优惠。

【筹划过程】

　　方案一：2017年12月15日签订直接收款的技术转让合同。

　　2017年应纳税所得额=1600-600-500=500（万元）

　　2017年应纳企业所得税=500×25%×0.5=62.5（万元）

　　方案二：签订分期收款的技术转让合同，合同约定2017年12月15日收取800万元，2018年1月15日再收取800万元，则600万元的技术转让成本与相关税费也相应地在两个年度均分。

　　2017年应纳税所得额=800-300-500=0

　　2017年应纳企业所得税=0

　　2018年应纳税所得额=800-300-500=0

　　2018年应纳企业所得税=0

【筹划结论】方案二比方案一少缴纳企业所得税62.5万元，因此，应当选择方案二。

【任务点评】分期确认转让技术收入的好处在于将技术转让所得分摊在不同的年度，在各年度分别充分享受税收优惠政策，避免一个年度享受不完的情况产生。

## 任务十三　利用软件生产企业的职工培训费用的税收优惠政策的纳税筹划

**任务案例4-13**　甲软件生产企业2017年决定支出300万元作为职工福利费或职工培训费，现有两种方案可供选择：一是将300万元全部作为职工福利发放给全体职工；二是将140万元作为职工福利，160万元作为职工培训费用。该企业本期的会计利润为3 000万元（未扣除上述300万元的支出），无其他企业所得税纳税调整事项，发放给全体职工的工资为1 000万元。

【任务要求】请对上述业务进行纳税筹划。

【税法依据】软件生产企业的职工培训费用，可按实际发生额在计算应纳税所得额时扣除。软件生产企业给职工发放**职工福利**，在计算应纳税所得额时按**不超过**工资薪金总额14%的部分扣除。

【筹划思路】若软件生产企业的职工福利费超支，则可考虑将超支部分的职工福利费转换为职工培训费用，这样便可以税前全额扣除。

【筹划过程】

方案一：甲软件生产企业2017年决定给全体职工发放职工福利300万元。

由于300（万元）>1 000×14%=140（万元），因此，职工福利费只能税前扣除140万元。

2017年甲软件生产企业应纳税所得额=3 000-140=2 860（万元）

2017年甲软件生产企业应缴纳的企业所得税=2 860×25%=715（万元）

方案二：甲软件生产企业为了企业的长远发展，提高人才素质，2017年经董事会决定给全体职工提供培训机会，并承担全体职工的培训费用160万元，剩余140万元作为职工福利发放给全体职工。

由于140万元的职工福利费恰好等于工资总额的14%，因此，可全额扣除。

2017年甲软件生产企业应纳税所得额=3 000-160-140=2 700（万元）

2017年甲软件生产企业应缴纳的企业所得税=2 700×25%=675（万元）

【筹划结论】方案二比方案一少缴纳企业所得税40万元（715-675），因此，应当选择方案二。

【任务点评】软件生产企业的员工对自身专业能力的提高较为重视，更加希望企业提供更多的培训机会，因此软件生产企业在职工福利费和工会经费超支的情况下，也可以考虑在降低职工福利费和工会经费的同时，增加职工培训费用，以便享受职工培训费用可以税前全额扣除的优惠。

## 任务十四    完工产品和在产品的成本分配方法选择的纳税筹划

**任务案例4-14**    甲公司A产品2017年1月完工450件，在产品100件，平均完工程度为50%，发生生产费用共1 000 000元。假设完工产品当月全部出售，取得收入2 000 000元（不含税）。假设企业现有以下三种成本结转方法可供选择：一是不计算在产品成本法；二是约当产量法；三是在产品按完工产品成本计算法。

【任务要求】请对上述业务进行纳税筹划。

【税法依据】完工产品和在产品的成本分配方法主要有：不计算在产品成本法、约当产量法、在产品按固定成本计价法、在产品按所耗直接材料成本计价法、在产品按完工产品成本计算法、在产品按定额成本计价法、定额比例法等。由于不同的成本分配方法对完工产品成本的结转影响很大，进而会影响企业的利润总额和企业所得税，因此企业应根据实际情况选择适当的方法。

【筹划思路】由于"月初在产品成本+本月发生生产费用-月末在产品成本=本月完工产品成本"。因此在产品的成本如何确认将直接影响完工产品成本。而完工产品成本又分为已销产品成本（记入"主营业务成本"科目）和未销产品成本（记入"库存商品"科目）。已销产品成本即"主营业务成本"将直接影响企业利润；未销产品成本将决定企业库存商品金额的大小，库存商品在未来期间对外销售时，将转入"主营业务成本"科目，进而影响未来期间的企业利润和所得税。

**【筹划过程】**

方案一：采用不计算在产品成本法。

完工产品成本=1 000 000元

在产品成本=0

销货成本=1 000 000元

应纳企业所得税=（2 000 000-1 000 000）×25%=250 000（元）

税后利润=2 000 000-1 000 000-250 000=750 000（元）

方案二：采用约当产量法。

分配率=1 000 000÷（450+100×50%）=2 000（元/件）

完工产品成本=450×2 000=900 000（元）

在产品成本=100×50%×2 000=100 000（元）

销货成本=900 000元

应纳企业所得税=（2 000 000-900 000）×25%=275 000（元）

税后利润=2 000 000-900 000-275 000=825 000（元）

方案三：采用在产品按完工产品计算法。

费用分配率=1 000 000÷（450+100）=1 818.18（元/件）

完工产品成本=450×1 818.18=818 181（元）

在产品成本=1 000 000-818 181=181 819（元）

销货成本=818 181元

应纳企业所得税=（2 000 000-818 181）×25%=295 454.75（元）

税后利润=2 000 000-818 181-295 454.75=886 364.25（元）

**【筹划结论】** 方案一比方案二少缴纳企业所得税25 000元（275 000-250 000），比方案三少缴纳企业所得税45 454.75元（295 454.75-250 000），因此，企业若以税负最小化为目标，应选择方案一。而方案三比方案一多获取税后利润136 364.25元（886 364.25-750 000），比方案二多获取税后利润61 364.25元（886 364.25-825 000），因此，企业若以税后利润最大化为目标，则应选择方案三。

**【任务点评】** 成本结转的处理方法一经确定，一般情况下不能更改。若需要更改，应向当地主管税务部门申请下一年度的成本结转处理方法。否则，税务机关有权进行纳税调整。

## 任务十五　无形资产摊销的纳税筹划

**任务案例4-15** 甲公司于2017年年初接受乙公司投资一项价值为1 200万元的无形资产，投资合同上未约定有效期限。预计甲公司获取该项投资后，每年的利润将达到1 000万元（未扣除摊销额）。假设甲公司的投资报酬率为10%。

**【任务要求】** 请对上述业务进行纳税筹划。

【税法依据】无形资产的摊销年限不得低于10年。作为投资或者受让的无形资产，有关法律规定或者合同约定了使用年限的，可以按照规定或者约定的使用年限分期摊销。

【筹划思路】在合同中若约定了使用年限，则可按约定的年限摊销，因此，企业可以通过合同控制摊销年限，从而来调整利润，进而调整企业所得税税负。

【筹划过程】

方案一：甲公司与乙公司在合同中未约定无形资产的使用期限，则按税法规定的10年来摊销无形资产。

10年甲公司应缴纳的企业所得税现值合计 = (1 000-1 200÷10)×25%×(P/A, 10%, 10)
= 880×25%×6.1446 = 1 351.812（万元）

方案二：甲公司与乙公司在合同中约定无形资产的使用期限为5年，则甲公司按5年来摊销无形资产。

10年甲公司应缴纳的企业所得税现值合计 = (1 000-1 200÷5)×25%×(P/A, 10%, 5) + 1 000×25%×[(P/A, 10%, 10) - (P/A, 10%, 5)]
= 190×3.7908 + 250×(6.1446-3.7908)
= 1 308.702（万元）

【筹划结论】方案二比方案一10年共少缴纳企业所得税的现值为43.11万元（1 351.812-1 308.702），因此，应当选择方案二。

【任务点评】若企业处于减免税期间，则应当尽量延长摊销期限，以更多地获取减免税而带来的好处。

## 任务十六　固定资产折旧年限选择的纳税筹划

任务案例4-16 甲公司2016年12月购入价值为300万元（不含增值税）的电子设备，残值率为5%，估计可以使用3至5年，按税法规定，最低可以采用3年折旧，按照直线折旧法计提折旧。假设甲公司处于盈利期间，从2017年起，5年内每年未扣除折旧前的利润为1 000万元，且没有企业所得税纳税调整项目。假设折现率为10%。

【任务要求】请对上述业务进行纳税筹划。

【税法依据】除国务院财政、税务主管部门另有规定外，固定资产计算折旧的最低年限如下：（1）房屋、建筑物，为20年；（2）飞机、火车、轮船、机器、机械和其他生产设备，为10年；（3）与生产经营活动有关的器具、工具、家具等，为5年；（4）飞机、火车、轮船以外的运输工具，为4年；（5）电子设备，为3年。

【筹划思路】折旧作为非付现成本，具有抵减企业所得税的作用。也就是说，折旧年数越短，则年折旧额就越大，从而使得利润越低，应纳所得税额也就越小。因此在盈利期间，企业应尽量按照上述规定的最低年限对固定资产进行折旧。反之，在减免税期间，则应尽量采用较长的折旧年限对固定资产进行折旧。

**【筹划过程】**

方案一：按5年计提折旧。

这5年每年折旧额=300×（1-5%）÷5=57（万元）

这5年每年应纳企业所得税=（1 000-57）×25%=235.75（万元）

这5年企业所得税支出折合到2017年年初的现值=235.75×（P/A，10%，5）=235.75×3.7908
=893.68（万元）

方案二：按3年计提折旧。

前3年每年折旧额=300×（1-5%）÷3=95（万元）

前3年每年应纳企业所得税=（1 000-95）×25%=226.25（万元）

后2年每年应纳企业所得税=1 000×25%=250（万元）

这5年企业所得税支出折合到2017年年初的现值 =226.25×（P/A，10%，3）+250×[（P/A，10%，5）-（P/A，10%，3）]
=226.25×2.4869+250×（3.7908-2.4869）=888.64（万元）

**【筹划结论】** 方案二比方案一企业所得税支出现值共少5.04万元（893.68-888.64），因此，应当选择方案二。

**【任务点评】** 由于未来期间盈利或亏损具有一定的不确定性，因此，限制了此类筹划方法的运用。

## 项目引例解析

**【税法依据】** 企业的固定资产由于技术进步等原因，确需加速折旧的，可以缩短折旧年限或者采取加速折旧的方法。可以享受这一优惠的固定资产包括：①由于技术进步，产品更新换代较快的固定资产；②常年处于强震动、高腐蚀状态的固定资产。采取缩短折旧年限方法的，最低折旧年限不得低于规定折旧年限的60%；采取加速折旧方法的，可以采取双倍余额递减法或者年数总和法。

**【筹划思路】** 采用不同的折旧方法所计算出来的折旧额在量上不一致，分摊到各期的固定资产成本也存在差异，从而影响企业的应纳税所得额。折旧方法选择的纳税筹划应立足于使折旧费用的抵税效应得到最充分或最快的发挥。在不同情况下，应选择不同的折旧方法，才能使企业的所得税税负降低。

由于盈利企业的折旧费用能从当年的所得额中税前扣除，即折旧费用的抵税效应能够完全发挥。因此，在选择折旧方法时，应着眼于使折旧费用的抵税效应尽可能早地发挥作用。

处于减免所得税优惠期内的企业，由于减免税期内折旧费用的抵税效应会全部或部分地被减免优惠所抵消，所以应选择减免税期内折旧少、非减免税期折旧多的折旧方法。亏损企业的折旧方法选择应同企业的亏损弥补情况相结合。选择的折旧方法，必须能使不能得到或不能完全得到税前弥补的亏损年度的折旧额降低，保证折旧费用的抵税效应得到最大限度的发挥。

**【筹划过程】**

具体方案的比较见表4-7。

表4-7                     不同折旧方法下的相关项目的比较                          单位：万元

| 年份 | 方案一：年限平均法 | | | | 方案二：双倍余额递减法 | | | | 方案三：年数总和法 | | | |
|---|---|---|---|---|---|---|---|---|---|---|---|---|
| | 折旧 | 税前利润 | 所得税 | 折现值 | 折旧 | 税前利润 | 所得税 | 折现值 | 折旧 | 税前利润 | 所得税 | 折现值 |
| 1 | 9.5 | 90.5 | 22.625 | 20.568 | 20 | 80 | 20 | 18.182 | 15.83 | 84.17 | 21.0425 | 19.13 |
| 2 | 9.5 | 90.5 | 22.625 | 18.697 | 12 | 88 | 22 | 18.181 | 12.67 | 87.33 | 21.8325 | 18.042 |
| 3 | 9.5 | 90.5 | 22.625 | 16.998 | 7.2 | 92.8 | 23.2 | 17.43 | 9.5 | 90.5 | 22.625 | 16.998 |
| 4 | 9.5 | 90.5 | 22.625 | 15.453 | 4.15 | 95.85 | 23.9625 | 16.366 | 6.33 | 93.67 | 23.4175 | 15.994 |
| 5 | 9.5 | 90.5 | 22.625 | 14.048 | 4.15 | 95.85 | 23.9625 | 14.878 | 3.17 | 96.83 | 24.2075 | 15.03 |
| 合计 | 47.5 | 452.5 | 113.125 | 85.764 | 47.5 | 452.5 | 113.125 | 85.037 | 47.5 | 452.5 | 113.125 | 85.194 |

（折现值的计算以方案一为例：22.625×（P／F，10%，1）=22.625×0.9091=20.568；22.625×（P／F，10%，2）=22.625×0.8264=18.697；22.625×（P／F，10%，3）=22.625×0.7513=16.998；22.625×（P／F，10%，2）=22.625×0.6830=15.453；22.625×（P／F，10%，5）=22.625×0.6209=14.048）

【筹划结论】方案二比方案一企业所得税支出现值共少0.727万元（85.764-85.037），比方案三企业所得税支出现值共少0.157万元（85.194-85.037），因此，应当选择方案二。

【工作点评】由于未来期间盈利或亏损具有一定的不确定性，因此，有时会限制此类纳税筹划方法的运用。

# 任务十七　固定资产维修的纳税筹划

任务案例4-17　甲公司2016年12月对一台原值为300万元的旧设备进行大修（该设备尚可使用2年），当月可完工。预计大修之后，该设备尚可使用年限变为5年。大修过程中耗用材料费、配件费100万元，支付工人工资和其他费用共为55万元。若预计2016年及未来5年未考虑修理支出的每年应纳税所得额为200万元，折现率为6%。

【任务要求】请对上述业务进行纳税筹划。

【税法依据】纳税人的一般性固定资产修理支出可在发生当期直接扣除。但是符合税法规定条件的固定资产大修理支出，要作为长期待摊费用，按照固定资产尚可使用年限分期摊销。固定资产的大修理支出，是指同时符合下列条件的支出：修理支出达到取得固定资产时的计税基础50%以上；修理后固定资产的使用年限延长2年以上。

【筹划思路】企业在安排固定资产的修理时应首先明确修理支出的数额及延长固定资产使用时间这两个因素。若修理支出达到固定资产计税基础的50%以上且延长使用年限2年以上，就不可以当期直接扣除，而作为长期待摊费用分期扣除。与此同时，要关注企业的盈亏情况：如果企业现在和未来的一段时间内亏损，企业应尽量将修理支出资本化，加大资产的账面价值，使税前可列支的折旧费用向以后年度递延，即平均了企业各年度的可扣除费用；如果企业现在及未来的一段时间盈利，则要将修理支出费用化，以加大当期税前扣除项目，减少当期企业所得税。

【筹划过程】

方案一：将修理支出资本化。

设备原值的50%=300×50%=150（万元）。由于旧设备修理支出总金额为155万元＞150万元，且设备寿命延长了3年（5-2），属于固定资产大修理支出，155万元的花费不能在2016年直接扣除，只能在未来的5年内通过平均摊销的方式税前扣除。

2016年应纳企业所得税=200×25%=50（万元）

未来5年每年应纳企业所得税=（200-155÷5）×25%=42.25（万元）

6年共缴纳企业所得税的现值=50+42.25×（P／A，6%，5）=50+42.25×4.2124

　　　　　　　　　　　　　　=227.97（万元）

方案二：将修理支出费用化。

通过适当压低材料费或配件费的进价，将修理支出的总额降为148万元＜150万元，则属于日常修理支出，该笔支出可全部于2016年税前扣除。

2016年应纳企业所得税=（200-148）×25%=13（万元）

未来5年每年应纳企业所得税=200×25%=50（万元）

6年共缴纳企业所得税的现值=13+50×（P／A，6%，5）=13+50×4.2124=223.62（万元）

【筹划结论】　方案二比方案一6年缴纳企业所得税的现值共少4.35万元（227.97-223.62），因此，应当选择方案二。

【任务点评】　固定资产修理的支出数额和时间安排必须在保证正常的生产经营的前提下进行，否则有可能顾此失彼，得不偿失。

## 任务十八　存货计价方法选择的纳税筹划

（任务案例4-18）　甲公司2016年1月和11月先后购进数量和品种相同的货物两批，进货价格分别为1 000万元和800万元，假设此前甲公司库存没有这种货物。甲公司在2016年12月和2017年3月各出售购进的货物的一半，出售价格分别为1 200万元和1 000万元。假设甲公司2016年和2017年均处于非减免税期间，且处于盈利年度。假设折现率为10%。

【任务要求】　请对上述业务进行纳税筹划。

【税法依据】　《企业会计准则第1号——存货》规定，企业应当采用先进先出法、移动加权平均法、月末一次加权平均法和个别计价法确定发出存货的实际成本。

《企业所得税法》规定，企业使用或者销售的存货的成本计算方法，可以在先进先出法、加权平均法、个别计价法三者中选用一种。计价方法一经选用，不得随意变更。

【筹划思路】　不同的存货计价方法，在一定的纳税年度中反映的存货成本是不同的，计价方法的选择应以尽量发挥成本费用的抵税效应为标准。

在不同期间内，应选择不同存货计价方法，以达到降低企业的所得税税负的目的。

第一，减免税期间：由于减免税期内成本费用的抵税效应会部分或全部地被减、免优惠所抵消，因此，应在减、免税期间选择使得成本少的存货计价方法；而在非减、免税期间选择使成本多的存货计价方法。

第二，盈利期间：由于存货成本能从所得额中税前扣除，即存货成本的抵税效应能够完全发挥。因此，在选择计价方法时，应着眼于使成本费用的抵税效应尽可能早地发挥作用，即选择前期成本较大的计价方法。具体来说，在通货膨胀时期，可选择加权平均法；在通货紧缩时期，可选择先进先出法。

第三，亏损期间：选择计价方法应同企业的亏损弥补情况相结合。选择的计价方法，必须使不能得到或不能完全得到税前弥补的亏损年度的成本费用降低，保证成本费用的抵税效应得到最大限度的发挥。

【筹划过程】

具体方案的比较见表4-8。

表4-8　　　　　　　　　不同存货计价方法下的相关项目的比较　　　　　　　单位：万元

| 方法\项目 | 加权平均法 | | | 先进先出法 | | |
|---|---|---|---|---|---|---|
| | 2016年 | 2017年 | 合计 | 2016年 | 2017年 | 合计 |
| 销售收入 | 1 200 | 1 000 | 2 200 | 1 200 | 1 000 | 2 200 |
| 销售成本 | 900 | 900 | 1 800 | 1 000 | 800 | 1 800 |
| 税前利润 | 300 | 100 | 400 | 200 | 200 | 400 |
| 企业所得税 | 75 | 25 | 100 | 50 | 50 | 100 |
| 复利现值系数 | 0.9091 | 0.8264 | | 0.9091 | 0.8264 | |
| 税金支出现值 | 68.18 | 20.66 | 88.84 | 45.46 | 41.32 | 86.78 |

方案一：采用加权平均法。

存货的加权平均成本=（1 000+800）÷2=900（万元）

2016年企业所得税=（1 200-900）×25%=75（万元）

2017年企业所得税=（1 000-900）×25%=25（万元）

企业所得税支出折合到2016年年初的现值=75×（P/F，10%，1）+25×（P/F，10%，2）

=75×0.9091+25×0.8264=88.84（万元）

方案二：采用先进先出法。

2016年企业所得税=（1 200-1 000）×25%=50（万元）

2017年企业所得税=（1 000-800）×25%=50（万元）

企业所得税支出折合到2016年年初的现值=50×（P/F，10%，1）+50×（P/F，10%，2）

=50×0.9091+50×0.8264=86.78（万元）

【筹划结论】方案二比方案一企业所得税支出现值共少2.06万元（88.84-86.78），因此，应当选择方案二。

【任务点评】由于存货计价方法一经选用，不得随意变更，因此，限制了此类筹划方法的运用。尤其是存货价格上升或下降趋势与预计相反时，会导致筹划结果事与愿违。

# 任务十九　企业所得税核定征收的纳税筹划

**任务案例4-19**　甲公司2017年的主要业务是为其关联方乙公司生产零部件，其原材料由甲公司从其关联方乙公司以400万元的价格购入，然后再加工成零部件，以1 000万元的价格销售给乙公司，企业所得税税率为25%。因甲公司2017年的成本费用支出无法准确核算，税务机关对该企业实行核定应税所得率的方式征收企业所得税，当地的应税所得率为10%。

【任务要求】请对上述业务进行纳税筹划。

【税法依据】《国家税务总局关于印发〈企业所得税核定征收办法〉（试行）的通知》（国税发〔2008〕30号）第六条规定：采用应税所得率方式核定征收企业所得税的，应纳所得税额的计算公式如下：

应纳所得税额=应纳所得额×适用税率

应纳所得额=应税收入额×应税所得率

或　　　　　　　　=成本（费用）支出额/（1-应税所得率）×应税所得率

【筹划思路】实行核定应税所得率征税的企业，其应纳企业所得税由企业的收入总额或者成本费用支出总额决定，如果降低收入总额或者成本费用支出总额，就可以达到降低企业所得税税负的目的。

【筹划过程】

方案一：甲公司先从其关联方购入原材料，然后再加工成零部件销售给乙公司。

甲公司2017年应纳企业所得税=1 000×10%×25%=25（万元）

方案二：采取委托加工的方式，由乙公司将400万元的原材料委托甲公司加工成零部件，甲公司收取加工费600万元。

此时收入金额便为600万元。

甲公司2017年应纳企业所得税=600×10%×25%=15（万元）

【筹划结论】方案二比方案一少缴纳企业所得税10万元（25-15），因此，应当选择方案二。

【任务点评】企业通过变换加工方式，降低了收入总额，达到了降低企业所得税税负的目的。但在这种情况下，又有可能被税务机关重新核定应税所得率，因此，企业应积极应对，以在降低税费的同时，防范税收风险。

# 任务二十　企业分立的纳税筹划

**任务案例4-20**　甲公司为一家生产企业，尚未设立独立的销售公司，假定2017年预计实现的销售收入为5 000万元，预计广告费支出、业务宣传费支出共计1 200万元。其他可税前扣除的成本费用为2 600万元。

【任务要求】请对上述业务进行纳税筹划。

【税法依据】广告费和业务宣传费支出不超过当年销售收入15%的部分，可以据实扣除，超过比例的部分可结转到以后年度扣除。

【筹划思路】很多生产企业存在广告费和业务宣传费超支而不能在税前全部扣除的现象。而若把其销售部门分立出去，成立独立核算的销售公司，可以原企业的名义列支上述费用，这样原本超额不能列支的费用就可以在销售公司列支了，从而起到降低企业集团整体所得税税负的作用。

【筹划过程】

方案一，甲公司不设立销售公司。

甲公司广告费和业务宣传费扣除限额为750万元（5 000×15%），超支450万元（1 200-750），因此只能按照750万元进行税前扣除。

应纳企业所得税=（5 000-2 600-750）×25%=412.5（万元）

税后利润=5 000-2 600-1 200-412.5=787.5（万元）

方案二，甲公司把销售部门分立出来，设立独立核算的销售公司。

假设甲公司以4 000万元的价格先把产品销售给销售公司，销售公司再以5 000万元的价格对外销售。且由甲公司负担广告费支出、业务宣传费支出600万元，同时销售公司负担广告费支出、业务宣传费支出600万元。

经计算，广告费和业务宣传费可全部税前扣除。（计算方法同方案一，不再赘述）

同时，因甲公司和销售公司之间构成销售关系，需要多缴纳印花税2.4万元（4 000×0.000 3×2）。

整体应纳企业所得税=（5 000-2 600-600-600-2.4）×25%=299.4（万元）

税后利润=5 000-2 600-600-600-2.4-299.4=898.2（万元）

【筹划结论】方案二比方案一少缴纳企业所得税113.1万元（412.5-299.4），多获取税后利润110.7万元（898.2-787.5），因此，应当选择方案二。

【任务点评】通过分立设立销售公司必然发生一定的开办费用以及后续的管理费用，这在一定程度上限制了此类纳税筹划方案的实施。

# 任务二十一　企业合并的纳税筹划

**任务案例4-21**　甲公司欲合并乙公司，乙公司在被合并时的净资产公允价值为1 500万元，尚未弥补的亏损为300万元，税前弥补期限尚有3年，双方股东达成协议，甲公司股东于2016年1月1日以价值1 200万元的股份和300万元的现金合并乙公司。假设合并后的甲公司在2016年、2017年、2018年未弥补亏损前的应税所得额分别为200万元、300万元、300万元，2016年、2017年、2018年国家发行的最长期限国债利率为4%。

【任务要求】请对上述业务进行纳税筹划。

【税法依据】企业合并，企业股东在该企业合并发生时取得的**股权支付金额不低于其交易支付总额的85%**，以及同一控制下且不需要支付对价的企业合并，可以选择按以下规定处理：

（1）合并企业接受被合并企业资产和负债的计税基础，以被合并企业的原有计税基础确定。

（2）被合并企业合并前的相关所得税事项由合并企业承继。

（3）可由合并企业弥补的被合并企业亏损的限额=被合并企业净资产公允价值×截至合并业务发生当年年末国家发行的最长期限的国债利率。

（4）被合并企业股东取得合并企业股权的计税基础，以其原持有的被合并企业股权的计税基础确定。

【筹划思路】　企业在合并过程中，应当尽量使得企业股东在该企业合并发生时取得的股权支付金额不低于其支付总额的85%的比例，此时，企业可进行特殊税务处理，可弥补被合并企业未弥补的亏损（可由合并企业弥补的被合并企业亏损的限额=被合并企业净资产公允价值×截至合并业务发生当年年末国家发行的最长期限的国债利率），从而达到抵减企业所得税的目的。

【筹划过程】

方案一：甲公司以价值1 200万元的股份和300万元的现金合并乙公司。

股权支付比例=1 200÷（1 200+300）=80%<85%，不能弥补被合并企业的亏损，

三年共计应纳企业所得税=（200+300+300）×25%=200（万元）

方案二：甲公司以价值1 300万元的股份和200万元的现金合并乙公司。

股权支付比例=1 300÷（1 300+200）=86.67%>85%，可弥补被合并企业的亏损。

$$\begin{matrix}合并企业弥补的\\被合并企业亏损的限额\end{matrix}=\begin{matrix}被合并企业\\净资产公允价值\end{matrix}×\begin{matrix}截至合并业务发生当年年末\\国家发行的最长期限的国债利率\end{matrix}$$

2016年：

可弥补的亏损限额=1 500×4%=60（万元）

由于60万元<300万元，因此：

应纳企业所得税=（200-60）×25%=35（万元）

2017年：

可弥补的亏损限额=1 500×4%=60（万元）

由于60万元<240万元（300-60），因此：

应纳企业所得税=（300-60）×25%=60（万元）

2018年：

可弥补的亏损限额=1 500×4%=60（万元）

由于60万元<180万元（240-60），因此：

应纳企业所得税=（300-60）×25%=60（万元）

三年共计应纳企业所得税=35+60+60=155（万元）

【筹划结论】　方案二比方案一少缴纳企业所得税45万元（200-155），因此，应当选择方案二。

【任务点评】　事实上，特殊性税务处理的后续处理最终还是要缴税的，也就是说特殊性税务处理只是递延纳税，最终既不会多缴税，也不会少缴税。应当注意的是，在制定重组政策时，已经打破了法人税制的原则，所得在股东层面递延结转，因此是否重复纳税要看参与重组各方合计纳税情况，而不是只看某一法律主体。当然，如果企业感觉特殊性税务处理不合算，也可以选择一般性税务处理，是选择当时缴税还是选择递延缴税，是企业的自主权利。

# 任务二十二    企业清算的纳税筹划

**（任务案例4-22）** 甲公司董事会于2017年8月向股东会提交解散申请书，股东会于9月20日通过并做出决议，清算开始日定于10月1日，清算期间为2个月。该公司财务部经理在开始清算后发现，1至9月底公司预计盈利100万元（适用税率25%），并且公司在清算初期会发生巨额的清算支出。假定整个清算期间（10月1日至11月30日）的清算损失为150万元，其中，10月1日至10月14日会发生清算支出100万元，10月15日至11月30日会发生清算支出50万元。

【任务要求】请对上述业务进行纳税筹划。

【税法依据】企业在清算年度，应划分为两个纳税年度，从1月1日到清算开始日为一个生产经营纳税年度，从清算开始日到清算结束日的清算期间为一个清算纳税年度。

【筹划思路】企业的清算日期不同，对两个纳税年度应税所得的影响不同。企业可以利用推迟或提前清算日期的方法来影响企业清算期间应纳税所得额，从而达到降低应纳企业所得税税负的目的。

【筹划过程】

**方案一：** 清算开始日定于10月1日。

生产经营年度（1月1日至9月30日）应纳企业所得税=100×25%=25（万元）

清算年度（10月1日至11月30日）清算所得为清算损失150万元，不缴纳企业所得税。

**方案二：** 清算开始日定于10月15日。

生产经营年度（1月1日至10月14日）应纳企业所得税=（100-100）×25%=0

清算年度（10月15日至11月30日）清算所得为清算损失50万元，不缴纳企业所得税。

【筹划结论】方案二比方案一少缴纳企业所得税25万元，因此，应当选择方案二。

【任务点评】本案例通过改变清算开始日期，合理调整正常生产经营所得和清算所得，从而达到降低整体税负的目的。

## 拓展阅读

### 母子公司之间处置股权如何筹划？[①]

2014年12月25日，财政部、国家税务总局联合发布《关于促进企业重组有关企业所得税处理问题的通知》（财税〔2014〕109号）。2015年5月27日，国家税务总局发布了《关于资产（股权）划转企业所得税征管问题的公告》（国家税务总局公告2015年第40号）。该文件对母子公司、子公司之间股权划转所得税征管做出明确规定，对降低内部股权交易成本有积极意义。本文通过案例分析，对母子公司之间如何处置股权作税务筹划。

为优化股权结构，丙公司股东会做出决议，将其持有丁公司40%股权转让给甲公司。

丙公司税务部草拟了两种处置股权税务筹划方案，并委托税务师帮助分析其方案的可

---

① 佚名.母子公司之间处置股权如何筹划？[EB/OL].［2015-10-29］. http://www.chinaacc.com/shuishou/ssch/zh1510295082.shtml.

行性。

**第一种方案：通过有偿转让，采取"两步走"操作方式。**

第一步，先提请股东会，对丁公司历年累积盈余进行分配。丙公司对丁公司初始投资成本为800万元。经资产评估机构对丁公司2015年7月31日各项资产、负债评估，净资产公允价值3 900万元，与账面净资产价值相等。其中，实收资本2 000万元，法定盈余公积180万元，未分配利润1 720万元，应分配股息、红利为：1 900×40%=760（万元）。根据企业所得税法及实施条例规定，居民企业直接投资于其他居民企业取得的投资收益，属于免税收入。

第二步，再转让。通过分配利润后，丙与甲商定的股权转让价格为：3 900×40%-760=800（万元），与计税成本相等，不需缴纳企业所得税。

**第二种方案：划转方式。**

由丙公司将其持有的丁公司40%股权通过划转方式给甲公司。由于是母子公司之间的权益交易，不需确认损益，按财税〔2014〕109号文件和国家税务总局公告2015年第40号的规定，向主管税务机关办理相关备案手续即可。

**分析**

第一种方案：税务师与管理层沟通后得知，本次股息、红利分配方案中，乙公司不参与，但保留其分配权利。另查阅丁公司资产负债表，税务师发现"短期借款"余额3 000万元，系从A银行借入。据了解，丁公司与A银行建立了良好的信用关系，从未违约。近几年来，丁公司生产规模不断扩大，所需资金均由A银行提供，且利率与其他银行相比，处于较低水平。但借款合同明确下列内容：如借款人违反本规定用途，在税前会计利润未用于清偿借款人在该年度内清偿的本金、利息和费用或者税前会计利润不足以清偿下一期本金、利息和费用时，借款人不得以任何形式向股东分配股息、红利。据丁公司财务部经理解释，此条款必须遵守，否则会失信于银行。因此，丙公司提出先分配股息、红利后出售股权"两步走"的方案不可行，应按转让股权方式进行税务处理。

《国家税务总局关于贯彻落实企业所得税法若干问题的通知》（国税函〔2010〕79号）规定，企业在计算股权转让所得时，不得扣除被投资企业未分配利润等股东留存收益中按该股权所可能分配的金额。丙公司应缴纳企业所得税=（1 560-800）×25%=190（万元）。

第二种方案：财税〔2014〕109号文件规定，享受特殊性税务处理是指对100%直接控制的居民企业之间，以及受同一或相同多家居民企业100%直接控制的居民企业之间按账面净值划转股权或资产。

本案例中，甲公司间接持有丙公司100%的股权，丙公司直接持有丁公司40%的股权，通过划转方式给甲公司，不能直接适用财税〔2014〕109号文件的规定。税务师了解到，甲公司内部之间发生股权划转交易后，未来5年各自仍正常开展生产经营活动。在此前提下，税务师建议采用"两步走"操作步骤。

第一步，先将丙公司直接持有的丁公司40%的股权，划转给乙公司。按国家税务总局公告2015年第40号第一条第（三）款规定进行会计处理。即100%直接控制的母子公司之间，子公司向母公司按账面净值划转其持有的股权或资产，子公司没有获得任何股权或非股权支付，母公司按收回投资处理，或按接受投资处理，子公司按冲减实收资本处理。母公司应按被划转股权或资产的原计税基础，相应调减持有子公司股权的计税基础。

第二步，再由乙公司将该股权划转给甲公司。这样操作，既符合财税〔2014〕109号文件及国家税务总局公告2015年第40号的要求，又能实现股东会提出的优化股权目标。

因此，丙公司采纳了税务师提出的第二种股权划转方案。

**点评**

关于企业重组业务企业所得税特殊性税务处理问题，《财政部 国家税务总局关于企业重组业务企业所得税处理若干问题的通知》（财税〔2009〕59号）、《国家税务总局关于发布〈企业重组业务企业所得税管理办法〉的公告》（国家税务总局公告2010年第4号）、《国家税务总局关于企业重组业务企业所得税征收管理若干问题的公告》（国家税务总局公告2015年第48号）、财税〔2014〕109号及国家税务总局公告2015年第40号等文件都进行了相应规定，重组企业唯有严格对照执行才能实现预期的重组目的。

纵观丙公司处置股权税务筹划的两种方案，我们可得到以下启发：

（1）税务筹划应兼顾各方利益，不能"一厢情愿"。丙公司提出"先分配股息、红利，后转让"方案，从税收政策层面无障碍，但要充分考虑丁公司的实际情况。如果丁公司资金充裕，无银行借款或借款合同中未明确特殊情形下不能分配股息、红利条款，通过"两步走"方式操作是可行的。

（2）准确理解税法精神实质。税务筹划的前提是在准确把握税收政策基础上开展的，否则可能引发税务风险。如按丙公司最初提出的第二种税务筹划草案实施，在以后的执法检查中，极有可能被税务机关认定为丙公司以其持有丁公司的股权对甲公司投资。应按《财政部 国家税务总局关于非货币性资产投资企业所得税政策问题的通知》（财税〔2014〕116号）、《国家税务总局关于非货币性资产投资企业所得税有关征管问题的公告》（国家税务总局公告2015年第33号）的相关规定，确认资产转让所得，存在补缴税款、加收滞纳金和税收罚款的税收风险。

**◀ 项目练习 ▶**

**一、单项选择题**

1.根据企业所得税法律制度的规定，下列关于企业所得税纳税人的表述中，正确的是（  ）。

A.依照外国法律成立但实际管理机构在中国境内的企业均属于居民企业

B.依照外国法律成立且实际管理机构不在中国境内的企业均属于非居民企业

C.依照外国法律成立但在中国境内设立机构、场所的企业均属于非居民企业

D.依法在我国境内成立但实际管理机构在境外的企业均属于非居民企业

2.根据《企业所得税法》规定，企业所得税应纳税所得额为（  ）。

A.企业每一纳税年度的收入总额，减除免税收入、各项扣除以及允许弥补以前年度亏损后的余额

B.企业每一纳税年度的收入总额，减除不征税收入、免税收入、各项扣除以及允许弥补以前年度亏损后的余额

C.企业每一纳税年度的收入总额，减除不征税收入、各项扣除以及允许弥补以前年度亏损后的余额

D.企业每一纳税年度的收入总额，减除不征税收入、免税收入、各项扣除后的余额

3.根据企业所得税法律制度的规定，下列关于企业在生产经营活动中发生的利息支出的税务处理，表述不正确的是（　　）。

A.非金融企业向非金融企业借款的利息支出准予在企业所得税前据实扣除

B.金融企业的各项存款利息支出准予在企业所得税前据实扣除

C.金融企业的同业拆借利息支出准予在企业所得税前据实扣除

D.企业经批准发行债券的利息支出准予在企业所得税前据实扣除

4.甲公司2017年取得主营业务收入4 000万元，其他业务收入1 500元，债务重组收益90万元，固定资产转让收入60万元；当年管理费用中的业务招待费80万元。该企业当年度可在企业所得税前扣除的业务招待费为（　　）万元。

A.24　　　　　　　B.26　　　　　　　C.25.5　　　　　　　D.27.5

5.2017年A集团公司总部实现商品销售收入6 000万元，股权转让收入800万元，债务重组收益200万元，发生的与收入相配比的成本费用总额为6 500万元，其中，业务招待费支出80万元。假定不存在其他纳税调整事项，2017年度该企业应缴纳企业所得税（　　）万元。

A.543　　　　　　　B.201.4　　　　　　　C.506.5　　　　　　　D.136.5

6.A商场位于县城（增值税一般纳税人），2017年10月1日—7日期间进行优惠活动，将一部分进货价为200元／件（取得了增值税专用发票）、原价450元／件（商品折扣价款与销售价款开具在同一张发票）的服装，以9折折扣销售，该商场暂不涉及其他业务。该商场销售每件商品应缴纳企业所得税（　　）元。（以上价格均为不含税价格，企业所得税税率为25%，增值税税率为17%）

A.34.85　　　　　　　B.2.788　　　　　　　C.3.417　　　　　　　D.50.553

7.下列税金在计算企业应纳税所得额时，不得从收入总额中扣除的是（　　）。

A.土地增值税　　　　B.消费税　　　　C.增值税　　　　D.资源税

8.根据企业所得税法律制度的规定，下列关于确认收入实现时间的表述中，正确的是（　　）。

A.股息、红利等权益性投资收益，按照合同约定的被投资方应付股息、红利的日期确认收入的实现

B.利息收入，按照合同约定的债务人应付利息的日期确认收入的实现

C.接受捐赠收入，按照合同约定的捐赠日期确认收入的实现

D.采取产品分成方式取得收入的，按照合同约定的分成日期确认收入的实现

9.甲公司2016年度利润总额为40万元，未调整捐赠前的所得额为50万元。当年"营业外支出"账户中列支了通过当地教育部门向农村义务教育的捐赠6万元。该企业2016年应缴纳的企业所得税为（　　）万元。

A.12.5　　　　　　　B.12.8　　　　　　　C.13.45　　　　　　　D.16.25

10.企业从事下列项目的所得，减半征收企业所得税的是（　　）。

A.油料作物的种植

B.糖料作物的种植

C.香料作物的种植

D.麻类作物的种植

11.特别纳税调整加收的利息，应当按照税款所属纳税年度中国人民银行公布的与补税期间同期的人民币贷款基准利率加（　　）个百分点计算。

A.2　　　　　　　　B.3　　　　　　　　C.5　　　　　　　　D.10

### 二、多项选择题

1.2017年甲公司取得销售收入8 000万元，当年发生的与生产经营相关的业务招待费60万元，上年因超支在税前未能扣除的与生产经营相关的业务招待费支出5万元；当年发生的与生产经营相关的广告费500万元，上年因超支在税前未能扣除的符合条件的广告费200万元。根据企业所得税法律制度的规定，甲公司在计算当年应纳税所得额时，下列关于业务招待费和广告费准予扣除数额的表述中，正确的有（　　）。

A.业务招待费准予扣除的数额为39万元

B.业务招待费准予扣除的数额为36万元

C.广告费准予扣除的数额为500万元

D.广告费准予扣除的数额为700万元

2.下列说法正确的有（　　）。

A.企业纳税年度发生的亏损，准予向以后年度结转，用以后年度的所得弥补，但结转年限最长不得超过5年

B.非居民企业在中国境内未设立机构、场所的，以扣缴义务人所在地为纳税地点

C.扣缴义务人每次代扣的税款，应当自代扣之日起15日内缴入国库

D.企业发生的公益性捐赠支出，在应纳税所得额12%以内的部分，准予在计算应纳税所得额时扣除；超过应纳税所得额12%的部分，准予结转以后三年内在计算应纳税所得额扣除

3.根据企业所得税法律制度的规定，下列各项中，属于固定资产的大修理支出，按照固定资产尚可使用年限分期摊销，需要同时符合的条件有（　　）。

A.修理支出达到取得固定资产时的计税基础40%以上

B.修理支出达到取得固定资产时的计税基础50%以上

C.修理后固定资产的使用年限延长1年以上

D.修理后固定资产的使用年限延长2年以上

4.根据企业所得税法律制度的规定，下列各项中，属于企业所得税纳税人的有（　　）。

A.个人独资企业　　　　　　　　　　B.合伙企业

C.民办非企业单位　　　　　　　　　D.事业单位

5.根据企业所得税法律制度的规定，企业从事下列项目取得的所得中，减半征收企业所得税的有（　　）。

A.中药材的种植　　　　　　　　　　B.海水养殖

C.远洋捕捞　　　　　　　　　　　　D.花卉的种植

6.企业下列（　　）项目的所得免征企业所得税。

A.坚果种植　　　　　　　　　　　　B.农产品初加工

C.林木培育　　　　　　　　　　　　D.花卉种植

7.企业下列项目的所得免征企业所得税的有（　　）。

A.水果种植       B.花卉种植       C.中药材种植       D.家禽饲养

8.在计算应纳税所得额时，对企业的公益性捐赠支出处理不正确的有（      ）。

A.应全额调增应纳税所得额

B.应全额调减应纳税所得额

C.不需调整应纳税所得额

D.在年度利润总额12%以内的部分，准予在计算应纳税所得额时扣除；超过年度利润总额12%的部分，准予结转以后三年内在计算应纳税所得额时扣除

9.根据《企业所得税法》的规定，下列各项中，不属于企业所得税纳税人的有（      ）。

A.股份有限公司      B.合伙企业       C.联营企业       D.个人独资企业

10.税务机关采用下列方法中的（     ）核定征收企业所得税。

A.参照当地同类行业或者类似行业中经营规模和收入水平相近的纳税人的税负水平核定

B.按照应税收入额或成本费用支出额定率核定

C.按照耗用的原材料、燃料、动力等推算或测算核定

D.按照其他合理方法核定

### 三、判断题

1.根据企业所得税法律制度的规定，企业以买一赠一的方式组合销售本企业商品的，不属于捐赠，应按各项商品的公允价值来确认各项商品的销售收入。      （    ）

2.非居民企业仅就其来源于中国境内的所得缴纳企业所得税。      （    ）

3.甲公司是我国的非居民企业且未在我国境内设立机构、场所，其从中国境内取得的财产转让所得，以收入全额减除财产净值后的余额为应纳税所得额。      （    ）

4.符合条件的技术转让所得，免征企业所得税。      （    ）

5.企业债务重组发生债权转股权的，应当分解为债务清偿和股权投资两项业务，确认有关债务清偿所得或损失。      （    ）

6.居民企业和在中国境内设有机构、场所且所得与机构、场所有关联的非居民企业适用税率为25%。      （    ）

7.企业所得税法规定，企业实际发生的工资支出均可在所得税前扣除。      （    ）

8.企业的不征税收入用于支出所形成的费用或者财产，准予在计算应纳税所得额时扣除。      （    ）

9.按照企业所得税法规定，超支的广告费、业务宣传费、职工教育经费可结转下年，继续在以后年度扣除。      （    ）

10.企业从事国家重点扶持的公共基础设施项目的投资经营的所得，自项目取得第一笔生产经营收入所属纳税年度起，第一年至第三年免征企业所得税，第四年至第六年减半征收企业所得税。      （    ）

11.税前扣除项目包括成本、费用、税金、损失和其他支出。      （    ）

12.自行开发的支出已在计算应纳税所得额时扣除的无形资产，不得计算摊销费用扣除。      （    ）

13.成本加成法，是指按照成本加合理的费用进行定价的方法。      （    ）

### 四、案例题

1.甲公司 2017 年的会计利润预计为 100 万元（扣除捐赠后的利润额），计划通过公益性组织捐赠 8 万元，直接向受赠单位捐赠 4 万元。不考虑其他纳税调整因素，请计算该公司当年应缴纳的企业所得税，并对其进行纳税筹划。

2.甲公司欲在外地设立乙公司，预计 2017 年乙公司亏损 100 万元，甲公司自身盈利 200 万元。假设没有纳税调整项目。请问乙公司应当选择作为甲公司的子公司还是分公司？

▶项目实训◀

### 一、实训名称

还款方式选择的纳税筹划

### 二、实训案例设计

中天企业要上一新项目需投资 2 000 万元，项目寿命期为 5 年，预期第一年可获得息税前利润 360 万元，以后逐年增加 100 万元，企业所得税税率为 25%。项目所需资金从银行借款，借款年利率为 10%。假设你是公司会计人员，目前有四种计息方式可以选择，从税务角度考虑哪种方式更适合？

方案 1：复利计息，到期一次还本付息。

方案 2：复利年金法，每年等额偿还本金和利息 527.6 万元。

方案 3：每年等额还本 400 万元，并且每年支付剩余借款的利息。

方案 4：每年付息，到期还本。

### 三、实训任务要求

1.能够正确计算各种还款方式下的企业所得税税负。

2.能够通过比较分析，选择最优的还款方式。

# 项目五
# 个人所得税的纳税筹划实务

## 职业能力目标

（1）能对个人所得税纳税人身份的选择进行纳税筹划。

（2）能通过平均发放工资进行纳税筹划。

（3）能对全年一次性奖金进行纳税筹划。

（4）能通过跨月安排劳务报酬所得进行纳税筹划。

（5）能通过费用转移进行纳税筹划。

（6）能对稿酬所得进行纳税筹划。

（7）能通过工资、薪金所得与劳务报酬所得相互转换进行纳税筹划。

（8）能通过工资、薪金所得与稿酬所得相互转换进行纳税筹划。

（9）能对偶然所得临界点进行纳税筹划。

（10）能对个人捐赠进行纳税筹划。

（11）能对企业年金进行纳税筹划。

### ▶项目引例——企业年金的纳税筹划◀

甲公司2017年若不建立企业年金，每月支付给每位员工工资10 000元，个人承担的三险一金为2 000元。企业若建立企业年金，则企业按员工工资的4%为员工缴纳年金，员工个人缴纳年金的比例也为工资的4%。以某一员工为例，企业为该员工每月缴纳企业年金为400元（10 000×4%），该员工个人每月缴纳企业年金400元（10 000×4%），假设该企业共有1 000名员工，未建立企业年金之前全年的利润总额为20 000 000元，没有企业所得税纳税调整项目。

#### ★任务要求

请对上述业务进行纳税筹划。

▶项目引例解析　见本项目的任务三。

## 任务一　个人所得税纳税人身份选择的纳税筹划

**任务案例5-1**　汤姆、杰克、史密斯三位先生均为美国公民，且共同就职于美国某公司。因工作原因，汤姆和杰克于2016年12月10日被美国总公司派往中国的分公司工作。紧接着，2017年2月5日，史密斯也被派往中国工作。2017年度，因工作需要，三人将均回国述职一段时间。汤姆将于2017年6月至7月回国2个月，杰克和史密斯将于2017年8月回国27天。2017年12月31日，发放年终工资、薪金。汤姆将取得中国分公司支付的工资、薪金20万元，美国总公司支付的工资、薪金2万美元。杰克和史密斯均将取得中国分公司支付的22万元和美国总公司支付的2万美元。

【任务要求】请对上述业务进行纳税筹划。

【税法依据】居民纳税义务人负有无限纳税义务。其所取得的应纳税所得，无论是来源于中国境内还是中国境外任何地方，都要在中国缴纳个人所得税。根据《个人所得税法》的规定，居民纳税义务人是指在中国境内有住所，或者无住所而在中国境内居住满一年的个人。所谓在境内居住满一年，是指在一个纳税年度（即1月1日起至12月31日止，下同）内，在中国境内居住满365日。在计算居住天数时，对临时离境应视同在华居住，不扣减其在华居住的天数。这里所说的临时离境，是指在一个纳税年度内，一次不超过30日或者多次累计不超过90日的离境。非居民纳税义务人，是指不符合居民纳税义务人判断标准（条件）的纳税义务人。非居民纳税义务人承担有限责任纳税义务，即仅就其来源于中国境内的所得，向中国缴纳个人所得税。根据《个人所得税法》的规定，非居民纳税义务人是"在中国境内无住所又不居住或者无住所而在境内居住不满1年的个人"。

【筹划思路】外籍个人到我国工作时，应充分利用我国所规定的居民纳税义务人的条件，避免成为我国的居民纳税义务人，从而减轻个人所得税税负。

【筹划过程】

　　方案一：按上述时间段确定工作停留时间。

汤姆2017年度一次性出境两个月，明显超过30天的标准，故为非居民纳税义务人，

史密斯于2017年2月5日才来中国，在一个纳税年度内（1月1日至12月31日）居住未满1年，因而也是非居民纳税义务人，

杰克在2017纳税年度1月1日至12月31日期间，除临时离境27天外，其余时间全在中国，居住满一年，因而属于居民纳税义务人。

因此，汤姆和史密斯仅就中国分公司支付的所得纳税，而杰克对来源于两国公司的全部所得均要纳税。

　　方案二：杰克在回国述职时，多停留3天以上。

则杰克达到一次离境超过30天的条件，成为非居民纳税义务人，可以仅就其来源于中国分公司的所得缴纳个人所得税。

【筹划结论】方案二与方案一相比，杰克在中国可以不用缴纳来源于美国公司支付的工资、薪金所得的个人所得税，因此，应当选择方案二。

【任务点评】通过增加临时离境的天数，尽量满足成为非居民纳税义务人的条件，是避免成为居民纳税义务人纳税筹划的重点。

## 任务二　平均发放工资的纳税筹划

任务案例5-2　甲公司采取按每月的绩效与薪酬挂钩的方式为其员工发放工资。该公司员工李某2017年度全年每月工资如下（单位：元）：6 000、3 500、4 500、1 500、2 000、2 500、3 000、3 500、3 000、500、4 000、8 000。

【任务要求】请对上述业务进行纳税筹划。

【税法依据】2011年6月30日第十一届全国人民代表大会常务委员会第二十一次会议决定对《中华人民共和国个人所得税法》进行如下修改：一、第三条第一项修改为："工资、薪金所得，适用超额累进税率，税率为3%至45%（税率表见表5-1）"。二、第六条第一款第一项修改为："工资、薪金所得，以每月收入额减除费用3 500元后的余额，为应纳税所得额"。

表5-1　　　　　　　　　　　**2011年9月1日起个人所得税税率表**

| 级数 | 含税级距 | 税率（%） | 速算扣除数（元） |
|---|---|---|---|
| 1 | 不超过1 500元的 | 3 | 0 |
| 2 | 超过1 500元至4 500元的部分 | 10 | 105 |
| 3 | 超过4 500元至9 000元的部分 | 20 | 555 |
| 4 | 超过9 000元至35 000元的部分 | 25 | 1 005 |
| 5 | 超过35 000元至55 000元的部分 | 30 | 2 755 |
| 6 | 超过55 000元至80 000元的部分 | 35 | 5 505 |
| 7 | 超过80 000元的部分 | 45 | 13 505 |

【筹划思路】工资、薪金收入适用七级超额累进税率，如果纳税人的每月工资、薪金不均衡，某些月份薪酬非常高，就要适用较高的税率，而另外的月份薪酬很低，适用的税率也较低，甚至没有超过免征额，不用缴税。在这种情况下，纳税人的实际税负将会超过其应该承担的税负。如果纳税人每月工资变化幅度较大，若采用平均发放工资的方式，一般情况下都可少缴个人所得税。这样既降低了个人所得税税负，又没有纳税筹划风险。

【筹划过程】

　　方案一：按上述方式发放薪酬。

　　2017年度应纳个人所得税税额 = [（6 000-3 500）×10%-105] +0+ [（4 500-3 500）×3%] +0+0+0+0+

　　　　　　　0+0+0+ [（4 000-3 500）×3%] + [（8 000-3 500）×10%-105]

　　　　　　=535（元）

　　方案二：先按年估计总工资额，然后按月平均发放，最后一个月多退少补。

　　每月发放工资=（6 000+3 500+4 500+1 500+2 000+2 500+3 000+3 500+3 000+500+

　　　　　　　4 000+8 000）÷12=3 500（元）

　　由于每月发放工资未超过免征额3 500元，因此：

　　2017年度应纳个人所得税税额=0

【筹划结论】方案二比方案一少缴纳个人所得税535元（535-0），因此，应当选择方案二。

【任务点评】纳税人每月工资变化幅度较大，若采用平均发放的方式，一般情况下都可少缴个人所得税。平均发放工资既降低了税负，又没有纳税筹划风险。

## 任务三　全年一次性奖金发放的纳税筹划

**任务案例5-3**　张某2017年的年终奖为18 010元，第12个月的工资为3 500元。

**【任务要求】** 请对上述业务进行纳税筹划。

**【税法依据】**《国家税务总局关于调整个人取得全年一次性奖金等计算征收个人所得税方法问题的通知》（国税发〔2005〕9号）第六条规定：纳税人取得全年一次性奖金，单独作为一个月工资、薪金所得计算纳税，并按以下计税办法，由扣缴义务人发放时代扣代缴：（1）先将雇员当月内取得的全年一次性奖金，除以12个月，按其商数确定适用税率和速算扣除数。（2）将雇员个人当月内取得的全年一次性奖金，按上述第（1）条确定的适用税率和速算扣除数计算征税。

**【筹划思路】** 由于要按照将全年一次性奖金除以12个月，得出的商数确定适用税率和速算扣除数。因此，该商数若刚刚超过工资、薪金个人所得税的某一计税级数，就要按高一档的税率计税，这样就有可能导致个人收入的增加小于税负的增加，使得个人的税后收益反而下降。所以，全年一次性奖金的发放要避免恰好进入高税率的"雷区"。

**【筹划过程】**

方案一：年终奖确定为18 010元。

对于第12个月的工资3 500元来说，未超过免征额3 500元，不缴纳个人所得税。

对于年终奖来说，18 010÷12=1 500.83（元），适用税率就为10%，速算扣除数为105元。

年终奖应纳个人所得税=18 010×10%-105=1 696（元）

税后收益=3 500+18 010-1 696=19 814（元）

方案二：年终奖调减为17 990元，相应地将第12个月的工资调增至3 520元。

第12个月的工资应纳个人所得税=（3 520-3 500）×3%=0.6（元）

对于年终奖来说，17 990÷12=1 499.17（元），适用税率就为3%，速算扣除数为0。

年终奖应纳个人所得税=17 990×3%-0=539.7（元）

税后收益=17 990+3 520-539.7-0.6=20 969.7（元）

**【筹划结论】** 方案二比方案一张某少缴纳个人所得税1 155.7元（1 696-539.7-0.6），多获取税后收益1 155.7元（20 969.7-19 814），因此，应当选择方案二。

**【任务点评】** 在临界点处适当降低年终奖发放金额，反而会增加个人的税后收益，企业应合理测算，选择合适的年终奖发放金额。经测算，全年一次性奖金应避免刚刚超过的金额主要有：18 000元，54 000元，108 000元，420 000元，660 000元，960 000元。企业发放全年一次性奖金要么略低于上述金额，要么比上述金额超出很多，以避免进入高税率的"雷区"。

## 项目引例解析

**【税法依据】** 企业和事业单位（以下简称单位）根据国家有关政策规定的办法和标准，为在本单位任职或者受雇的全体职工缴付的企业年金或职业年金，单位缴费部分，在记入个人账户时，个人暂不缴纳个人所得税；个人缴费部分，在不超过本人缴费工资计税基数的4%标准内的部分，暂从个人当期的应纳税所得额中扣除；年金基金投资运营收益分配记入个人账户时，个人暂不缴纳个人所得税。

**【筹划思路】** 企业年金或职业年金对于企业员工个人来说，能够享受个人所得税递延纳税的优惠政策，即在年金缴费环节和年金基金投资收益环节暂不征收个人所得税，将纳税义务递延到个人实际领取年金的环节（即退休、死亡或出国定居时）。企业年金或职业年金对于企业来说，企业为员工缴费的部分，在计算企业所得税时，在国家规定标准以内的部分可以税前扣除。

**【筹划过程】**

**方案一：企业不建立企业年金。**

1 000名员工应纳个人所得税合计＝［（10 000－2 000－3 500）×10%－105］×1 000×12

＝345×1 000×12＝4 140 000（元）＝414（万元）

企业应纳企业所得税＝20 000 000×25%＝5 000 000（元）＝500（万元）

**方案二：企业建立企业年金。**

1 000名员工应纳个人所得税合计＝［（10 000－2 000－400－3 500）×10%－105］×1 000×12

＝3 660 000（元）＝366（万元）

企业应纳企业所得税＝（20 000 000－400×1 000×12）×25%＝3 800 000（元）＝380（万元）

**【筹划结论】** 方案二比方案一所有职工共少缴纳个人所得税48万元（414－366），企业少缴纳企业所得税120万元（500－380），因此，应当选择方案二。

**【引例点评】** 财税〔2013〕103号文件实施之后，有许多公司备案企业年金，企业对企业年金的认识更全面了，办理企业年金的积极性也比以往高了。新政策实施后，其中一部分企业把原来的员工补充养老计划转换成了企业年金。企业年金个人所得税递延纳税的政策，不仅可以让参保者延期纳税，而且还可以促使更多的企业实行年金制度。由于企业为员工缴纳年金，因此员工就多了一层养老保障，这样，员工对工作的热忱度以及对企业的忠诚度就会提升，企业的效益也会随之提高，最终形成一个良性循环，可谓一举两得。

# 任务四　跨月安排劳务报酬所得的纳税筹划

**任务案例5-4** 张某为国内知名纳税筹划专家，2017年应邀到某上市公司进行纳税筹划培训。双方约定：2017年5月和6月共培训4次，但每月至少培训一次，每次取得报酬20 000元，该报酬当月即可取得。

**【任务要求】** 请对上述业务进行纳税筹划。

**【税法依据】** 劳务报酬所得一次收入畸高，是指个人一次取得劳务报酬，其应纳税所得额超过2万元。对前款应纳税所得额超过2万元至5万元的部分，依照税法规定计算应纳税额后再按照应纳税额加征五成；超过5万元的部分，加征十成。

劳务报酬所得，属于一次性收入的，以取得该项收入为一次；属于同一项目连续性收入的，以一个月内取得的收入为一次。（劳务报酬所得个人所得税税率表见表5-2）

表5-2　　　　　　　　　劳务报酬所得个人所得税税率表

| 级数 | 含税级距 | 税率（%） | 速算扣除数（元） |
| --- | --- | --- | --- |
| 1 | 不超过20 000元的 | 20 | 0 |
| 2 | 超过20 000元至50 000元的部分 | 30 | 2 000 |
| 3 | 超过50 000元的部分 | 40 | 7 000 |

【筹划思路】 由于劳务报酬所得适用20%的超额累进税率，但对一次性收入畸高时，实行加成征收，即相当于适用20%、30%、40%的超额累进税率，因此合理降低每次收入额便有可能降低个人所得税税负。而由于属于同一事项连续取得收入的，以一个月取得的收入为一次，因此纳税人可以通过跨月安排提供劳务的时间，合理合法地将应税收入在不同月份进行分摊，从而降低每次收入额，进而减轻了个人所得税税负。

【筹划过程】
　　方案一：2017年5月培训1次，6月培训3次。

5月份应纳个人所得税=20 000×（1-20%）×20%=3 200（元）

6月份应纳个人所得税=20 000×3×（1-20%）×30%-2 000=12 400（元）

纳税合计额=3 200+12 400=15 600（元）

　　方案二：2017年5月培训2次，6月培训2次。

5月份应纳个人所得税=20 000×2×（1-20%）×30%-2 000=7 600（元）

6月份应纳个人所得税=20 000×2×（1-20%）×30%-2 000=7 600（元）

纳税合计额=7 600+7 600=15 200（元）

　　方案三：张某与该上市公司进一步协商，2017年5、6、7、8月每月各培训一次，共计4次。

5月份应纳个人所得税=20 000×（1-20%）×20%=3 200（元）

6月份应纳个人所得税=20 000×（1-20%）×20%=3 200（元）

7月份应纳个人所得税=20 000×（1-20%）×20%=3 200（元）

8月份应纳个人所得税=20 000×（1-20%）×20%=3 200（元）

纳税合计额=3 200+3 200+3 200+3 200=12 800（元）

【筹划结论】 方案三比方案一少缴纳个人所得税2 800元（15 600-12 800），方案三比方案二少纳税2 400元（15 200-12 800）。因此，应当选择方案三。

【任务点评】 方案三中张某分4个月培训的要求未必能够得到该上市公司的同意，若得不到该上市公司的同意，则应选择方案二。

## 任务五　费用转移的纳税筹划

**任务案例5-5** 北京的纳税筹划专家张某受聘到深圳讲课，为期7天，深圳一方支付报酬70 000元，但有关交通费、食宿费等由张某自理，张某共开支10 000元。

【任务要求】 请对上述业务进行纳税筹划。

【税法依据】 劳务报酬所得应纳税所得额应按以下方式确定：实行定额或定率扣除，即每次收入<4 000元的，定额扣除800元；每次收入>4 000元的，定率扣除20%。劳务报酬所得税率的确定：比例税率20%；对一次取得的劳务报酬所得的应纳税所得额20 000元以上的部分要加成征收，即20 000元至50 000元的部分，税率为30%；50 000元以上的部分，税率为40%。

【筹划思路】 纳税人在提供劳务时，一般情况下，接受劳务的单位只是定额地支付劳务报酬，纳税人的交通费、食宿费自己承担。但是，纳税人也可以和接受劳务单位进行协商，由对方提供食宿和交通费，然后通过适当降低劳务报酬的方法对接受劳务单位进行补偿。

这样做，接受劳务单位没有损失，纳税人的实际收入也没有减少，但由于劳务报酬（名义收入）降低了，于是可以少缴个人所得税。

【筹划过程】

方案一：交通费、食宿费等由张某自理。

张某应纳个人所得税=70 000×（1-20%）×40%-7 000=15 400（元）

张某净收入=70 000-10 000-15 400=44 600（元）

方案二：交通费、食宿费由深圳一方承担，相应减少劳务报酬至60 000元。

张某应纳个人所得税=60 000×（1-20%）×30%-2 000=12 400（元）

张某净收入=60 000-12 400=47 600（元）

【筹划结论】方案二比方案一少缴纳个人所得税3 000元（15 400-12 400），净收入增加3 000元（47 600-44 600），因此，应当选择方案二。

【任务点评】通过将费用由企业负担，而降低报酬，从而降低了计税依据，进而降低了个人所得税税负，是较好的节税思路。

# 任务六　稿酬所得的纳税筹划

**任务案例5-6**　张某为我国纳税筹划实操专家，现准备出版一本关于纳税筹划的著作，此著作由5个部分组成，预计稿酬所得15 000元。

【任务要求】请对上述业务进行纳税筹划。

【税法依据】个人以图书、报刊方式出版、发表同一作品，不论出版单位是预付还是分笔支付稿酬，或者加印该作品再付稿酬，均应合并稿酬所得，按一次计征个人所得税；但对于不同的作品，则分开计征个人所得税。

【筹划思路】如果一本书可以分成几个部分，以系列丛书的形式出版，则该作品将被认定为几个单独的作品，分开计征个人所得税，在有些情况下，有可能降低稿酬的个人所得税税负。

【筹划过程】

方案一：张某以一本书的形式出版。

应纳个人所得税额=15 000×（1-20%）×20%×（1-30%）=1 680（元）

方案二：在可行的情况下，张某按照此书的5个部分分别出版5本系列丛书。

每本稿酬=15 000÷5=3 000（元）

每本应纳个人所得税额=（3 000-800）×20%×（1-30%）=308（元）

5本共应纳个人所得税额=308×5=1 540（元）

【筹划结论】方案二比方案一少缴纳个人所得税140元（1 680-1 540），因此，应当选择方案二。

【任务点评】将原书分解成一套系列著作的前提是该种发行方式不会对发行量有太大的影响，甚至能够增加发行量。如果该种分解发行方式导致著作的销量或者学术价值大受影响，则这种方式将得不偿失。同时，该种发行方式应保证分解后每本书的稿酬均小于4 000元，使得实际扣除标准大于20%。

## 任务七　工资、薪金所得与劳务报酬所得相互转换的纳税筹划

**任务案例5-7** 王某2017年欲到甲公司打工，约定年收入为42 000元（按月平均发放），王某可选择与甲公司签署劳务合同或雇佣合同。（假设无论确定何种用工关系，对企业和个人的其他方面都不产生影响）

【**任务要求**】请对上述业务进行纳税筹划。

【**税法依据**】工资、薪金所得适用的是3%～45%的七级超额累进税率；劳务报酬所得适用的是20%的比例税率，对一次收入畸高的，实行加成征收。

【**筹划思路**】由于费用扣除金额、税率、计算方式都不同，因此相同数额的收入，是按工资、薪金所得征税，还是按劳务报酬所得征税，其应纳税额是不一样的。而工资、薪金收入与劳务报酬收入都是劳动所得，两者最大的区别在于提供劳动的个人是否与接受其劳动的单位或个人签订了存在雇佣关系的劳动合同。这就给纳税人带来了很大的筹划空间。

【**筹划过程**】

　　方案一：签署劳务合同，确立劳务关系。

　　则按劳务报酬计算缴纳个人所得税：

　　王某每月应纳个人所得税=（42 000÷12-800）×20%=540（元）

　　王某全年应纳个人所得税总额=540×12=6 480（元）

　　方案二：签署雇佣合同，确立雇佣关系。

　　则按工资、薪金计算缴纳个人所得税：

　　王某每月收入=42 000÷12=3 500（元）

　　由于未超过免征额3 500元，因此不需缴纳个人所得税。

【**筹划结论**】方案二比方案一少缴纳个人所得税6 480元（6 480-0），因此，应当选择方案二。

【**任务点评**】签署雇佣合同，原则上须由单位为员工缴纳社会保险，而签署劳务合同不涉及五险一金问题，可通过缴纳商业保险来代替。

## 任务八　工资、薪金所得与稿酬所得相互转换的纳税筹划

**任务案例5-8** 李某为某报社的记者，月工资为3 500元，2017年9月李某准备发表一篇文章，无论是在所任职的报社发表还是在其他报社发表，均可获得2 000元的报酬。

【**任务要求**】请对上述业务进行纳税筹划。

【**税法依据**】任职、受雇于报刊等单位的记者、编辑等专业人员，因在本单位的报刊、杂志上发表作品取得的所得，属于因任职、受雇而取得的所得，应与其当月工资收入合并，按"工资、薪金所得"项目征收个人所得税。

【**筹划思路**】通过分别计算按"工资、薪金所得"项目、"稿酬所得"项目应纳个人所得税

的多少，来选择税负低的方案。

【筹划过程】

方案一：李某在所任职的报社发表该文章。

2017年9月李某工资、薪金所得应纳个人所得税=（3 500+2 000-3 500）×10%-105
=95（元）

方案二：李某在其他报社或杂志社发表该文章。

3 500元工资未超过免征额，不需纳税。

2017年9月李某稿酬所得应纳个人所得税=（2 000-800）×20%×（1-30%）=168（元）

【筹划结论】方案一比方案二李某少缴纳个人所得税73元（168-95），因此，应当选择方案一。

【任务点评】应当注意的是，随着工资、发表文章获得报酬金额的变动，计算结果也会有所差异。

# 任务九　偶然所得临界点的纳税筹划

**任务案例5-9** 发行体育彩票和社会福利有奖募捐的单位在设立奖项时，有两种方案：一是只设置一等奖，每个11 000元，共5个。二是设置一等奖5个，每个10 000元；二等奖5个，每个1 000元。

【任务要求】请对上述业务进行纳税筹划。

【税法依据】偶然所得是个人得奖、中奖、中彩以及其他偶然性质的所得，对偶然所得统一按照20%的比例税率缴纳个人所得税。对个人购买福利彩票、赈灾彩票、体育彩票，一次中奖收入在1万元以下的（含1万元）暂免征收个人所得税；超过1万元的，全额征收个人所得税。

【筹划思路】发行体育彩票和社会福利有奖募捐的单位在设立奖项时，应当考虑税收政策的规定，尽量避免刚刚超过1万元的情况出现。

【筹划过程】

方案一：只设置一等奖5个，每个11 000元。

应纳个人所得税共计=11 000×20%×5=11 000（元）

税后收入=11 000×5-11 000=44 000（元）

方案二：设置一等奖5个，每个10 000元；二等奖5个，每个1 000元。

不缴纳个人所得税。

税后收入=10 000×5+1 000×5=55 000（元）

【筹划结论】方案二比方案一少缴纳个人所得税11 000元（11 000-0），因此，应当选择方案二。

【任务点评】只有当奖金超出10 000元达到一定数额时，获奖者才不会感到"吃亏"。下面通过设立方程式求解均衡点。

设奖金为X，则有：X（1-20%）≥10 000，解得：X≥12 500（元）。

也就是说，区间（10 000，12 500）是非有效区，如果奖金设在这个区间，税后收入反而会低于10 000元。因此，发行体育彩票和社会福利有奖募捐的单位在设立奖项时，应当考虑税收政策的规定，要么小于或等于10 000万元，要么超过12 500元。

# 任务十　个人捐赠的纳税筹划

**任务案例5-10**　李某是某市公务员，每月工资薪金收入5 000元。2017年1月份，李某准备捐赠1 200元给灾区。

【任务要求】请对上述业务进行纳税筹划。

【税法依据】个人不通过公益性社会团体和国家有关部门，而是直接向受灾对象的捐赠，捐赠额不能在个人所得税前扣除。

　　个人将其所得通过中国境内的社会团体、国家机关向教育和其他社会公益事业以及遭受严重自然灾害地区、贫困地区的捐赠，捐赠额未超过纳税人申报的应纳税所得额30%的部分，可以从其应纳税所得额中扣除。超出30%的部分则不计算在内，扣除时按30%计算。

【筹划思路】个人应当首先选择通过非营利性的社会团体和政府部门进行公益性捐赠，其次选择直接向受灾对象的捐赠。

【筹划过程】方案一：直接捐赠1 200元给灾区。

　　由于直接捐赠不得税前扣除，因此：

　　李某1月份应纳个人所得税=（5 000-3 500）×3%=45（元）

　　方案二：通过国家机关捐赠1 200元给灾区。

　　允许在个人所得税税前扣除的捐赠限额=（5 000-3 500）×30%=450（元）

　　李某实际捐赠额（1 200元）大于捐赠限额（450元），只能按捐赠限额税前扣除。

　　李某1月份应纳个人所得税=（5 000-3 500-450）×3%=31.5（元）

【筹划结论】方案二比方案一少缴纳个人所得税13.5元（45-31.5），因此，应当选择方案二。

【任务点评】有些时候，通过公益性社会团体进行捐赠，容易出现捐赠对象错位、捐赠不及时，甚至捐赠资金被挪用的情况，可能会影响捐赠效果。

拓展阅读

年收入12万元属于高收入群体吗？——聚焦个税改革三大焦点[①]

　　近期，有观点称"年收入12万元以上被定为高收入群体，要加税"，引发社会对个税改革的关注。到底年收入多少属于高收入群体？个税改革的方向是什么？将面临哪些难点？

　　多位熟知个税改革的财政部和国家税务总局专家24日对"新华视点"记者回应表示，年收入12万元并非划分高低收入人群的界限，不存在以年收入12万元为分界加税的情况。

　　——焦点一：年收入多少属于高收入者？

　　近期，国务院发布的《关于激发重点群体活力带动城乡居民增收的实施意见》明确，

---

　　① 佚名.年收入12万元属于高收入群体吗？——聚焦个税改革三大焦点[EB/OL].[2016-10-25].http://www.chinatax.gov.cn/n810219/n810724/c2302783/content.html.

对技能人才、新型职业农民、科技人员等七类群体，推出差别化收入分配激励政策。其中提出，要进一步发挥税收调节收入分配的作用，适当加大对高收入者的税收调节力度。

这项政策提及的"高收入者"，按什么标准来确定？有舆论认为，年收入12万元以上的属于高收入群体，将是个税改革中重点调节的人群，这意味着年收入超过12万元以上群体个税将增加。

记者采访了解到，"年收入超过12万元以上属于高收入者"的说法，源于从2006年开始实施的个税申报制度。根据个人所得税申报相关规定，年所得12万元以上的应自行办理纳税申报。

业内专家介绍，在个税申报政策制定时，年收入超过12万元的，确实是收入比较高的群体，如申报实施第一年，全国仅有168万人申报。国家税务总局税收科学研究所所长李万甫介绍，当时选择年收入超过12万元的群体进行纳税申报，是为后续个税改革进行试点探索积累经验。年收入12万元，并不涉及高低收入人群划分界限。

那么，年收入多少才属于高收入者？长期跟踪个税改革的中国财政科学研究院研究员孙钢说："在中低收入和高收入的划分上，国际上及我国均没有法律确定的标准，税法上也从没有确定过高收入的标准。我国不同人群和不同地区收入存在差距，高收入群体和低收入群体只是相对概念，不是绝对概念。"

以个税最高税率适用群体为例，我国适用于个税45%以上税率的，为年所得96万元以上群体，是我国去年城镇职工平均收入的15.5倍；美国适用最高39.6%税率的，是年所得40万美元以上群体，约为美国人均收入的9.3倍。

——焦点二：个税改革将怎么改？

"当前公众对高收入者标准的关注，背后原因在于个税改革进展慢。"孙钢说，个税改革后，也依旧会按照税率表征税，因此今后各收入群体中，税收如何调节收入分配，还得以个税改革后推出的税制为准。

业内专家介绍，个税改革总的原则是"增低、扩中、调高"，即增加低收入者收入，扩大中收入者比重，降低中等以下收入者的税收负担，加大对高收入者的税收力度。在降低中低收入税负中，最主要的方式并非提高个税起征点，而是增加扣除项。

"3 500元的个税起征点，实际上就是工薪所得基本扣除额。"李万甫表示，下一步个人所得税改革中，将通过建立"基本扣除＋专项扣除"机制，适当增加专项扣除，进一步降低中低收入者税收负担。如在现行3 500元和三险一金基础上，2016年起已在31个城市试点商业健康保险扣除政策，下一步还将开展税收递延型商业养老保险试点，根据社会配套条件和征管机制的完善程度，适当增加专项附加扣除。

李万甫等专家介绍，个税改革下一步重点或将是增加家庭扣除项。当前经常出现一个人赚钱，承担全家子女教育、房屋贷款、老人赡养等家庭支出。因此，今后将考虑将一部分教育、房贷、养老等支出，纳入扣除项，使税制政策更加合理。

2016年全国两会上，财政部部长楼继伟曾对个税改革介绍，个税综合计税研究内容，将包括满足基本生活的首套住宅按揭贷款利息扣除，抚养孩子费用扣除，个人职业发展、再教育费用扣除等。

记者采访了解到，由财政部等部门起草的个税改革方案，在2016年两会前就已提交国务院。中国人民大学财政金融学院教授朱青说，个税修改要经过法律程序：首先国务院要拿出修改草案，然后提交全国人大常委会审议。由于个税是直接税，而且关系到千家万户，所以全国人大常委会很可能要经过较长时间的讨论，最后还要在网上征求意见，最后再经全国人大常委会表决通过。

目前，个人所得税属于按月征收。朱青介绍，实行综合分类相结合的个税，需要按年申报纳税，所以最好从一个自然年度（纳税年度）开始实行新的个税制度。从这个意义上说，最快也要从2017年7月1日开始实行。

——焦点三：个税改革还面临哪些难点？

不少受访专家指出，按综合分类相结合方式实施个税改革后，在调节二次分配、个税实际征管等方面还存在三方面突出难题：

（1）个税占比偏低，难以发挥调节作用。孙钢等专家表示，目前个税占税收总比重过低，在发挥调节收入、解决分配不公方面的作用仍不突出。据介绍，2015年我国个税总额为8 616亿元，占税收的比重只有6.3%。专家建议，个税改革要进一步完善二次分配的作用，通过税改促进社会消费和经济增长。

（2）大量现金交易难以纳入监管，税收征管能力仍存漏洞。专家表示，以个税为代表的所得税，由于需要掌握纳税人详细收入、开支等涉税信息，才能准确核算纳税所得，避免偷税漏税，这对税收征管能力要求更高。

李万甫表示，由于当前仍然存在大量现金交易等情况，因此个人收入和申报的精确确认还难以做到。此外，部门和区域间信息孤岛的问题，也使税务机关难以全面掌握实际的信息。

（3）高收入群体征管仍存漏洞。中山大学财税系教授林江表示，社会上有把个税认为是征收工资税的说法，主要是工薪阶层主要采用企业代扣代缴和税务部门核查的办法，但一些企业高管等高收入群体却可以把个人支出纳入企业成本，规避个税缴纳。

李万甫表示，高收入群体个税跑冒滴漏，需要完善政策，加快建设个人收入和财产信息系统，既要鼓励社会财富积累和勤劳致富，也要堵住偷税漏税的漏洞。

专家表示，个税改革很难一步到位。中国财政科学研究院院长刘尚希说，个税改革社会敏感度高，改革关键要形成社会最大公约数，坚持"开门立法"，制定大多数人能接受的方案，从而提高公众对税法的遵从度。

▶ 项目练习 ◀

一、单项选择题

1.根据个人所得税法律制度的规定，下列各项中，应列入工资、薪金所得项目计算缴纳个人所得税的是（　　）。

A.独生子女补贴　　　B.误餐补助　　　　　C.差旅费津贴　　　　D.全年一次性奖金

2.2017年6月中国公民李某从公开发行和转让市场上取得了上市公司股票，并向注册会计师王某咨询其所取得的股息、红利所得个人所得税的税务处理。根据个人所得税法律制度的规定，王某的下列说法中，不正确的是（　　）。

A.李某持股期限在1个月以内（含1个月）的，其股息红利所得全额计入应纳税所得额计算纳税

B.李某持股期限在1个月以上至1年（含1年）的，其股息红利所得暂减按50%计入

应纳税所得额计算纳税

C.李某持股期限超过1年的，其股息、红利所得暂免征收个人所得税

D.李某持股期限超过1年的，其股息、红利所得暂减按25%计入应纳税所得额计算纳税

3.下列各项个人所得中，不属于免征个人所得税的是（　　）。

　A.保险赔款　　　　　　　　　　　B.残疾、孤老人员和烈属的所得

　C.军人的转业费　　　　　　　　　D.国债利息

4.2017年6月，李某出版小说一本取得稿酬100 000元，从中拿出30 000元通过国家机关捐赠给受灾地区。李某6月份应缴纳个人所得税（　　）。

　A.8 560元　　　　B.10 000元　　　　C.7 000元　　　　D.7 840元

5.年所得在12万元以上的纳税人，在年度终了后（　　）个月内到主管税务机关办理纳税申报。

　A.2　　　　　　　B.3　　　　　　　C.4　　　　　　　D.5

6.根据个人所得税法律制度的规定，下列（　　）一次收入畸高的，实行加成征收。

　A.稿酬所得　　　　　　　　　　　B.利息、股息、红利所得

　C.劳务报酬所得　　　　　　　　　D.偶然所得

7.在中国境内无住所，且在一个纳税年度内在中国境内累计居住不超过90日的个人（　　）。

　A.只就其在中国境内工作期间，境内单位个人、雇主支付或境内机构负担的部分征税

　B.应就其在中国境内工作期间，来源于中国境内外的全部所得征税

　C.免予征收个人所得税

　D.仅就其来源于中国境外的收入征税

8.我国居民于2017年6月5日取得工资收入5 000元，稿酬收入3 000元，当即将稿酬收入中的1 000元通过国家机关捐赠给贫困地区（取得捐赠证明），则其当月应纳个人所得税为（　　）元。

　A.155　　　　　　B.250　　　　　　C.260.6　　　　　D.275

9.下列各项中，不属于免征个人所得税的是（　　）。

　A.县人民政府为教师王某颁发的教育奖金

　B.国家发行的金融债券利息收入

　C.按国家统一规定发给职工的安家费

　D.个人取得的拆迁补偿款

二、多项选择题

1.根据个人所得税法律制度的规定，下列各项中，属于我国居民纳税人的有（　　）。

　A.在中国境内有住所的个人

　B.在中国境内无住所且不在我国境内居住的个人

　C.在中国境内无住所而在我国境内居住满1年的个人

　D.在中国境内无住所而在我国境内居住不满1年的个人

2.根据《个人所得税法》规定，下列情况纳税人应当按照规定自行到主管税务机关办理纳税申报的有（　　）。

A.甲某2017年取得工资薪金所得6万元，稿酬所得4万元，出租房屋所得7万元

B.乙某作为集团总公司的外派主管人员，每月除在集团公司总部取得450万元工资外，还在外派的子公司取得2 500元工资

C.丙某在境外转让股票取得所得90 000元

D.丁某月工资3 600元，在工作之余，还从事翻译工作，每月均能固定从三家出版社取得翻译所得各2 200元

3.根据个人所得税法律制度的规定，外籍个人取得的下列所得中，暂免征收个人所得税的有（　　）。

A.以现金形式取得的住房补贴、伙食补贴、搬迁费、洗衣费

B.按合理标准取得的境内、境外出差补贴

C.取得的经当地税务机关审核批准为合理部分的语言训练费、子女教育经费

D.从外商投资企业取得的股息、红利所得

4.下列项目中，属于劳务报酬所得的有（　　）。

A.个人艺术品展卖取得的报酬

B.提供著作的版权而取得的报酬

C.将国外的作品翻译出版取得的报酬

D.专家学者受出版社委托进行审稿取得的报酬

5.根据个人所得税法律制度的规定，下列各项中，不属于"工资、薪金所得"项目的有（　　）。

A.劳动分红

B.托儿补助费

C.独生子女补贴

D.执行公务员工资制度未纳入基本工资总额的补贴、津贴差额和家属成员的副食补贴

6.根据个人所得税法律制度的规定，下列各项中，应按"个体工商户的生产、经营所得"项目征收个人所得税的有（　　）。

A.出租车属于个人所有，但挂靠出租汽车经营单位或企事业单位，驾驶员向挂靠单位缴纳管理费，出租车驾驶员从事客货运营取得的收入

B.个人对企事业单位承包、承租经营后，工商登记改变为个体工商户的，其承包、承租经营所得

C.出租汽车经营单位对出租车驾驶员采取单车承包或承租方式运营，出租车驾驶员从事客货营运取得的收入

D.个人因从事彩票代销业务而取得的所得

7.下列个人所得中，在计算个人所得税时，不得减除费用的有（　　）。

A.劳务报酬所得　　　　　　　　　B.偶然所得

C.工资薪金所得　　　　　　　　　D.利息、股息、红利所得

8.按照《个人所得税法》的规定，不扣减在华居住天数的临时离境包括（　　）。

A.一次离境不超过30天　　　　　　B.一次离境不超过90天

C.多次累计离境不超过90天　　　　D.多次累计离境不超过183天

9.个体工商户的收入总额包括（　　　）。

A.主营业务收入　　　B.其他业务收入　　　C.营业外收入　　　D.其他收入

### 三、判断题

1.有限合伙企业由普通合伙人和有限合伙人组成，普通合伙人对合伙企业债务承担无限连带责任，有限合伙人以其认缴的出资额为限对合伙企业债务承担责任。（　　）

2.个人所得税的居民纳税人，就来源于中国境内的所得部分征税；非居民纳税人，就来源于中国境内和境外的全部所得征税。（　　）

3.个体工商户生产经营活动中，应当分别核算生产经营费用和个人、家庭费用。对于生产经营与个人、家庭生活混用难以分清的费用，全部视为个人、家庭生活费用，不允许在税前扣除。（　　）

4.个人将其所得通过中国境内的社会团体、国家机关向教育和其他社会公益事业以及遭受严重自然灾害地区、贫困地区捐赠，捐赠额未超过纳税义务人申报的应纳税所得额12%的部分，可以从其应纳税所得额中扣除。（　　）

5.个人审稿取得的收入按稿酬所得计税。（　　）

6.个人独资企业和个人合伙企业投资者也为个人所得税的纳税义务人。（　　）

7.个人购买国债和国家发行的金融债券所取得的利息，免征个人所得税；企业购买国债和国家发行的金融债券所取得的利息，也免征企业所得税。（　　）

8.对个人购买福利彩票、赈灾彩票、体育彩票，一次性中奖收入在1万元以下的（含1万元），暂免征收个人所得税；超过1万元的，按超出部分计算征收个人所得税。（　　）

9.属于同一事项连续取得收入的，以每天取得的收入为一次。（　　）

10.个人转让自用达5年以上，并且是唯一的家庭生活用房取得的所得，暂免征收个人所得税。（　　）

11.公开拍卖文学作品手稿原件所得应按特许权使用费所得缴纳个人所得税。（　　）

### 四、案例题

1.演员刘某与演出经纪公司签订一项合同，由该经纪公司安排刘某分别在3月5日、3月15日和3月25日参加三场不相关联的晚会演出，每场演出刘某可取得劳务费25 000元，共计75 000元。分别以下情况计算刘某应缴纳的个人所得税，并从中选择一种最佳的纳税方式：（1）合并为一次纳税；（2）分为三次纳税。

2.张某2017年为甲公司提供经纪服务，若与甲公司签订的是劳务合同，则张某预计每月可取得佣金20 000元；若与甲公司签订的是雇佣合同，则张某预计每月可取得工资、薪金也为20 000元。请对其进行纳税筹划。

#### ◆项目实训◆

**一、实训名称**

发放工资与发放红利之间选择的纳税筹划

**二、实训案例设计**

天祥公司是由4个股东每人出资100万元成立的有限责任公司。4个股东平时不领取工资，年终按照利润情况分红。2017年度，该公司职工人数40人，年工资总额为120万元，实现税前利润100万元，假设没有纳税调整项目，则应纳企业所得税=100×25%=25（万元）。假设该公司按照净利润的5%提取任意盈余公积金，则提取法定盈余公积金和任意盈余公积金=（100-25）×（10%+5%）=11.25（万元）。可供分配给股东的利润=100-25-11.25=63.75（万元）。年终4个股东决定将其中的24万元来分红，每人取得红利6万元。

### 三、实训任务要求

1.能够明确工资薪金所得和股息红利所得个人所得税的税法规定。

2.能够设计发放工资与发放红利之间选择的纳税筹划思路。

3.能够正确计算发放工资或发放红利方式下的税负及税后收益。

4.能够通过比较分析，选择最优的工资或红利发放方式。

# 项目六
# 其他税种的纳税筹划实务（上）

## 职业能力目标

（1）能对城市维护建设税进行纳税筹划。

（2）能对土地增值税进行纳税筹划。

（3）能对房产税进行纳税筹划。

（4）能对资源税进行纳税筹划。

（5）能对城镇土地使用税进行纳税筹划。

### ▶项目引例——出租转仓储的纳税筹划◀

甲商业零售企业现有 5 栋闲置库房（该库房为 2016 年 5 月 1 日之后自建），房产原值总共为 2 000 万元，2017 年 1 月企业经研究提出以下两种利用方案：一是出租方案，将闲置库房出租收取租赁费，年租金收入为 200 万元（含增值税），每年可抵扣进项税额为 0；二是仓储方案，配备保管人员将库房改为仓库，为客户提供仓储服务，收取仓储费，年仓储收入也为 200 万元（含增值税），但需每年支付给保管人员工资 2 万元，另外每年可抵扣进项税额为 2 万元。当地政府规定计算房产余值的扣除比例为 30%，假设不考虑其他成本。

### ★任务要求

请对上述业务进行纳税筹划。

### ▶项目引例解析 见本项目的任务三。

## 任务一　城市维护建设税的纳税筹划实务

### 一、企业选址的纳税筹划

**任务案例6-1**　甲公司在设立选址时有两个地方可以选择：一是设在市区；二是设在县城，假设无论选择哪种方案，都不会影响其经济效益，且当期流转税合计为 200 万元。

【任务要求】请对上述业务进行纳税筹划。

【税法依据】纳税人所在地在市区的，城建税税率为 7%；在县城、镇的，城建税税率为 5%；不在市区、县城或镇的，城建税税率为 1%。

【筹划思路】由于不同的地区，规定了不同的城建税税率，因此企业可以根据自身的情况，在不影响经济效益的前提下，选择城建税适用税率低的区域设立企业，这样不仅可以少缴城建税，而且还能降低房产税与城镇土地使用税的税负。

【筹划过程】

方案一：设在市区。

应纳城建税=200×7％=14（万元）

方案二：设在县城。

应纳城建税=200×5％=10（万元）

【筹划结论】方案二比方案一少缴纳城建税4万元（14-10），因此，应当选择方案二。

【任务点评】将企业设在县城，在有些情况下，有可能影响企业的生产经营业绩。企业不能只是单纯地考虑城建税税负因素来对企业进行选址。

### 二、根据地址选择受托方的纳税筹划

**任务案例6-2**　甲公司2017年拟委托加工一批高档化妆品，由受托加工单位代收代缴消费税600万元。现有两个受托单位可以选择：一是设在市区的乙公司；二是设在县城的丙公司。

【任务要求】请对上述业务进行纳税筹划。

【税法依据】对由受托方代征代扣"三税"的单位和个人，由受托方按其所在地适用的税率代收代缴城市维护建设税。

【筹划思路】纳税人在进行委托时，可以选择城建税税率比自己低的地区的受托单位来进行委托。

【筹划过程】

方案一：选择设在市区的乙公司作为受托方。

应纳城建税=600×7％=42（万元）

方案二：选择设在县城的丙公司作为受托方。

应纳城建税=600×5％=30（万元）

【筹划结论】方案二比方案一少缴纳城建税12万元（42-30），因此，应当选择方案二。

【任务点评】企业不能只考虑受托方的地址，还应考虑受托方的信誉、加工质量等各种因素。

## 任务二　土地增值税的纳税筹划实务

### 一、利用税收优惠政策的纳税筹划

**任务案例6-3**　甲房地产开发企业开发一批商品房，计划销售价格总额为5 000万元，按税法规定计算的可扣除项目金额为4 000万元。

【任务要求】请对上述业务进行纳税筹划。

【税法依据】纳税人建造普通标准住宅出售，增值额未超过扣除项目金额的20％时（即增值率未超过20％时），免缴土地增值税；增值额超过扣除项目金额的20％时，应就其全部增值额按规定缴纳土地增值税。

土地增值税税率见表6-1。

表6-1　　　　　　　　　　　　　土地增值税税率表

| 级数 | 增值额与扣除项目金额的比率 | 税率 | 速算扣除系数 |
|------|------------------------|------|------------|
| 1 | 不超过50%的部分 | 30% | 0 |
| 2 | 超过50%至100%的部分 | 40% | 5% |
| 3 | 超过100%至200%的部分 | 50% | 15% |
| 4 | 超过200%的部分 | 60% | 35% |

【筹划思路】纳税人建造住宅出售的，应考虑增值额增加带来的效益和放弃起征点的优惠而增加的税收负担间的关系，避免增值率稍高于起征点而多纳税款情况的出现。也就是说，在普通住宅增值率略高于20%时，可通过适当减少销售收入或加大扣除项目金额的方式使增值率控制在20%以内。

【筹划过程】

方案一：销售价格总额5 000万元，可扣除项目金额为4 000万元。

增值额=5 000-4 000=1 000（万元）

增值率=1 000÷4 000×100%=25%

由于增值率为25%，超过20%，所以不能享受免征土地增值税的优惠政策。

经查表6-1，适用30%的税率，则：

应纳土地增值税=1 000×30%=300（万元）

方案二：销售价格总额降为4 800万元，可扣除项目金额仍保持为4 000万元。

增值额=4 800-4 000=800（万元）

增值率=800÷4 000×100%=20%

此时，免缴土地增值税。

【筹划结论】方案二比方案一少缴纳土地增值税300万元，因此，应当选择方案二。

【任务点评】一方面，虽然减少了销售收入200万元（5 000-4 800），但由于少缴了土地增值税300万元，因此总体上仍然减少支出100万元（300-200）；另一方面，通过降低销售价格，会扩大销售，实在是一举两得。

### 二、房地产开发费用扣除方法选择的纳税筹划

任务案例6-4　甲房地产公司2016年12月开发一处房地产，为取得土地使用权支付的金额为1 200万元，房地产开发成本为1 500万元，财务费用中按转让房地产项目计算分摊利息的利息支出为250万元，不超过商业银行同类同期贷款利率。假设该项目所在省政府规定计征土地增值税时，房地产开发费用扣除比例按国家规定允许的最高比例执行。

【任务要求】请对上述业务进行纳税筹划。

【税法依据】房地产开发费用是指与房地产开发项目有关的销售费用、管理费用和财务费用。当纳税人能够按转让房地产项目计算分摊利息支出，并能提供金融机构贷款证明的，其最多允许扣除的房地产开发费用=利息+（取得土地使用权所支付的金额+房地产开发成

本）×5%；纳税人不能按转让房地产项目计算分摊利息支出或不能提供金融机构贷款证明的，其最多允许扣除的房地产开发费用=（取得土地使用权所支付的金额+房地产开发成本）×10%。

【筹划思路】比较两种计算方法下房地产开发费用的大小，选择使得房地产开发费用较大的方法，从而降低增值额，进而降低土地增值税税负。

【筹划过程】

方案一：不按转让房地产项目计算分摊利息支出或不提供金融机构贷款证明。

允许扣除的房地产开发费用=（取得土地使用权所支付的金额+房地产开发成本）×10%
=（1 200+1 500）×10%=270（万元）

方案二：按转让房地产项目计算分摊利息支出，并提供金融机构贷款证明。

允许扣除的房地产开发费用=利息+（取得土地使用权所支付的金额+房地产开发成本）×5%
=250+（1 200+1 500）×5%=385（万元）

【筹划结论】方案二比方案一多扣除房地产开发费用115万元（385-270），因此，应当选择方案二。

【任务点评】如果企业进行房地产开发主要依靠负债筹资，利息支出较高，可考虑分摊利息并提供金融机构证明，据实扣除并加扣其他开发费用。如果企业进行房地产开发主要依靠权益资本筹资，利息支出较少，则可考虑不计算应分摊的利息，这样可以多扣除房地产开发费用。

# 任务三　房产税的纳税筹划实务

## 一、降低房产原值的纳税筹划

**任务案例6-5**　甲公司位于某市市区，该公司除厂房、办公用房外，还包括厂区围墙、烟囱、水塔、变电塔、游泳池、停车场等建筑物，总计工程造价10亿元，除厂房、办公用房外的建筑设施工程造价2亿元。当地政府规定计算房产余值的扣除比例为30%。

【任务要求】请对上述业务进行纳税筹划。

【税法依据】房产税在城市、县城、建制镇和工矿区征收，不包括农村。房产是以房屋形态表现的财产。房屋则是指有屋面和围护结构（有墙或两边有柱），能够遮风避雨，可供人们在其中生产、工作、学习、娱乐、居住或储藏物资的场所。独立于房屋之外的建筑物，如围墙、烟囱、水塔、变电塔、油池油柜、酒窖菜窖、酒精池、糖蜜池、室外游泳池、玻璃暖房、砖瓦石灰窑以及各种油气罐等，则不属于房产。与房屋不可分离的附属设施，属于房产。

【筹划思路】如果将除厂房、办公用房以外的建筑物，如停车场、游泳池等都建成露天的，并且把这些独立建筑物的造价同厂房、办公用房的造价分开，在会计账簿中单独核算，则这部分建筑物的造价不计入房产原值，不缴纳房产税。

【筹划过程】

方案一：将所有建筑物都作为房产计入房产原值。

应纳房产税=100 000×（1-30%）×1.2%=840（万元）

方案二：将游泳池、停车场等都建成露天的，并且把这些独立建筑物的造价同厂房、办公用房的造价分开，在会计账簿中单独核算。

则这部分建筑物的造价不计入房产原值，不缴纳房产税：

应纳房产税=（100 000-20 000）×（1-30%）×1.2%=672（万元）

【筹划结论】方案二比方案一少缴纳房产税168万元（840-672），因此，应当选择方案二。

【任务点评】将停车场、游泳池等都建成露天的，并且把这些独立建筑物的造价同厂房、办公用房的造价分开，可以降低房产税的计税依据，从而降低房产税税负，但将停车场、游泳池等建成露天的，有时未必适合企业的需要。

### 二、降低租金收入的纳税筹划

**任务案例6-6** 甲公司拥有一写字楼，配套设施齐全，对外出租。当年的全年租金共为3 000万元（含增值税），其中含代收的物业管理费300万元（含增值税），水电费为500万元（含增值税）。

【任务要求】请对上述业务进行纳税筹划。

【税法依据】房产出租的，房产税采用从租计征方式，以租金收入作为计税依据，按12%的税率计征。

【筹划思路】对于出租方的代收项目收入，应当与实际租金收入分开核算，分开签订合同，从而降低从租计征的计税依据。

【筹划过程】

方案一：甲公司与承租方签订租赁合同，合同中的租金共为3 000万元。

应纳房产税=3 000÷（1+11%）×12%=324.32（万元）

方案二：将各项收入分别由各相关方签订合同，如物业管理费由承租方与物业公司签订合同，水电费按照承租人实际耗用的数量和规定的价格标准结算、代收代缴。

应纳房产税=（3 000-300-500）÷（1+11%）×12%=237.83（万元）

【筹划结论】方案二比方案一少缴纳房产税86.49万元（324.32-237.83），因此，应当选择方案二。

【任务点评】物业管理费由承租方与物业公司签订合同，水电费按照承租人实际耗用的数量和规定的价格标准结算、代收代缴可降低从租计征的计税依据，进而降低房产税税负。

### 三、房产投资方式选择的纳税筹划

**任务案例6-7** 2017年2月1日，振华公司将其自有的房屋用于投资联营，该房产原账面价值是200万元。现有两套对外投资方案可供选择：方案一，收取固定收入，不承担风险，当年（2017年2至12月）取得的固定收入共计为20万元；方案二，投资者参与投资利润分红，共担风险。当地政府规定计算房产余值的扣除比例为30%。

【任务要求】请对上述业务进行纳税筹划。

【税法依据】对投资联营的房产，在计征房产税时应区别对待。对于以房产投资联营，投资者参与投资利润分红，共担风险的，按房产余值作为计税基础计征房产税；对以房产投资，收取固定收入，不承担联营风险的，实际是以联营名义取得房产租金，应由出租方按租金收入计征房产税。

【筹划思路】两种投资方式下的房产税的计税依据和适用税率都是不同的，通过比较两种计税方式下房产税税负的大小，最终可以选择税负低的方案。

【筹划过程】

　　方案一：收取固定收入，不承担风险。

　　2017年1月应纳房产税=200×（1-30%）×1÷12×1.2%=0.14（万元）

　　2017年2至12月应纳房产税=20÷（1+11%）×12%=2.16（万元）

　　2017年全年应纳房产税=0.14+2.16=2.3（万元）

　　方案二：投资者参与投资利润分红，共担风险。

　　2017年应纳房产税=200×（1-30%）×1.2%=1.68（万元）

【筹划结论】方案二比方案一少缴纳房产税0.62万元（2.3-1.68），因此，应当选择方案二。

【任务点评】不同的房地产投资方式，其投资风险和收益是不同的，投资者不应仅考虑税负因素，而应权衡利弊，综合考虑。

四、修理房屋的纳税筹划

任务案例6-8  2017年甲公司决定将已有办公楼进行大修理，该办公楼的账面价值是300万元，使用年限为20年，已使用15年，修理后可使该房屋延长使用年限至10年，现有两个方案可供选择：方案一，对房屋进行修理，自2017年1月1日开始，所耗用的时间为5个月，领用生产用原材料100万元（购入该原材料取得了增值税普通发票），人工费27万元；方案二，耗用相同的成本，自2017年1月1日开始，所耗用的时间为7个月。当地政府规定计算房产余值的扣除比例为30%。

【任务要求】请对上述业务进行纳税筹划。

【税法依据】纳税人因房屋大修导致连续停用半年以上的，在房屋大修理期间免征房产税，免征额由纳税人在申报缴纳房产税时自行计算扣除，并在申报表附表或备注栏中进行相应说明。纳税人对原有房屋进行改建、扩建的，要相应增加房屋的原值。

【筹划思路】纳税人对房屋的修理，应尽量使房屋停用半年以上，这样可以获取大修理期免征房产税的税收优惠。

【筹划过程】

　　方案一：对房屋进行修理，自2017年1月1日开始，所耗用的时间为5个月。

　　1—5月应纳房产税合计=300×（1-30%）×5÷12×1.2%=1.05（万元）

　　6—12月应纳房产税合计=（300+100+27）×（1-30%）×7÷12×1.2%=2.09（万元）

　　全年应纳房产税=1.05+2.09=3.14（万元）

　　方案二：对房屋进行修理，自2017年1月1日开始，所耗用的时间为7个月。

　　1—7月免征房产税。

　　8—12月应纳房产税合计=（300+100+27）×（1-30%）×5÷12×1.2%=1.49（万元）

【筹划结论】方案二比方案一少缴纳房产税1.65万元（3.14-1.49），因此，应当选择方案二。

【任务点评】企业在修理房产时，应当创造条件充分利用相关税收优惠政策，以获取最大的节税利益。

项目引例解析

【税法依据】房产税的计征方式有两种：一是从价计征；二是从租计征。从价计征的房产税，是以房产余值为计税依据，税率为1.2%，即按房产原值一次减除10%～30%后的余值的1.2%计征。从租计征的房产税，是以房屋出租取得的租金收入为计税依据，税率为12%，即按房屋出租的租金收入的12%计征。

财税〔2016〕36号的附件1：《营业税改征增值税试点实施办法》第十五条对营业税改征增值税税率规定如下：

（一）纳税人发生应税行为，除本条第（二）项、第（三）项、第（四）项规定外，税率为6%。

（二）提供交通运输、邮政、基础电信、建筑、不动产租赁服务，销售不动产，转让土地使用权，税率为11%。

（三）提供有形动产租赁服务，税率为17%。

（四）境内单位和个人发生的跨境应税行为，税率为零。具体范围由财政部和国家税务总局另行规定。

第十六条对营业税改征增值税征收率规定如下：增值税征收率为3%。

【筹划思路】企业可以根据自己的实际情况，在可以选择计征方式的前提下，通过比较两种计征方式税负的大小，选择税负低的计征方式，以达到节税的目的。

【筹划过程】

方案一：签订房屋租赁合同，将库房对外出租，其计税依据为租金收入。

应纳房产税=200÷（1+11%）×12%=21.62（万元）

应纳增值税=200÷（1+11%）×11%=19.82（万元）

应纳城建税及教育费附加=19.82×（7%+3%）=1.98（万元）

税后利润=[200÷（1+11%）-21.62-1.98]×（1-25%）=117.44（万元）

方案二：签订仓储保管合同，将单纯的库房出租改变为提供仓储保管服务，其计税依据变为房产余值。

应纳房产税=2 000×（1-30%）×1.2%=16.8（万元）

应纳增值税=200÷（1+6%）×6%-2=9.32（万元）

应纳城建税及教育费附加=9.32×（7%+3%）=0.93（万元）

应支付给保管人员的支出=2万元

税后利润=[200÷（1+6%）-16.8-0.93-2]×（1-25%）=126.71（万元）

【筹划结论】方案二比方案一多获取税后利润9.27万元（126.71-117.44），因此，应当选择方案二。

【引例点评】通过变换方式，改变了房产税的计征方式，从而降低了房产税税负。当然前提是变换方式不会影响到本企业的生产经营，且得到对方的接受。另外，还需注意的是，签订仓储保管合同，加大了自身的风险，企业应当权衡利弊，综合考虑，选择合理的方案。

# 任务四    资源税的纳税筹划实务

## 一、运杂费用的纳税筹划

**任务案例6-9** 甲煤矿2017年1月开采原煤100万吨，当月对外销售90万吨。该煤矿每吨原煤含增值税售价为550元（含从坑口到车站、码头等的运输费用等运杂费用50元，且该运杂费用未取得相应凭据或不能与销售额分别核算），适用的资源税税率为5%。

【任务要求】请对上述业务进行纳税筹划。

【税法依据】销售额是指纳税人销售应税产品向购买方收取的全部价款和价外费用，不包括增值税销项税额和运杂费用。

运杂费用是指应税产品从坑口或洗选（加工）地到车站、码头或购买方指定地点的运输费用、建设基金以及随运销产生的装卸、仓储、港杂费用。运杂费用应与销售额分别核算，凡未取得相应凭据或不能与销售额分别核算的，应当一并计征资源税。

【筹划思路】企业在销售应税产品时应当将运杂费用与销售额分别核算，并取得相应凭据，以避免运杂费用并入销售额一并计征资源税。

【筹划过程】

方案一：运杂费用未取得相应凭据或不能与销售额分别核算。

应纳资源税=90×550÷（1+17%）×5%=2 115.38（万元）

方案二：运杂费用取得相应凭据且与销售额分别核算。

应纳资源税=90×（550-50）÷（1+17%）×5%=1 923.08（万元）

【筹划结论】方案二比方案一少缴纳资源税192.30万元（2 115.38-1 923.08），因此，应当选择方案二。

【任务点评】分别核算运杂费用在一定程度上会加大核算成本，但与节税额相比较，是非常合算的。

## 二、分别核算的纳税筹划

**任务案例6-10** 甲公司为一家矿业开采企业，2017年1月份共开采销售原油100万元，开采销售天然气50万元。原油适用税率为其销售额的8%，天然气适用税率为其销售额的6%。

【任务要求】请对上述业务进行纳税筹划。

【税法依据】原油、天然气税率均为销售额的6%～10%。

纳税人开采或者生产不同税目应税产品的，应当分别核算不同税目应税产品的销售额或者销售数量；未分别核算或者不能准确提供不同税目应税产品的销售额或者销售数量的，从高适用税率。

【筹划思路】纳税人一方面应当分清应税项目与减、免税项目，单独核算销售额或销售数量；另一方面，应当分别核算不同税目不同税率应税产品的销售额或销售数量，选择各自适用税率，以便避免从高计税，达到减少纳税的目的。

【筹划过程】

**方案一：甲公司未将原油、天然气分别核算。**

应纳资源税=（100+50）×8%=12（万元）

**方案二：甲公司将原油、天然气分别核算。**

应纳资源税=100×8%+50×6%=11（万元）

【筹划结论】 方案二比方案一少缴纳资源税1万元（12-11），因此，应当选择方案二。

【任务点评】 分别核算会增加一部分核算支出，但相对于省下的税来说，一般情况下是值得的。

## 任务五　城镇土地使用税的纳税筹划实务

### 一、企业选址的纳税筹划

（任务案例6-11） 甲公司欲投资建厂，需占用土地10万平方米。现有两种方案可供选择：一是在某中等城市的城区，当地城镇土地使用税税率为20元/平方米；二是在某小城市的城区，当地城镇土地使用税税率为8元/平方米。假设该厂不论建在哪里都不影响企业生产经营。

【任务要求】 请对上述业务进行纳税筹划。

【税法依据】 凡在城市、县城、建制镇、工矿区范围内使用土地的单位和个人，为城镇土地使用税的纳税义务人。城镇土地使用税采取的是有幅度的差别定额税率，税额最低（0.6元）与最高（30元）相差50倍。

【筹划思路】 企业可以结合自身生产经营的需要，从以下四方面进行考虑：一是将公司设置在城市、县城、建制镇、工矿区以外的农村；二是由于税法允许经济落后地区城镇土地使用税的适用税额标准可以适当降低，经济发达地区城镇土地使用税的适用税额标准可以适当提高，因此可将企业设立在经济落后地区；三是在同一省份内的大中小城市以及县城和工矿区之中选择税率低的地区设立企业；四是在同一城市、县城和工矿区之内的不同等级的土地之中选择税率低的土地上设立企业。

【筹划过程】

**方案一：在某中等城市的城区建厂。**

应纳城镇土地使用税=10×20=200（万元）

**方案二：在某小城市的城区建厂。**

应纳城镇土地使用税=10×8=80（万元）

【筹划结论】 方案二比方案一少缴纳城镇土地使用税120万元（200-80），因此，应当选择方案二。

【任务点评】 将企业设在县城，在有些情况下，有可能影响企业的生产经营业绩。企业不能只是单纯地考虑城镇土地使用税税负因素来对企业进行选址。

### 二、分别核算的纳税筹划

（任务案例6-12） 某市甲公司2017年全年实际占地共计100 000平方米。其中，厂房占地80 000平方米，办公楼占地8 000平方米，医务室占地2 000平方米，幼儿园占地3 000平方米，厂区内道路及绿化占地7 000平方米。当地城镇土地使用税税率为4元/平方米。

【任务要求】 请对上述业务进行纳税筹划。

【税法依据】 企业办的学校、医院、托儿所、幼儿园，其用地能与企业其他用地明确区分的，可以比照由国家财政部门拨付事业经费的单位自用的土地，免征城镇土地使用税。对企业厂区（包括生产、办公及生活区）以内的绿化用地，应照章征收城镇土地使用税，厂区以外的公共绿化用地和向社会开放的公园用地，暂免征收城镇土地使用税。

【筹划思路】 企业办的学校、医院、托儿所、幼儿园，其用地应尽量与企业其他用地明确区分，以享受免征城镇土地使用税的优惠。

【筹划过程】

　　方案一：各种用地未作明确区分，未分别各自核算面积。

　　应纳城镇土地使用税=100 000×4=400 000（元）

　　方案二：各种用地进行了明确区分，分别核算各自面积。

　　这样，医务室、幼儿园占地不需缴纳城镇土地使用税。

　　应纳城镇土地使用税=（100 000-2 000-3 000）×4=380 000（元）

【筹划结论】 方案二比方案一少缴纳城镇土地使用税20 000元（400 000-380 000），因此，应当选择方案二。

【任务点评】 分别核算会增加一部分核算支出，但相对于省下的城镇土地使用税来说，一般情况下是值得的。

## 拓展阅读

### 揭底二手房交易"阴阳合同"避税方式[①]

　　据《劳动报》报道，主管部门难以监管，房产中介"热心"帮忙、交易双方乐此不疲……二手房交易中签订"阴阳合同"已是公开的秘密，成为业内熟知的"潜规则"，被不少中介认为是"合理避税"。近日，我爱我家房地产经纪有限公司（简称"我爱我家"）协助签订"阴阳合同"遭举报后，被房管部门处罚，让"阴阳合同"的话题再度成为热点话题。

#### 已成行业惯例

　　据了解，各地税务局、住建委等部门会根据当地房地产交易情况及评估价格，确定二手房交易的最低计税价，当申报价格高于最低计税价时，按申报价格纳税，申报价格低于最低计税价时，则按最低计税价纳税。

　　长期以来，由于监管力度不够、市场需求旺盛，交易方在专业二手房中介机构的帮助下签订"阴阳合同"，尽可能以较低价格网签、交税，成为业内通行的做法。尤其是在北京严格执行"国五条"细则中"购房所得20%缴个税"的情况下，签订"阴阳合同"更让交易双方乐此不疲。在税负大多转嫁给买方的情况下，购房者因此能省"一大笔钱"。

　　虽然"阴阳合同"已成为业内的"潜规则"，但"我爱我家"最近还是遭到了房管部门的处罚。据报道，由于一起购房纠纷，卖房者黄女士的丈夫郭先生举报，"我爱我家"与买房人恶意串通，在网签中，将同一房屋的原有房价291.5万元改为200万元，给国家造成税收流失。4月份，朝阳区房管局对此做出"取消'我爱我家'网上签约资格，并处罚金3万元"的处理。

---

　　① 佚名. 揭底二手房交易"阴阳合同"避税方式［EB/OL］.［2013-06-06］. http://www.chinaacc.com/new/253_255_201306/06zh271216045.shtml.

此事被曝光后，记者以买房者的身份先后咨询过北京多家中介机构，"协助交易双方签订'阴阳合同'避税"依然是这些中介的一项服务承诺。不少房产经纪人仍然以拥有"熟练操作'阴阳合同'"的经验，来说明其服务的专业性。

### 为少缴税"铤而走险"

北京市两高律师事务所合伙人律师董正伟表示，随着一线城市房价高涨，阴、阳两份合同的成交价可能相差数百万元，纳税额也可能相差几十万元。想办法规避国家税费监管就可以少花钱，这让交易方及中介机构"铤而走险"。"目前，该地区二手房成交价在每平方米3.9万元左右，而最低计税价只有每平方米1.9万元左右。以一套原值100万元的100平方米的房屋为例，前者个税将超过50万元，而后者只有14万元左右。"位于北京南四环附近的一家知名中介机构经纪人程先生说，因为巨大的利益诱惑，"阴阳合同"的做法深受百姓欢迎。

逃脱国家税款，两份合同成交价相差如此之多，签订"阴阳合同"的做法难道真的没有风险吗？"从行业整体来看，签订'阴阳合同'一直都很'安全'。"一位资深地产中介从业人员表示，"'阴阳合同'很少遇到相关部门主动检查，如果这次不是有人举报，'我爱我家'也不会受到处罚。"

"逃税肯定要负法律责任的，签订'阴阳合同'属于违法犯罪行为。"董正伟表示，一些客观原因让"阴阳合同"很难追查：一是双方交易记录销毁了不好寻找；二是工作量太大，耗费大量人力物力，难以操作，哪些部门来查、如何追查也难以明确。

"两份不同的合同肯定是违法的，但目前的实际情况是，只要住建委不处罚，税务局收完钱，法院的基本思路是只要通过网签，就认定交易有效。"北京市易理律师事务所律师赵江涛表示，曾在代理案件中遇到有诉讼者提出避税合同无效，但法院并没有支持。

### 整治需标本兼治

记者了解到，由于房价上涨，北京市2011年底上调了此前连续执行了5年的二手房交易最低计税价。当时上调最低计税价的原因，是由于最低计税价格和实际成交价格的差距很大，"阴阳合同"极为盛行。

"由于最低计税价格低，买卖双方、中介都倾向于以最低计税价格成交。虽然相关部门也曾提高过最低计税价格，但却远远低于实际增长水平。"北京一位地产中介人士指出，如果按照国外一些国家和地区的"最低计税价变化与市场实际变化相符"，"阴阳合同"出现的机率将大为降低。

专家指出，要完全杜绝"阴阳合同"，仅靠调高最低计税价是无法实现的，如果法规上能明确"阴阳合同"非法或无效，增加违法成本，将有望抑制此类现象的出现，相关部门也应加大监督审查力度。

#### ▶项目练习◀

#### 一、单项选择题

1. 某企业有原值为2 500万元的房产，2017年1月1日将其中的30%用于对外投资联营，投资期限为10年，每年收取固定利润分红50万元（不含增值税），不承担投资风险。已知，当地政府规定的房产原值扣除比例为20%。根据房产税法律制度的规定，该企业2017年度应缴纳房产税（　　）万元。

A.24　　　　　　　B.30　　　　　　　C.22.80　　　　　　D.16.80

2.某企业 2017 年 2 月将境内开采的原油 200 吨交由关联企业对外销售，该企业原油平均含增值税销售价格每吨 6 435 元，关联企业对外含增值税销售价格每吨 6 552 元，当月全部销售。已知该企业原油适用的资源税税率为 6%，该企业此业务应纳资源税（　　　）元。

A.0　　　　　　　B.66 000　　　　　C.66 600　　　　　D.67 200

3.根据土地增值税法律制度的规定，下列情形中，免缴土地增值税的是（　　　）。

A.因城市实施规划、国家建设的需要而搬迁，由纳税人自行转让原房地产

B.纳税人建造高级公寓出售，增值额未超过扣除项目金额 20%

C.企事业单位转让旧房作为经济适用住房房源，且增值额为扣除项目金额 30%

D.房屋交换

4.根据房产税法律制度的规定，下列关于房产税计税依据的表述中，正确的是（　　　）。

A.经营租赁的房产，以租金收入为计税依据，由承租方来缴纳房产税

B.经营租赁的房产，以房产余值为计税依据，由出租方来缴纳房产税

C.融资租赁的房产，以租金收入为计税依据，由出租方来缴纳房产税

D.融资租赁的房产，以房产余值为计税依据，由承租方来缴纳房产税

5.根据资源税法律制度的规定，下列关于资源税的纳税人或扣缴义务人的说法中，正确的是（　　　）。

A.在我国开采石油的企业，为资源税的纳税人

B.扣缴义务人代扣代缴税款的纳税义务发生时间，为支付最后一笔货款的当天

C.资源税扣缴义务人，应当向扣缴义务人机构所在地的税务机构纳税

D.独立矿山收购未税矿产品，按照收购地的税率代扣代缴资源税

6.甲公司一幢房产原值 600 000 元，已知房产税税率为 1.2%，当地规定的房产税扣除比例为 20%。该房产年度应缴纳的房产税税额为（　　　）元。

A.9 360　　　　　B.7 200　　　　　C.5 040　　　　　D.5 760

7.某生产企业为增值税一般纳税人（位于市区），主要经营内销和出口业务，2017 年 2 月实际向税务机关缴纳增值税 40 万元，出口货物免抵税额 4 万元。另外，进口货物缴纳增值税 17 万元，缴纳消费税 30 万元。该企业 2017 年 2 月应缴纳城市维护建设税（　　　）万元。

A.2.8　　　　　　B.3.08　　　　　C.2.52　　　　　D.5.81

8.根据土地增值税法律制度的规定，下列各项中不属于土地增值税纳税人的是（　　　）。

A.以房抵债的某工业企业

B.出租写字楼的某外资房地产开发公司

C.转让住房的某个人

D.转让共有土地使用权的某高等学校

9.甲房地产开发公司开发某房地产项目，取得土地使用权所支付的金额为 5 200 万元，开发成本为 2 800 万元，利息支出为 500 万元（能够按转让房地产项目计算分摊并提供金融机构证明）。已知甲公司所在地的省政府规定的房地产开发费用的扣除比例为 5%，

则允许扣除的房地产开发费用为（     ）万元。

A.800      B.900      C.1 000      D.1200

## 二、多项选择题

1.根据房产税法律制度的规定，下列有关房产税计税依据的表述中，正确的有（    ）。

A.纳税人对原有房屋进行改建、扩建的，要相应增加房屋的原值

B.以房屋为载体，不可随意移动的附属设备和配套设施，在会计上单独记账与核算的，可不计入房产原值

C.对附属设备和配套设施中易损坏、需要经常更换的零配件，更新后不再计入房产原值

D.对更换房屋附属设备和配套设施的，在将其价值计入房产原值时，不得扣减原来相应设备和设施的价值

2.下列可能成为城镇土地使用税纳税人的有（    ）。

A.拥有土地使用权的单位或个人

B.土地的实际使用人

C.土地的代管人

D.共有土地使用权的各方

3.下列关于城镇土地使用税税收优惠政策的表述中，正确的有（    ）。

A.对林区的运材道，免征城镇土地使用税

B.经批准开山填海整治的土地和改造的废弃土地，从使用的月份起免缴城镇土地使用税5～10年

C.房地产开发公司开发建造商品房的用地，一律不予免征城镇土地使用税

D.对于盐场的生产厂房，免征城镇土地使用税

4.下列各项中，不需要计算缴纳房产税的有（    ）。

A.企业拥有的抵债得来的厂房

B.用于居住的居民住宅

C.企业拥有的玻璃暖房

D.事业单位对外营业的招待所

5.以下可以作为房产税征税对象的有（    ）。

A.工业企业的厂房          B.商业企业的仓库

C.工业企业的厂区围墙      D.露天游泳池

6.关于城市维护建设税的适用税率，下列表述正确的有（    ）。

A.按纳税人所在地区的不同，设置了三档地区差别比例税率

B.由受托方代收、代扣增值税、消费税的，可按纳税人所在地的规定税率就地缴纳城市维护建设税

C.流动经营等无固定纳税地点的纳税人应随同增值税、消费税在经营地按适用税率缴纳城建税

D.城市维护建设税的税率是指纳税人应缴纳的城建税税额与纳税人实际缴纳的增值税、消费税税额之间的比率

### 三、判断题

1.个人出租商业用房，房产税税率为4%。　　　　　　　　　　　　　（　　）

2.对盐场的盐滩、盐矿的矿井用地，征收城镇土地使用税。　　　　　（　　）

3.纳税人开采或生产不同税目资源税应税产品，未分别核算不同税目应税产品的销售额的，从高适用税率。　　　　　　　　　　　　　　　　　　　　　　　　（　　）

4.个人所有非营业用的房产免征房产税。　　　　　　　　　　　　　（　　）

5.纳税人违反"两税"（增值税和消费税）有关规定而加收滞纳金和罚款，应当征收城市维护建设税。　　　　　　　　　　　　　　　　　　　　　　　　　（　　）

6.国有企业在清产核资时对房地产进行重新评估而产生的评估增值，需要缴纳土地增值税。　　　　　　　　　　　　　　　　　　　　　　　　　　　　　　（　　）

7.企业办的学校、医院、托儿所、幼儿园，其用地能与企业其他用地明确区分的，免征城镇土地使用税。　　　　　　　　　　　　　　　　　　　　　　　　（　　）

8.城市维护建设税以增值税、消费税税额为计税依据并同时征收，如果要免征或者减征增值税、消费税，不需要同时免征或者减征城市维护建设税。　　　　　　　（　　）

9.房地产继承不属于土地增值税的征税范围。　　　　　　　　　　　（　　）

### 四、案例题

甲矿产企业2017年3月份开采销售钼矿和钨矿共计1 000 000元，其中，开采销售钼矿400 000元，开采销售钨矿600 000元。钼矿的税率为11%，钨矿的税率为6.5%，请对其进行纳税筹划。

▶项目实训◀

### 一、实训名称

企业设立时选址的纳税筹划

### 二、实训案例设计

易达公司欲投资建厂，需占用土地15万平方米。在设立选址时有两个地方可以选择：一是设在市区，当地城镇土地使用税定额税率为10元/平方米；二是设在县城，当地城镇土地使用税定额税率为3元/平方米。假设无论选择哪种方案，都不会影响其经济效益，且全年应纳增值税合计为1 000万元。

### 三、实训任务要求

1.能够明确与企业选址相关的税法规定。

2.能够设计企业设立时选址的纳税筹划思路。

3.能够正确计算不同的选址方式下的税负。

4.能够通过比较分析，选择最优的地址设立企业。

# 项目七
# 其他税种的纳税筹划实务（下）

## 职业能力目标

（1）能对关税进行纳税筹划。

（2）能对印花税进行纳税筹划。

（3）能对契税进行纳税筹划。

（4）能对车船税进行纳税筹划。

（5）能对车辆购置税进行纳税筹划。

### ▶项目引例——分开记载经济事项的纳税筹划◀

甲铝合金门窗生产企业受乙建筑安装公司委托，负责加工一批铝合金门窗，加工所需原材料由甲铝合金门窗生产企业提供，甲铝合金门窗生产企业收取加工费及原材料费共计300万元，其中，甲铝合金门窗生产企业提供的原材料价值为200万元，收取的加工费为100万元。

### ★任务要求

请对上述业务进行纳税筹划。

### ▶项目引例解析　见本项目的任务二。

## 任务一　关税的纳税筹划实务

### 一、进口货物完税价格的纳税筹划

**任务案例7-1**　甲公司欲从境外引进钢结构产品自动生产线，可选择从英国或美国进口。若从美国进口，境外成交价格（FOB）为1 700万元。该生产线运抵我国输入地点起卸前的运费和保险费为100万元，另支付由买方负担的经纪费10万元、买方负担的包装材料和包装劳务费50万元、与生产线有关的境外开发设计费用50万元。若从英国进口，境外成交价格（FOB）为1 600万元。该生产线运抵我国输入地点起卸前的运费和保险费为120万元，另支付由买方负担的经纪费10万元、买方负担的包装材料和包装劳务费30万元、与生产线有关的境外开发设计费用100万元。关税税率均为30%。

【任务要求】请对上述业务进行纳税筹划。

【税法依据】进口货物的完税价格由海关以货物的成交价格为基础审查确定，并应当包括该货物运抵中华人民共和国境内输入地点起卸前的运输及其相关费用、保险费。成交价格是指买方为购买该货物，并按有关规定调整后的实付或应付价格。下列费用，如能与该货物实付或者应付价格区分，不得计入完税价格：①厂房、机械、设备等货物进口后的基建、安装、装配、维修和技术服务的费用；②货物运抵境内输入地点之后的运输费用；③进口关税及其他国内税；④为在境内复制进口货物而支付的费用；⑤境内外技术培训与境外考察费用。

【**筹划思路**】 关税纳税人进口货物时，应当选择同类货物中成交价格比较低或运输、保险费等相对低的货物，以降低完税价格，从而降低进口关税。

【**筹划过程**】

　　方案一：从美国进口。

　　　关税完税价格＝1 700+100+10+50+50=1 910（万元）

　　　应纳关税＝1 910×30%=573（万元）

　　　应纳增值税＝（1 910+573）×17%=422.11（万元）

　　方案二：从英国进口。

　　　关税完税价格＝1 600+120+10+30+100=1 860（万元）

　　　应纳关税＝1 860×30%=558（万元）

　　　应纳增值税＝（1 860+558）×17%=411.06（万元）

【**筹划结论**】 方案二比方案一少缴纳关税15万元（573-558），少缴纳增值税11.05万元（422.11-411.06），因此，应当选择方案二。

【**任务点评**】 进口货物时，不能仅仅考虑关税税负，还应考虑货物质量、售后服务等多种因素，以便做出合理的进口决策。

### 二、稀缺商品估定完税价格的纳税筹划

**任务案例7-2** 日本乙公司刚刚开发了一种最新高新技术产品，尚未形成确定的市场价格，但我国甲公司预计其未来的市场价格将远远高于目前市场上的类似产品价格，预计未来的市场价格将达到100万元。最终，甲公司以80万元的价格与日本乙公司成交，而其类似产品的市场价格仅为50万元。关税税率为30%。

【**任务要求**】 请对上述业务进行纳税筹划。

【**税法依据**】 进口货物的价格不符合成交价格条件或者成交价格不能确定的，由海关估定。海关一般按以下次序对完税价格进行估定：相同货物成交价格估价方法、类似货物成交价格估价方法、倒扣价格估价方法、计算价格估价方法及其他合理估价方法。

【**筹划思路**】 对于一般进口货物，国内、国外市场均有参考价格，其纳税筹划的空间不大，但对于稀缺商品，如高新技术、特种资源、新产品等，由于这些产品没有确定的市场价格，而其预期的市场价格一般要远远高于市场类似产品的价格，也就为进口完税价格的申报留下了较大的纳税筹划空间，企业可以用市场类似产品的价格来进行申报，从而通过降低完税价格来降低关税。

【**筹划过程**】

　　方案一：甲公司以80万元作为关税完税价格申报。

　　　应纳关税＝80×30%=24（万元）

　　方案二：甲公司以50万元作为关税完税价格申报。

　　由于类似产品的市场价格仅为50万元，海关工作人员一般会认为50万元为合理的完税价格，于是便征税放行。

　　　应纳关税＝50×30%=15（万元）

【筹划结论】方案二比方案一少缴纳关税9万元（24-15），因此，应当选择方案二。

【任务点评】上述方案二属于典型的避税筹划方案，企业最好不要用，以规避未来被海关进行纳税调整或处罚的危险。

### 三、选购国外礼品的纳税筹划

**任务案例7-3** 假定王先生在国外欲购买礼物送给他儿子。根据自己儿子的需要，王先生可以选择购买通过镜头取景的照相机，其价格为9 000元，进口关税税率为25%，也可以选择购买机械指示式的贵金属电子手表，其价格也为9 000元，进口关税税率为11%。

【任务要求】请对上述业务进行纳税筹划。

【税法依据】关税的征税对象是准允进出境的货物和物品。其中，货物是指贸易性商品；物品是非贸易性商品，包括入境旅客随身携带的行李和物品、个人邮递物品、各种运输工具上的服务人员携带进口的日用物品、馈赠物品以及其他方式进入国境的个人物品。对物品征收的进口税包括关税、代征的国内增值税和消费税。纳税人是入境行李物品的携带人和进口邮件的收件人。

【筹划思路】我国税法对烟、酒、化妆品、金银及其制品、包金饰品、纺织品和制成品、电器用具、手表、照相机、录像机、汽车等关税税率的规定差异很大。若某人想在国外购买礼物然后回国馈赠亲朋，可以选择购买税率较低的外国商品，以达到降低进口关税的目的。

【筹划过程】

　　方案一：购买通过镜头取景的照相机作为礼物。

　　应纳关税=9 000×25%=2 250（元）

　　方案二：购买机械指示式的贵金属电子手表作为礼物。

　　应纳关税=9 000×11%=990（元）

【筹划结论】方案二比方案一少缴纳关税1 260元（2 250-990），因此，应当选择方案二。

【任务点评】当然，购买礼品不能单纯地从关税税负大小方面去考虑，还应考虑到个人的爱好、需要等很多方面。

## 任务二　印花税的纳税筹划实务

### 一、利用借款方式进行纳税筹划

**任务案例7-4** 甲公司欲借款20 000万元，现有两个借款方可供选择：一是从乙商业银行借款；二是从关系较好的丙公司借款。假设借款年利率都为5%，其他借款条件都一样。

【任务要求】请对上述业务进行纳税筹划。

【税法依据】银行及其他金融机构与借款人（不包括同业拆借）所签订的合同，以及只填开借据并且作为合同使用而取得银行借款的借据，应按照"借款合同"税目，按借款金额0.05‰税率贴花，而企业之间的借款合同不属于印花税的征税范围，不用贴花。

【筹划思路】对企业来说，在贷款利率相同或差异较小时，与从金融机构借款相比，从其他企业借款可以降低印花税税负。

【筹划过程】

　　方案一：从乙商业银行借款。

　　甲公司须贴花=20 000×0.05‰=1（万元）

　　方案二：从丙公司借款。

　　甲公司不需贴花。

【筹划结论】方案二比方案一少贴花1万元，因此，应当选择方案二。

【任务点评】由于从其他企业借款的利率一般大于从商业银行借款的利率，因此不能单纯地只考虑印花税税负因素。

### 项目引例解析

　　【税法依据】对于由受托方提供原材料的加工、定做合同，凡在合同中分别记载加工费金额和原材料金额的，应分别按"加工承揽合同"和"购销合同"计税，即加工费金额按加工承揽合同适用0.5‰税率计税，原材料金额按购销合同适用0.3‰税率计税，两项税额相加数，即为合同应贴印花；若合同中未分别记载，则从高适用税率，即全部金额依照加工承揽合同适用0.5‰税率计税贴花。

　　【筹划思路】在合同中将受托方所提供的加工费金额与原材料金额分开记载，便能够达到节税的目的。

　　【筹划过程】

　　方案一：合同记载甲铝合金门窗生产企业收取加工费及原材料费共计300万元。

　　甲铝合金门窗生产企业应贴花=3 000 000×0.5‰=1 500（元）

　　方案二：合同记载甲铝合金门窗生产企业收取的原材料价值为200万元，收取的加工费为100万元。

　　甲铝合金门窗生产企业应贴花=2 000 000×0.3‰+100×0.5‰=1 100（元）

　　【筹划结论】方案二比方案一少贴花400元（1 500-1 100），因此，应当选择方案二。

　　【引例点评】在合同中将受托方所提供的加工费金额与原材料金额分开记载，使得加工费金额按加工承揽合同适用0.5‰税率计税，原材料金额按购销合同适用0.3‰税率计税，从而达到节税的目的。

#### 二、利用分期租赁进行纳税筹划

**任务案例7-5**　甲公司从乙租赁公司租入生产用设备一台，双方于2017年1月1日签订了租赁合同，合同规定，该设备租期10年，每年租金100万元，10年共1 000万元。

【任务要求】请对上述业务进行纳税筹划。

【税法依据】应纳税凭证应当于书立或者领受时贴花。也就是说，经济当事人在书立合同之时，其纳税义务便已经发生，应当按照规定贴花。

【筹划思路】若对某设备的租赁不具有稀缺性，即可随时在市场上租赁到，企业在与出租方签订租赁合同时，可以分期签订，既可以规避设备在短期内被淘汰的风险，又可以使得印花税分期缴纳，充分利用了资金的时间价值。

【筹划过程】

方案一：双方于2017年1月1日签订了租期为10年的租赁合同。

2017年1月1日双方分别缴纳印花税=1 000×1‰=1（万元）

方案二：双方于2017年1月1日签订了租期为1年的租赁合同，以后连续9年的每年1月1日都签订租期为1年的租赁合同。

2017年1月1日双方分别缴纳印花税=100×1‰=0.1（万元）

以后连续9年的每年1月1日双方分别缴纳印花税=100×1‰=0.1（万元）

这样便充分地利用了资金的时间价值。

【筹划结论】方案二比方案一甲公司和乙租赁公司于2017年分别少贴花0.9万元（1-0.1），因此，应当选择方案二。

【任务点评】通过分次签订合同，使得双方分10年缴纳印花税，虽然缴纳印花税总额是不变的，但延缓了纳税时间，利用了资金的时间价值。

### 三、采取保守金额进行纳税筹划

**任务案例7-6**　甲和乙在订立合同之初认为履行合同金额为2 000万元，且在合同中记载了履行金额2 000万元，而实际最终结算时发现只履行1 000万元。该合同适用的印花税税率为1‰。

【任务要求】请对上述业务进行纳税筹划。

【税法依据】已贴花的凭证，修改后所载金额增加的，其增加部分应当补贴印花税票；修改后所载金额减少的，其减少部分不退印花税。

【筹划思路】在合同设计时，双方当事人就应充分考虑到以后经济交往中可能会遇到的种种情况，根据这些可能的情况，确定比较合理、比较保守的金额。

【筹划过程】

方案一：将合同金额确定为2 000万元。

甲和乙共需贴花=2 000×1‰×2=4（万元）

方案二：将合同金额确定为1 000万元，实际履行过程中若增加了履行金额则就增加部分补贴印花税票。

甲和乙共需贴花=1 000×1‰×2=2（万元）

【筹划结论】方案二比方案一甲和乙共少贴花2万元（4-2），因此，应当选择方案二。

【任务点评】将合同金额保守记载，可降低印花税计税依据，从而降低印花税税负。但过低记载合同金额，有可能会出现未来最终结算金额升高后出现不必要的经济纠纷。

# 任务三　契税的纳税筹划实务

### 一、减少涉税环节的契税纳税筹划

**任务案例7-7**　甲、乙、丙为三方当事人，甲和丙均拥有一套价值为100万元（不含增值税）的房屋，乙欲购买甲的房屋，甲打算购买丙的房屋后出售其原有房屋。假设甲、乙、丙三方都知道各自的购房或售房供求信息，且本地契税适用税率为5%。

【任务要求】请对上述业务进行纳税筹划。

【税法依据】契税的纳税义务人，是境内转移土地、房屋权属承受的单位和个人。房屋产权相互交换，双方交换价值相等，免纳契税。

【筹划思路】由于每发生一次土地、房屋权属转移，权属承受方就要发生一次契税的纳税行为，因此，若是可能，通过减少权属转移环节，可达到降低契税税负的目的。

【筹划过程】

方案一：乙购买甲的房屋，甲购买丙的房屋后出售其原有房屋。

乙购买甲的房屋时：乙应纳契税=100×5%=5（万元）

甲购买丙的房屋时：甲应纳契税=100×5%=5（万元）

方案二：先由甲和丙交换房屋后，再由丙将房屋出售给乙。

甲和丙交换房屋所有权为等价交换，没有价格差别，不用缴纳契税。

丙将房屋出售给乙时：乙应纳契税=100×5%=5（万元）

【筹划结论】方案二比方案一总体少缴纳契税5万元（10-5），因此，应当选择方案二。

【任务点评】现实中甲、乙、丙为三方当事人的上述行为出现的可能性较小，但这种筹划方案至少给出了一种思路。

### 二、利用隐性赠与的契税纳税筹划

**任务案例7-8**　张某向其表弟赠送一套住房，该套住房价值100万元（不含增值税）。本地契税的适用税率是3%。

【任务要求】请对上述业务进行纳税筹划。

【税法依据】契税的征税对象是境内转移土地、房屋权属，具体包括：土地使用权的出让、转让及房屋的买卖、赠与、交换。

【筹划思路】在赠与房屋的行为中，可通过隐性赠与等方式，如通过不办理产权转移手续的方式，来达到避免缴纳契税的目的。

【筹划过程】

方案一：张某与其表弟办理产权转移手续。

张某的表弟应纳契税=100×3%=3（万元）

方案二：张某与其表弟不办理产权转移手续。

张某的表弟不必缴纳契税。

【筹划结论】方案二比方案一少缴纳契税3万元，因此，应当选择方案二。

【任务点评】由于方案二双方未办理产权转移手续，因此，此套住房在法律上仍属于张某的。

### 三、房屋不等价交换的契税纳税筹划

**任务案例7-9**　甲公司以市价1 000万元的办公楼来与乙公司市价1 200万元的厂房进行交换。甲向乙支付差价200万元。假设乙公司打算出资200万元对换入的办公楼进行装修，并且甲获悉乙公司未来的装修打算。以上价格均不含增值税。本地契税适用税率为5%。

【任务要求】请对上述业务进行纳税筹划。

【税法依据】房屋产权相互交换，双方交换价值相等，免纳契税，办理免征契税手续。其价值不相等的，按超出部分由支付差价方缴纳契税。

【筹划思路】当双方交换不等价的房屋时，如果能通过一定的手段尽量降低双方交换房屋的差价，这时以差价为计税依据计算出来的应纳契税就会降低。

【筹划过程】

方案一：甲公司和乙公司进行产权交换，且甲公司向乙公司支付差价200万元。

甲公司应纳契税=200×5%=10（万元）

方案二：甲公司在与乙公司交换之前，由甲公司先对自己的办公楼按乙公司的要求进行装修，装修费用为200万元。

此时办公楼的价值变为1 200万元，双方交换属于等价交换，因此不必缴纳契税。

【筹划结论】方案二比方案一少缴纳契税10万元，因此，应当选择方案二。

【任务点评】甲公司先对办公楼按乙公司的要求进行装修，未必能得到乙公司的同意，从而限制了此种筹划思路的实施。

# 任务四　车船税的纳税筹划实务

## 一、车船税临界点的纳税筹划

**任务案例7-10**　甲公司欲购买一只船，现有两只船可供选择：一只船的净吨位为2 010吨，另一只船的净吨位为2 000吨。

【任务要求】请对上述业务进行纳税筹划。

【税法依据】船舶具体适用税额为：（1）净吨位小于或者等于200吨的，每吨3元。（2）净吨位201吨至2 000吨的，每吨4元。（3）净吨位2 001吨至10 000吨的，每吨5元。（4）净吨位10 001吨及其以上的，每吨6元。

【筹划思路】车船税的税率实质上是一种全额累进的定额税率，即船舶的单位税额达到哪一个等级，全部按相应的单位税额征税，而净吨位等级越大，适用的单位税额也越大。对于这种形式的税率，纳税人应当充分利用临界点，避免在稍高于各级的临界点处购买船舶，否则会出现税额大幅增长的现象。

【筹划过程】

方案一：购买净吨位为2 010吨的船，适用税额为5元/吨。

应纳车船税=2 010×5=10 050（元）

方案二：购买净吨位为2 000吨的船，适用税额为4元/吨。

应纳车船税=2 000×4=8 000（元）

【筹划结论】方案二比方案一少缴纳车船税2 050元（10 050－8 000），因此，应当选择方案二。

【任务点评】本案例下，虽然净吨位只相差10吨，但每年产生了2 050元的纳税差异。在船只的净吨位少10吨的情况下，若不影响企业的经营，选择购买净吨位为2 000吨的船是大有益处的。企业应当考虑变化后某种吨位的船只所带来的收益变化和因吨位发生变化所引起的税负变化之间的关系，然后选择最佳吨位的船只。

### 二、降低车船税适用税率的纳税筹划

**任务案例7-11** 山东省的甲公司2017年需要购置20辆乘用汽车，汽车市场上有这样两种乘用汽车可供选择：排气量为2.5升的乘用汽车和排气量为2.6升的乘用汽车。

**【任务要求】** 请对上述业务进行纳税筹划。

**【税法依据】** 山东省乘用车的车船税（按发动机汽缸容量（排气量）分档）具体适用税额为：（1）1.0升（含）以下的，每辆240元；（2）1.0升以上至1.6升（含）的，每辆360元；（3）1.6升以上至2.0升（含）的，每辆420元；（4）2.0升以上至2.5升（含）的，每辆900元；（5）2.5升以上至3.0升（含）的，每辆1 800元；（6）3.0升以上至4.0升（含）的，每辆3 000元；（7）4.0升以上的，每辆4 500元。

**【筹划思路】** 企业购买车辆时，应尽量购买排气量小的乘用车，以降低适用税额，从而降低税负。

**【筹划过程】**

方案一：购买20辆排气量为2.5升的乘用汽车。

应纳车船税=20×900=18 000（元）

方案二：购买20辆排气量为2.6升的乘用汽车。

应纳车船税=20×1 800=36 000（元）

**【筹划结论】** 方案一比方案二少缴纳车船税18 000元（36 000-18 000），因此，应当选择方案一。

**【任务点评】** 企业在不影响正常生产经营的情况下，购置排气量比较小的乘用汽车，一方面可以有利于环境保护，另一方面可以节省税负，实在是一举两得。

## 任务五    车辆购置税的纳税筹划实务

### 一、降低车辆购置税计税依据的纳税筹划

**任务案例7-12** 甲公司从乙汽车公司购买一辆轿车自用，支付车款234 000元（含增值税，销售方适用的增值税税率为17%）。另外支付临时牌照费200元，随车购买工具用具3 000元，代收保险金350元，车辆装饰费15 170元。各项款项由汽车销售公司开具发票。

**【任务要求】** 请对上述业务进行纳税筹划。

**【税法依据】** 纳税人购买自用的应税车辆的计税价格为纳税人购买应税车辆而支付给销售者的全部价款和价外费用（不包括增值税税款）。价外费用是指销售方价外向购买方收取的基金、集资费、返还利润、补贴、违约金（延期付款利息）和手续费、包装费、储存费、优质费、运输装卸费、保管费、代收款项、代垫款项以及其他各种性质的价外收费。需要注意的是：（1）代收款项应区别对待。凡使用代收单位的票据收取的款项，应视为代收单位的价外费用，应并入计算征收车辆购置税；凡使用委托方的票据收取、受托方只履行代收义务或收取手续费的款项，不应并入计征车辆购置税，按其他税收政策规定征税。（2）购买者随车购买的工具或零件应作为购车款的一部分，并入计税价格征收车辆购置

购置税，但如果不同时间或销售方式不同，则不应并入计征车辆购置税。（3）支付的车辆装饰费应作为价外费用，并入计征车辆购置税，但如果不同时间或收款方式不同，则不并入计税价格。

【筹划思路】纳税人通过将各项费用由有关单位（企业）另行开具票据，尽量不将价外费用并入计税价格，从而降低车辆购置税税负。

【筹划过程】

　　方案一：各项款项由汽车销售公司开具发票。

　　车辆购置税计税价格＝（234 000+200+3 000+350+15 170）÷（1+17％）＝216 000　（元）

　　应纳车辆购置税＝216 000×10％＝21 600（元）

　　方案二：各项费用由相关单位另行开具了票据。

　　车辆购置税计税价格＝234 000÷（1+17％）＝200 000　（元）

　　应纳车辆购置税＝200 000×10％＝20 000　（元）

【筹划结论】方案二比方案一少缴纳车辆购置税1 600元（21 600-20 000），因此，应当选择方案二。

【任务点评】各项费用由相关单位另行开具了票据，可降低车辆购置税的计税依据，从而降低车辆购置税税负。

### 二、选择汽车经销商的增值税纳税人身份的车辆购置税纳税筹划

**任务案例7-13** 张某欲购买一辆轿车自用，现有两个汽车经销商可供选择，一是从作为小规模纳税人的车辆经销商乙公司处购买，车款58 500元（含增值税，销售方适用的增值税征收率为3%）；二是从作为一般纳税人的车辆经销商丙公司处购买，车款58 500元（含增值税，销售方适用的增值税税率为17%）。

【任务要求】请对上述业务进行纳税筹划。

【税法依据】纳税人购买自用的应税车辆的计税价格，为纳税人购买应税车辆而支付给销售者的全部价款和价外费用（不包括增值税税款）。纳税人销售货物不含增值税的销售额的计算公式为：

　　销售额＝含税销售额÷（1+增值税税率或征收率）

【筹划思路】对车辆经销商为消费者开具的机动车销售统一发票，凡经销商不能提供增值税一般纳税人证明的，对车辆购置税的纳税人一律按3%的征收率换算车辆购置税计税依据；对经销商能提供增值税一般纳税人证明的，对车辆购置税的纳税人按17%的增值税税率换算车辆购置税计税依据。因此在车辆购置价格相同的情况下，消费者应从作为一般纳税人的车辆经销商处购买，以降低车辆购置税税负。

【筹划过程】

　　方案一：从作为小规模纳税人的车辆经销商乙公司处购买。

　　应纳车辆购置税＝58 500÷（1+3％）×10％＝5 679.61（元）

　　方案二：从作为一般纳税人的车辆经销商丙公司处购买。

　　应纳车辆购置税＝58 500÷（1+17％）×10％＝5 000（元）

【筹划结论】方案二比方案一张某少缴纳车辆购置税679.61元（5 679.61-5 000），因此，应当选择方案二。

【任务点评】选择车辆经销商的增值税纳税人身份，不能单纯地以车辆购置税的税负大小

为标准，还应考虑到售后服务、企业形象等各方面因素。

## 拓展阅读

### 房地产税出台后会如何影响房价？①

2016年，是注定载入中国房地产史册的一年。前9个月一二线热点城市房价如脱缰之马，10月国庆期间二十多个城市密集出台收紧调控政策。然而，调控政策是否能"治本"？备受争议的房地产税到底要不要出台？针对这些问题，凤凰财经对财政部财科所原所长、华夏新供给经济学研究院院长贾康进行了专访。

一直被外界称为"财政部头号智囊"的贾康，曾是财政部财科所最年轻的所长，多次参加国家经济政策制定的研究工作，并进入中南海为国家领导人讲课。从财政部退休后，贾康担任华夏新供给经济学研究院院长，作为民间研究机构，华夏新供给的研究方向仍然致力于为政府提供智囊意见。

记者：近日来大家都在讨论房地产税的问题。反对征收房地产税的人很多，声音较多的是房地产税不能降房价，对此您怎么看？

贾康：我是不同意这个说法的。房地产税是经济生活中一个规范的、依法的经济调节手段。税制是经济杠杆，作为一个经济手段它的参数作用是跟其他各种要素互动的。不能说房地产税这一个因素决定了房价，但如果说它跟房价没有关联，这个观点是不成立的。如果我们做经济分析完全可以说明，税负在住房的保有环节从无变有，有了这个变化以后它会影响、引导方方面面有关主体的经济行为及选择。房地产市场上有了这种变化后，一定引导供需双方都做出相应的变动，这个变动结果一定是房价要受到影响。

记者：房地产税会如何影响房价呢？

贾康：首先，不能认为房地产税这一个政策工具就能决定房价，它不是整个调控的全部，还需要一系列的制度条件和政策工具，在综合因素作用下引出一个楼市价位变动的结果。不能简单地把多项因素里的单独两样拿出来，把房地产税和房价单独拿出来，说这两个之间是什么关系，它一定是个综合的关系。

其次，我们可以回过头来，假定其他的变量都是常数，是不变的，那么这个时候我们来考察一下。如果说房地产税从无到有了，那么先看需求方，人们在自己出手买房的时候会有什么新的调整。你说它没有调整吗？不会没有调整。比如，我买房子来用于自住，在没有这个住房保有环节税收的时候很多人会选择"垫着脚"买个大房子，但是有了房地产税的预期以后，很多人会考虑实惠一点，选择中小户型，从而避免以后年复一年税收负担里的一部分。选择中小户型的人多了，整个楼市成交里面的均价就增加了中小户型的比重，肯定会影响到它的价格表现。效果是什么？大大提高了我们土地开发的节约利用水平。

记者：这样也可以影响到囤房的购买者。

贾康：没错，对于囤房的人，他有了一套还再买一套，等于给自己买了一个商业性的社会保险。中国处在工业化、城镇化还有很长一段发展空间的时期，这种情况下房地产市场是个价位上扬的曲线，所以这个概念成立，有道理。但是没有房产税的时候，拥有多套房的人可能会放在手上空置，这对他来说是无所谓的。有了房地产税以后，他可能要把房

① 贾康. 房地产税出台后会如何影响房价？[EB/OL]. [2016-10-24]. http://finance.ifeng.com/xiaobg/special/xiaobg143/.

子租出去来对冲这个税收的成本。这会增加整个社会里面有效的住房供给而降低了房屋空置率。

这样以后，对于整个房地产市场的影响是什么呢？在不增加一分钱投入的情况下供给多出来了，那么价位会回调、平稳。炒房者不能说绝对就没有了，但至少可以起到收敛的作用，炒房者不敢那么肆无忌惮地疯炒，整个需求里面泡沫化的成分就会减少。

记者：总结一下，从需求方面来说房地产税可以收敛炒房者，户型选择上人们更趋向于中小户型，而且会降低空置率。那么供给方面呢？

贾康：从供给方面来说，开发商拿地之后当然要考虑到这个市场预期，他拿地以后提供的成品里面中小户型比率一定会增加，给房地产市场带来的作用就是使得整个市场更平稳更健康。

记者：中国现在应该立即出台房地产税吗？

贾康：我认为现阶段中国一定要考虑出台房地产税。刚刚我们又吃了一轮教训，房地产市场一会疯长一会狂跌，而且整个市场出现了较大的分化，冰火两重天。本来今年大家担心的是这么多的库存怎么消化，没想到去库存这个事情还没有解决好，一线城市的"热"就带出了二线城市的疯长，现在社会都很焦虑，担心越来越多的二线城市加入了这个"火"的行列。想买房的人越来越买不起，实体经济越来越被人看不起，谁都不愿意往里投资。普遍的社会焦虑再次证明，我们前几年这几轮像"打板子"一样一会限购限贷、一会放开限购限贷，这种调节只是治了标，没有治本。真正的高水平应该是标本兼治，而治本为上。所以刚才这个问题——现在是不是应该着手房地产税制度建设，我的答案是非常明显。现实再次告诉我们，你违背客观规律，该做的事情不做就要受到惩罚。咱们现在这样"打板子"还能打几轮？这是很现实的问题。

记者：除了税制，我们房地产"治本"还需要哪些政策？

贾康：首先要有土地制度，也就是重庆地票解决的问题，以及土地收储制度。土地供应要符合一个更合理的、有长远考虑的顶层规划，要更从容的、具有协调性地供地。土地制度旁边还有什么？住房制度，就是不要光盯着商品房、盯着房屋成交均价，我们需要考虑它的结构。首先是增加托底的保障房的供给，进行双轨统筹，这个托了底的保障房可以使收入阶层里面的低收入阶层和"夹心层"住有所居。这两个阶层不闹事不造反，那么剩下的市场上的这个房价高一点低一点就没有那么大的杀伤力。

本来，商品房的成交均价就有很大的掩盖矛盾的特点，在一个时间段里如果成交更多的是高档房，那么肯定会表现出均价高，一个时间段里成交更多的是低中档房，均价就低，这里一定的统计数据是可以人为控制的。政府往往在调控中只看这个均价，这样其实并没有摸到市场里面真正的脉搏。从长期来看，首先政府应该关心的是托好底、保障房的底，具体的方式从棚户区改造到公租房、共有产权房供给。重庆这一方面就做得特别好，它的土地制度旁边的住房制度是什么呢？重庆让整个社会成员里面接近40%的人都住进保障房、公租房和共有产权房，这些人稳住了、不焦虑了，那么剩下中产阶级以上的人就更从容了。很多收入"夹心层"、年轻白领在丈母娘约束下，拼了命也要进商品房市场去抢购中低端住房，哪怕抢到手里面当房奴也非得过这一关，现在可以没有这个焦虑了，那么商品房市场上的表现就健康多了。土地制度、住房制度，再加上税制、投融资制度，至少有这么多的制度建设一定要综合考虑。

记者：国庆期间二十多个一二线热点城市集中出台楼市调控制度，现在很多资金从楼市退出。那么退出之后这些资金会去到哪里？是否会进入股市，能否进入实体经济？

贾康：从经验来说，楼市的资金有一部分出来后会进入股市，但谁也不敢说它马上会支持股市迅速走牛，还需要考虑其他一些因素。如果只是一对一的分析，楼市往下走，股市有可能相应得到一些资金支持。不过第二个问题更重要，我们要看实体经济怎么办。实体经济怎么得到投融资的支持来解决升级换代、打造升级版？这个问题很关键。这是一个综合的配套，各种各样的政策加上制度建设，应该使有效的资金更多地流入实体经济层面，去支持实体经济突破升级换代的天花板，否则中国经济是没有前途的。

记者：该怎么样引导资金去支持实体经济呢？

贾康：首先，政府要做出发挥功能的第一个根本要领，就是打通一个统一的市场，尽可能地减少行政垄断，减少不良的过度垄断，降低准入，公平竞争，使得资金的流动通畅起来。现在实体经济层面总是回报率低，这不是天然的，一定是有一些不合理的因素阻碍了要素对它的支持和阻碍了它得到平均利润率的空间，那这就要改革，用公平竞争去支持实体经济。

记者：最近实体经济领域还有一个问题争论得很热闹——产业政策。老师对此怎么看？

贾康：我的意见是，完全不要产业政策一定不行，一般的经济体不能不考虑掌握必要的产业政策。但要注意，我们从实际生活观察下来，产业政策是个双刃剑，掌握得不好它可能走偏、出岔子。所以第一，政府要促进公平竞争，主持社会公平正义，降低准入；第二，要进行适当引导，包括产业政策，包括政策性融资。我们中国讨论的绿色金融、普惠金融、开发金融都有政策性金融的内在含义，都需要对接产业政策问题和技术经济政策问题，所以这是一个回避不了的、政府要掌握好的政策要领。

但是要注意，如果政府一味地强势、一味地用行政手段去管这管那，那么你再怎么标榜你的产业政策，它可能一旦做起来就是走偏的。所以，首先政府要充分地实现职能转换，维护公平正义、公平竞争的这个市场制度、供给、竞争环境，后面跟着适当的产业政策。那么这里面不敢说百分之百成功，至少它的失败率会降低，成功率会提上来。

记者：现在，政府也在大力推广PPP（政府与社会政府合作）来激发民资活力，前几天财政部的第三批PPP已经批下来了。此前我们前两批的PPP落地率不是特别理想，老师有什么建议？

贾康：我们PPP的项目一年比一年规模在提高，做实的比率在提高，这是方兴未艾阶段上一个积累经验、逐渐成熟的过程。按这个趋势往下走，我们在规模提高的同时，有意愿项目做成的比率可能还会提高一段时间，但永远不会说有一百个项目的意向就做成一百个。在实际项目运行中，经过方方面面的磨合会有一些项目做不成，做不成的话我不赞成就把它简单指责为"伪PPP"，它是合乎选择过程的。一开始也许有一些作假的因素，以后随着我们越来越成熟、越来越透明、越来越规范，作假的因素会得到抑制，那么剩下的就是符合自然规律的。一开始有一些项目认为可以做，结果到了一定时候发现它并不合适，那么只好先把它搁置在一边。但你今年做不成，并不意味着过个三年五年十年它就做不成，再过个几年，开发的种种条件都具备的时候，原来认为不敢启动的PPP项目就有可能启动，所以一定要用一个动态过程来看。

记者：政府在PPP项目运行中应该扮演一个什么角色？

贾康：政府在PPP项目中的角色是伙伴一方，既有裁判员的功能，又有运动员的定位。比如在项目前期给出国土开发规划，给出公共政策，给出必要的方方面面要了解的信息，这个时候政府都有公权在手，是裁判员的身份。到了项目开始，地方政府作为合作一方跟企业签约运行PPP项目，这时政府就是运动员。这时候裁判员是谁？是"法"，"法"来"罩"着政府和企业——他们都是运动员，二者都是民事主体身份自愿签字、履约、守约。任何一方，包括政府，如果要毁约，对不起，法律会约束你。

记者：也就是说政府不再扮演以前单一的角色。

贾康：没错，政府在PPP项目里面的作用带有新的复杂性，不是简单的我们过去说的"井水不犯河水"，市场的归市场，政府的归政府。政府作为公权在手的主体，要和市场主体一起合作形成伙伴关系，共同从事公共基础设施和产业园区开发等等项目。这是改革过程中我们的一个新境界，是有效制度供给引出的创新，值得我们进一步总结经验，所以PPP立法应该抓紧进行。然而目前所提出的PPP法可能意见不能完全达成统一，法的文本不能一下子达到应有的成熟程度，那么我们退而求其次，尽快推出PPP条例，条例就比红头文件又上了一个层次，以后可以在条例的基础上再进一步形成PPP法。但总的方向一定是要坚定不移地推进PPP法制化进程。

记者：最后一个问题，中国经济现在处在"L"型的底吗，还会持续多久？

贾康：能不能说我们马上就探底，这个还不好立即做出判断，但有这种可能性。最近八九月的经济数据与动态出现了一些亮点，我们拭目以待来看看年底是不是能探底，到时候会更明朗。阶段性探底后就会出现企稳向好，稳在什么上？稳在新常态的"常"字上。GDP增长速度到底是6.7%还是6.6%，或者再高一点，或者再低一点，都不是关键问题。

倒算账我觉得6.52%是必保的，再高一点、低一点都不是实质问题。实质问题在于，我们能不能真正地优化结构，体现在经济增长质量要提高，我们现在就要努力争取这个前景。

记者：谢谢贾康老师。

#### ▶项目练习◀

### 一、单项选择题

1.甲公司系增值税一般纳税人，2017年6月向乙销售小汽车，收取不含税价款20万元，同时向乙收取了1.17万元的保管费。乙购买小汽车后自用。已知，该小汽车适用的增值税税率是17%。则乙应缴纳车辆购置税（　　）万元。

A.2　　　　　　　　B.2.1　　　　　　　　C.1.7　　　　　　　　D.1

2.某单位一辆货车整备质量为10吨，当地人民政府确定该地区货车的车船税适用税额为每吨60元，则该单位这辆载货汽车每年应纳车船税（　　）元。

A.600　　　　　　　B.800　　　　　　　C.640　　　　　　　D.840

3.2017年3月，甲公司与乙公司签订了一份合同，由甲公司向乙公司提供货物并运输到乙公司指定的地点，合同标的金额为400万元，其中包括货款和货物运输费用。货物买卖合同适用的印花税税率为0.3‰，货物运输合同适用的印花税税率为0.5‰。根据印花税法律制度的规定，甲公司应纳印花税（　　）万元。

A.0.2　　　　　　B.0.12　　　　　　C.0.09　　　　　　D.0.06

4.根据车船税法律制度的规定，下列车船中，不免征车船税的是（　　）。

A.捕捞、养殖渔船

B.军队专用车船

C.依法不需要在车船登记管理部门登记的，在加工厂内行驶的车船

D.经批准临时入境的外国车船

5.根据印花税法律制度的规定，下列属于印花税纳税人的是（　　）。

A.加工承揽合同的受托人

B.权利许可证照的发证人

C.在国外书立，不在我国使用的合同的使用人

D.借款合同的担保人

6.张某2017年1月份，从某汽车有限公司购买一辆小汽车供自己使用，支付了含增值税税款在内的款项234 000元，另支付代收临时牌照费1 190元、代收保险费1 000元，支付工具件和零配件价款3 000元，车辆装饰费3 000元。所支付的款项均由该汽车有限公司开具"机动车销售统一发票"和有关票据。则张某应纳车辆购置税（　　）元。

A.20 700　　　　B.24 219　　　　C.20 000　　　　D.23 000

7.根据关税的有关规定，下列不属于关税纳税人的是（　　）。

A.经营进口货物的收货人

B.入境旅客随身携带的行李的持有人

C.经营出口货物的收货人

D.个人邮递物品的收件人

8.甲公司系增值税一般纳税人，2017年6月经批准从境外进口1辆汽车自用，成交价格580万元。另外，支付运抵我国境内输入地点起卸前的运输费20万元，保险费11万元，缴纳了进口环节税金后海关放行。国家税务总局核定的同类型汽车的最低计税价格为1 000万元/辆。已知，汽车的消费税税率为12%，关税税率是40%。则甲公司应缴纳车辆购置税（　　）万元。

A.97.2　　　　B.100　　　　C.85.54　　　　D.69.43

9.甲公司一辆载货汽车自重吨位为12.2吨，该地区载货汽车每吨税额为80元，则该企业这辆载货汽车每年应纳车船税（　　）元。

A.960　　　　B.1 000　　　　C.1 040　　　　D.976

10.某人与某租赁公司签订机动车租赁合同，租用小轿车一辆，租期一周，租金800元，该合同各方应按（　　）元贴花。

A.0.8　　　　B.1.6　　　　C.1　　　　D.5

11.经济特区、经济技术开发区和经济发达、人均占有耕地特别少的地区，适用耕地占用税税额可以适当提高，但提高幅度最多不得超过规定税额的一定比例。这一比例是（　　）。

A.20%　　　　B.30%　　　　C.50%　　　　D.100%

## 二、多项选择题

1.根据关税法律制度的规定，下列各项中，应当计入出口关税完税价格的有（　　）。

A.出口关税

B.出口货物装船以后发生的费用

C.出口货物在成交价格中未单独列明的支付给国外的佣金

D.出口货物在成交价格以外买方另行支付的货物包装费

2.下列关于城建税计税依据的说法中，正确的有（　　）。

A.城建税的计税依据为纳税人应缴纳的增值税、消费税税额

B.纳税人因违反增值税有关规定而加收的滞纳金和罚款，应作为城建税的计税依据

C.纳税人在被查补消费税时，应同时对其城建税进行补税、征收滞纳金和罚款

D.纳税人在被处以增值税罚款时，应同时对其城建税进行补税、征收滞纳金和罚款

3.下列情况中，不缴或免缴车船税的有（　　）。

A.建筑工地的小推车　　　　　　　　　B.公安部门的警车

C.武警的雷达车　　　　　　　　　　　D.汽车制造厂尚未销售的汽车

4.下列费用中，属于车辆购置税的价外费用的有（　　）。

A.销售方向购买方收取的集资费　　　B.销售方向购买方收取的违约金

C.销售方向购买方收取的保管费　　　D.销售方代购买方缴纳的车辆牌照费

5.根据印花税法律制度的相关规定，下列各项中，按定额5元征收印花税的有（　　）。

A.税务登记证　　　B.商标注册证　　　C.专利证　　　D.土地使用证

6.下列各项目，按照5元定额缴纳贴花的有（　　）。

A.工商营业执照　　　B.商标注册证　　　C.营业许可证　　　D.土地使用证

7.根据关税法律制度的规定，下列各项中，应计入进口货物关税完税价格的有（　　）。

A.由买方负担的购货佣金　　　　　　　B.由买方负担的经纪费

C.进口货物运抵境内输入地点起卸之后的运输及其相关费用、保险费

D.由买方负担的与该货物视为一体的容器费用

8.下列各项中应征收耕地占用税的有（　　）。

A.铁路线路占用耕地　　　　　　　　　B.学校占用耕地

C.公路线路占用耕地　　　　　　　　　D.军事设施占用耕地

9.下列各项中，应当征收印花税的项目有（　　）。

A.产品加工合同　　　B.法律咨询合同　　　C.技术开发合同　　　D.出版印刷合同

10.2017年6月甲公司用自产的价值80万元的原材料换取乙公司的厂房，并因此用现金补给乙公司40万元差价；当月甲公司又将一套价值100万元的厂房与丙公司的办公楼交换，并用自产的价值50万元的商品补给丙公司差价。以上价格均为不含增值税价格。已知当地契税税率为3%，则关于甲公司应缴纳契税的下列计算中，正确的有（　　）。

A.甲公司用原材料换取乙公司厂房应纳契税=40×3%=1.2（万元）

B.甲公司用原材料换取乙公司厂房应纳契税=（80+40）×3%=3.6（万元）

C.甲公司用厂房换取丙公司办公楼应纳契税=50×3%=1.5（万元）

D.甲公司用厂房换取丙公司办公楼应纳契税=（100+50）×3%=4.5（万元）

## 三、判断题

1.电网与用户之间签订的供用电合同不征印花税。　　　　　　　　　　　　　（　　）

2.纳税人购置应税车辆，应当向车辆登记注册地的主管税务机关申报纳税；购置不需办理车辆登记注册手续的应税车辆，应当向纳税人所在地的主管税务机关申报纳税。　　　　　　　　　　　　　　　　　　　　　　　　　　　（　　）

3.载有两个或两个以上应适用不同税率经济事项的同一凭证，如分别记载金额的，应分别计算应纳税额，相加后按合计税额贴花；如未分别记载金额的，按税率高的计算贴花。　　　　　　　　　　　　　　　　　　　　　（　　）

4.军事设施占用耕地免征耕地占用税。　　　　　　　　　　　　（　　）

5.伪造印花税票的，由税务机关责令改正，处以5 000元以上1万元以下的罚款；情节严重的，处以1万元以上2万元以下的罚款；构成犯罪的，依法追究刑事责任。　（　　）

6.纯电动乘用车和燃料电池乘用车不属于车船税征税范围，对其不征车船税。　　　　　　　　　　　　　　　　　　　　　　　　　　　　（　　）

7.土地使用权赠与、房屋赠与，由征收机关参照土地使用权出售、房屋买卖的市场价格确定契税的计税依据。　　　　　　　　　　　　　　　　　（　　）

8.契税的纳税人是在我国境内转让土地、房屋权属的单位和个人。（　　）

### 四、案例题

甲煤矿企业2017年3月与铁路部门签订运输合同，记载运输费及保管费共计500万元，由于该合同中涉及货物运输合同和仓储保管合同两个税目，而且二者税率不同，前者为0.5‰，后者为1‰，根据规定，未分别记载金额的，按税率高的计税贴花，即按1‰税率计算应贴印花，其应纳税额＝5 000 000×1‰＝5 000（元）。若分开记载，则运输费300万元，保管费200万元。请对其进行纳税筹划。

◀━━━━━━▶ 项目实训 ◀━━━━━━▶

### 一、实训名称
选择进口零部件或产成品的纳税筹划

### 二、实训案例设计

德国汽车生产企业甲在中国设立自己的汽车销售公司乙，由汽车销售公司乙从德国汽车生产企业甲进口100辆小汽车，每辆小汽车的完税价格为20万元。假定适用的进口环节的关税税率为60%，消费税税率为5%，增值税税率为17%。如果德国汽车生产企业甲在中国设立自己的汽车组装兼销售公司丙，并将原来进口整装小汽车的方式改为先进口散装汽车零部件后组装成小汽车的方式。由汽车组装兼销售公司丙以每辆小汽车的全套零部件15万元的价格从德国汽车生产企业甲进口零部件，这样，散装零部件进口环节关税税率降为30%。

### 三、实训任务要求
1.能够明确与进口货物相关的税法规定。
2.能够设计进口货物的纳税筹划思路。
3.能够正确计算进口货物的不同方式下的税负。
4.能够通过比较分析，选择最优的进口货物方案。

［1］盖地.税务筹划学［M］.3版.北京：中国人民大学出版社，2013.

［2］高允斌.公司税制与纳税筹划［M］.北京：中信出版社，2011.

［3］庄粉荣.纳税筹划实战精选百例［M］.5版.北京：机械工业出版社，2014.

［4］葛长银.中国企业减税方案设计［M］.北京：电子工业出版社，2012.

［5］蔡昌.税收筹划实战［M］.2版.北京：机械工业出版社，2013.

［6］梁文涛.企业纳税筹划方案设计［M］.北京：中国人民大学出版社，2015.

［7］梁文涛.企业纳税方案优化设计120例［M］.北京：中国税务出版社，2014.

［8］梁文涛.财税名家手把手教你算税、报税和缴税：实战与操作版［M］.合肥：中国科学技术大学出版社，2014.

［9］梁文涛.纳税筹划［M］.3版.北京：清华大学出版社，北京交通大学出版社，2014.

［10］梁文涛.企业纳税实务［M］.2版.北京：高等教育出版社，2016.

［11］梁文涛.企业纳税实务习题与实训［M］.2版.北京：高等教育出版社，2016.

［12］梁文涛，等.税法［M］.大连：东北财经大学出版社，2017.

［13］梁文涛，等.税法技能与拓展训练手册［M］.大连：东北财经大学出版社，2017.

［14］梁文涛，等.论个人所得税存在的问题及改革方向［J］.价值工程，2007（5）.

［15］梁文涛.折扣销售与纳税筹划［J］.企业管理，2007（9）.

［16］梁文涛.浅探运费的纳税筹划［J］.财会月刊：会计版，2007（10）.

［17］梁文涛.与产品包装有关的消费税纳税筹划［J］.财会月刊：会计版，2007（12）.

［18］梁文涛.论企业分立在纳税筹划中的应用［J］.财会学习，2008（1）.

［19］梁文涛.销货企业收取运费的纳税筹划［J］.财会月刊：会计版，2008（2）.

［20］梁文涛.白酒生产企业加工方式选择的纳税筹划［J］.财会学习，2008（2）.

［21］梁文涛.促销方式与纳税筹划［J］.财会学习，2008（3）.

［22］梁文涛.有关包装物押金的纳税筹划［J］.财会月刊：会计版，2008（4）.

［23］梁文涛.购货企业支付运费的纳税筹划［J］.财会月刊：综合版，2008（5）.

［24］梁文涛.购销业务中运输费用的纳税筹划［J］.企业管理，2008（5）.

［25］梁文涛.企业增值税纳税人身份选择方式的传统理论质疑［J］.财会学习，2008（5）.

［26］梁文涛.试探折扣的纳税筹划［J］.财会月刊：会计版，2008（6）.

［27］梁文涛.利用分立巧节税［J］.企业管理，2008（6）.

［28］梁文涛.混合销售与兼营行为的纳税筹划［J］.企业管理，2008（7）.

［29］梁文涛.运用净利润法选择购货对象的纳税筹划［J］.财会学习，2008（8）.

［30］梁文涛.生产企业采购废旧物资的纳税筹划［J］.财会月刊：综合版，2008（8）.

［31］梁文涛.利用并购对不同税种进行税收筹划［J］.企业管理，2008（9）.

［32］梁文涛.现金净流量法在混合销售纳税筹划中的运用［J］.财会月刊：会计版，2008（10）.

［33］梁文涛.试析混合销售与兼营行为的纳税筹划［J］.财会月刊：综合版，2008（11）.

［34］梁文涛.企业合并在纳税筹划中的应用［J］.财会月刊：会计版，2008（12）.

［35］梁文涛.新税法下增值税的纳税筹划［J］.企业管理，2009（2）.

［36］梁文涛.新税法下消费税的纳税筹划［J］.企业管理，2009（3）.

［37］梁文涛.新条例下增值税的纳税筹划［J］.财会月刊：会计版，2009（4）.

［38］梁文涛.浅谈增值税转型改革对各类企业的影响［J］.财会月刊：综合版，2009（4）.

［39］梁文涛.运输车队独立与否的税收筹划探讨［J］.商业会计，2009（8）.

［40］梁文涛.企业物资采购的纳税筹划［J］.商业会计，2009（10）.

［41］梁文涛.净利润法在混合销售税务筹划中的应用［J］.财会通讯：综合（中），2009（5）.

［42］梁文涛，柏海燕.卷烟生产企业设立调拨站的纳税筹划［J］.财会月刊：会计（中），2009（6）.

［43］梁文涛.浅议建筑安装企业税务筹划［J］.财会通讯：综合（中），2009（6）.

［44］梁文涛，等.风险管理理论探微［J］.中国商贸，2009（6）.

［45］梁文涛.企业向灾区捐赠的纳税筹划［J］.财会月刊：会计（上），2009（7）.

［46］梁文涛.新企业所得税法下的纳税筹划［J］.财会月刊，2009（8）.

［47］梁文涛.浅析净利润法在兼营行为中的税务筹划［J］.财会通讯：综合（中），2009（8）.

［48］梁文涛.浅谈卷烟生产企业税务筹划［J］.财会通讯：综合（中），2009（9）.

［49］梁文涛.浅谈白酒生产企业的纳税筹划［J］.财会月刊：会计（中），2009（10）.

［50］梁文涛.以税负最小化为目标的兼营行为税务筹划［J］.财会通讯：综合（中），2009（10）.

［51］梁文涛.关税的纳税筹划［J］.财政监督：财会版，2009（11）.

［52］梁文涛.我国企业纳税筹划风险管理的现存问题与改进措施［J］.山东纺织经济，2009（11）.

［53］梁文涛.纳税筹划风险管理的准备探讨［J］.中国集体经济，2009（11）.

［54］梁文涛.新增值税条例下混合销售行为的纳税筹划［J］.国际商务财会，2009（12）.

［55］梁文涛.纳税筹划风险管理的监控探讨［J］.中国集体经济，2009（12）.

［56］梁文涛.与纳税筹划相关的概念辨析［J］.中国集体经济，2009（12）.

［57］梁文涛.纳税筹划的内涵研究［J］.山东纺织经济，2010（1）.

［58］梁文涛.现金净流量法在增值税纳税人身份选择中的应用［J］.绿色财会，2010（2）.

［59］梁文涛.房产税的纳税筹划案例分析［J］.商业会计，2010（3）.

［60］梁文涛.新条例下现金流量法在兼营行为纳税筹划中的应用［J］.财政监督（下半月刊），2010（3）.

[61] 梁文涛.存货业务纳税筹划浅析 [J]. 财会月刊：会计（中），2010（3）.

[62] 梁文涛.企业纳税筹划风险的五种应对策略 [J]. 财会月刊：会计（上），2010（4）.

[63] 梁文涛.税务筹划目标研究 [J]. 财会通讯：综合（中），2010（4）.

[64] 梁文涛.与增值税纳税人身份相关的纳税筹划方案风险分析 [J]. 财会月刊：会计（上），2010（5）.

[65] 梁文涛.增值税纳税人身份的纳税筹划误区及更正 [J]. 会计之友，2010（5）.

[66] 梁文涛.产品代销行为的纳税筹划 [J]. 财会月刊：会计（中），2010（5）.

[67] 梁文涛.新政策下兼营及让利行为的节税策略 [J]. 中国管理信息化，2010（5）.

[68] 梁文涛.不同代销方式下会计处理及其选择 [J]. 财会通讯：综合（上），2010（8）.

[69] 梁文涛.对业务招待费税务筹划的思考 [J]. 财会通讯：综合（中），2010（6）.

[70] 梁文涛.个人捐赠税务筹划探讨 [J]. 财会通讯：综合（中），2010（8）.

[71] 梁文涛.生产企业出口退税"免抵退"会计处理 [J]. 财会通讯：综合（上），2010（9）.

[72] 梁文涛.增值税纳税人购销业务会计处理及身份选择 [J]. 财会通讯：综合（上），2010（10）.

[73] 梁文涛.新闻出版业增值税税务筹划 [J]. 财会通讯：综合（中），2010（10）.

[74] 梁文涛.新条例下现金净流量法在税务筹划中的运用 [J]. 财会通讯：综合（中），2010（11）.

[75] 梁文涛.不同运输方式购销业务会计处理及其选择 [J]. 财会通讯：综合（上），2010（12）.

[76] 梁文涛.税务筹划决策中公式模型研究 [J]. 财会通讯：综合（中），2011（1）.

[77] 梁文涛.增值税进项税额抵扣的纳税筹划 [J]. 财会月刊：会计（上），2011（3）.

[78] 梁文涛.纳税人身份或类型选择的纳税筹划 [J]. 企业管理，2011（3）.

[79] 梁文涛.与农产品有关的增值税纳税筹划 [J]. 财会月刊：会计（上），2011（5）.

[80] 梁文涛.企业所得税节税技巧 [J]. 注册税务师，2011（6）.

[81] 梁文涛，等.新税制下工资个人所得税的变化及节税技巧 [J]. 企业管理，2011（10）.

[82] 梁文涛.新税法下工资薪金个人所得税的纳税筹划 [J]. 财会月刊：会计（上），2011（10）.

[83] 梁文涛，等.新《个人所得税法》的税收筹划 [J]. 注册税务师，2011（10）.

[84] 梁文涛.高新技术企业纳税筹划的基本思路 [J]. 财会月刊：会计（上），2011（11）.

[85] 梁文涛.经济合同签订的相关纳税筹划 [J]. 财会月刊：会计（中），2011（11）.

[86] 梁文涛.增值税的税收筹划 [J]. 注册税务师，2011（11）.

[87] 梁文涛.出口退税的纳税筹划 [J]. 财会月刊：会计（上），2011（12）.

[88] 梁文涛.企业技术创新的纳税筹划 [J]. 商业会计，2012（1）.

[89] 梁文涛.与商品房装修相关的土地增值税纳税筹划 [J]. 财会月刊：会计（上），2012（1）.

[90] 梁文涛.税务筹划方法例解 [J]. 财会通讯：综合，2012（5）.

[91] 梁文涛，袁伟婷.消费税的税收筹划 [J]. 注册税务师，2012（8）.

[92] 梁文涛.论纳税筹划的八种境界 [J]. 中国内部审计，2012（11）.

［93］梁文涛.基于利润最大化目标的代购方式选择及涉税风险防范［J］. 财会月刊（上），2013（3）.

［94］梁文涛.代购行为在四种不同情况下的税务筹划［J］. 财会通讯：综合（中），2013（3）.

［95］梁文涛.合同签订中的节税小技巧［J］. 财会月刊（上），2013（4）.

［96］梁文涛.论纳税筹划的三大层次［J］. 财会月刊（下），2013（7）.

［97］梁文涛.与软件生产企业相关的纳税筹划［J］. 财会月刊（上），2013（10）.

［98］梁文涛.房地产开发企业调整定价的涉税盈利模式［J］. 财会月刊（下），2013（10）.

［99］梁文涛.无形资产的所得税纳税筹划［J］. 财会月刊（上），2013（11）.

［100］梁文涛.房产税的纳税筹划技巧［J］. 财会月刊（下），2013（11）.

［101］梁文涛.个人购销房产的纳税筹划［J］. 财会月刊（下），2013（12）.

［102］梁文涛."营改增"对企业税负的影响及纳税人身份选择的筹划［J］. 注册税务师，2013（12）.

［103］梁文涛."营改增"全国推开后的纳税筹划［J］. 财会月刊（上），2014（1）.

［104］梁文涛.刍议企业创建设立的税务筹划［J］. 财会通讯：综合（上），2014（10）.

［105］梁文涛.跨国经营中的纳税筹划［J］. 注册税务师，2015（1）.

［106］梁文涛.经营成果分配中的纳税筹划［J］. 注册税务师，2015（2）.

［107］梁文涛.房地产企业规划定价的盈利模式［J］. 注册税务师，2015（5）.

# 教学资源与样书申请单

尊敬的老师：

您好！

感谢您使用 梁文涛　苏杉 主编的《纳税筹划实务》（第二版），为便于教学，本书配有相关教学资源包。教学资源包的内容包括PPT教学课件、〔项目练习〕和〔项目实训〕的参考答案及解析、教学大纲、各项目教学目标、知识点及实现手段、内容提要、重难点、教学过程、教学参考内容、教学案例集、教学日历、考评方式与标准、学习指南等。如贵校已使用了本教材，您只需将下表中的相关信息以电子邮件或填写后发图片等方式发至我社，或登录网站www.dufep.cn根据提示填写相关信息，经我社审核通过后，即可免费获得我们提供的教学资源。

我们的联系方式：

联系人：包利华　　　　　　　　　　E-mail：dufep6@163.com

电　话：0411-84711800　　　　　　QQ：184510119

地　址：辽宁省大连市沙河口区尖山街217号东北财经大学出版社

| 姓　名 | | 性　别 | | 出生年月 | |
|---|---|---|---|---|---|
| 学　校 | | 学院、系 | | 专　业 | |
| 学校地址 | | | | 邮　编 | |
| 职　务 | | 职　称 | | 办公电话 | |
| E-mail | | QQ | | 手　机 | |
| 通讯地址 | | | | 邮　编 | |
| 本书使用情况 | | 用于_____学时教学，每学年使用_____册。 | | | |

**您对本书的使用意见和建议：**

**您还希望从我社获得哪些教材或资源：**

需要的教材信息：

| 书名 | 书号 | 作者 | 定价 |
|---|---|---|---|
| | | | |
| | | | |

需要的资源信息：